浙江省哲学社会科学重点研究基地
宁波大学浙东文化研究院出版资助项目

古代东亚世界的买地券

GUDAI DONGYA SHIJIE DE MAIDIQUAN

[日]稻田奈津子
王海燕
[日]榊佳子
——编著——

浙江人民出版社

图书在版编目（CIP）数据

古代东亚世界的买地券 /（日）稻田奈津子，王海燕，（日）榊佳子编著. — 杭州 ：浙江人民出版社，2024.1

ISBN 978-7-213-11293-5

Ⅰ. ①古… Ⅱ. ①稻… ②王… ③榊… Ⅲ. ①葬俗-研究-东亚-古代 Ⅳ. ①K893.102.2

中国国家版本馆CIP数据核字(2023)第251724号

古代东亚世界的买地券

[日] 稻田奈津子　王海燕　[日] 榊佳子　编著

出版发行：浙江人民出版社(杭州市体育场路347号　邮编　310006)
市场部电话：(0571)85061682　85176516
责任编辑：吴玲霞
营销编辑：陈雯怡　陈芊如　张紫懿
责任校对：陈　春
责任印务：程　琳
封面设计：厉　琳
电脑制版：杭州天一图文制作有限公司
印　　刷：杭州广育多莉印刷有限公司
开　　本：787毫米×1092毫米　1/16　　印　　张：15.5
字　　数：278千字
版　　次：2024年1月第1版　　印　　次：2024年1月第1次印刷
书　　号：ISBN 978-7-213-11293-5
定　　价：98.00元

前　言

“买地券”对于大多数人来说，或许是比较陌生的词汇。若仅看文字，可能会想象是“购买土地的契约书”，但实际上所买之地是用于特殊用途——埋葬死者的“墓地”，因此买地券是有关“墓地”的契约书，并且大多为非现实世界的买卖契约，即所谓的“与黄泉国的契约书”。

买地券文化起源于古代中国，不仅是广范围、长时间持续的文化，而且出土物与传世品的数量非常多。特别是近年来，以买地券为主题的图录、研究专著相继出版，但或许是数量太多的缘故，目前为止尚没有从跨时代、跨地域视角概观买地券的图录，即使是包罗集成铭文的研究专著，也少有图版。另一方面，买地券文化也传播至朝鲜半岛、日本，可是出土的买地券数量极少，虽有个别事例的研究，但同样也没有总体论述的研究著作或图录。在探讨东亚的买地券文化传播时，一本刊载中国、朝鲜半岛、日本买地券事例的图文并茂的书籍是非常有必要的，这也是编著本书的初衷。

关于中国的买地券事例，由于无法全部穷尽，因此本书主要关注可信性高的出土物，从东亚交流的视角，以与朝鲜半岛、日本有着密切交流关系的江南地区为中心，选择具有特点的事例加以介绍。不过，新冠疫情给实物考察及图像版权交涉都带来了极大的困难，最终不得不放弃的事例也不在少数。此外，本书收录了在朝鲜半岛与日本至今发现的所有买地券事例，这在韩国与日本也是前无先例的。相信读者在中国、朝鲜半岛、日本事例的比照、比较中，也会有新的发现。

有关前近代东亚世界的活跃交流，以往的研究成果已有庞大的积累，但是通过买地券这一具体的文物，可以发现东亚世界交流的新的侧面，同时实物也向我们叙述着交流的实态。中国丧葬文化中的买地券是不可思议的存在，如若本书能够使更多的人了解买地券，并在今后的买地券研究、墓葬文化研究、东亚交流史研究等领域中，起到抛砖引玉的作用，则是不胜荣幸之事。

本书收录的买地券事例主要有17件，包括中国-1—11、朝鲜半岛-1—4、日本-1—2。在各文物收藏单位的协助下，本书尽可能地提供高清照片，同时除了铭文以外，也叙述考古遗物的材质、形状等诸要素。本书的解说是在基本信息的基础上，依据编著者自身的关心点撰写的，省略了每件买地券事例的既有研究综述。此外，本书还收录了参考事例7件，介绍其图版、释文，并作了现代文翻译。

本书按照中国、朝鲜半岛、日本的空间顺序，以及自古至近的时间顺序介绍主要事例，意图体现时空的变化。同时作为内容的补充，本书设有专栏-1—6，其中专栏-1对频繁出现于买地券的神名加以解说；专栏-2、5、6介绍了虽不能称为买地券，但具有买地券要素的事例；专栏-3是尚未发表的最新考古成果；专栏-4是可以窥见买地券演变的事例。最后作为总论，附有《虚实交错的古代中国买地券》与《买地券文化与朝鲜半岛、日本》两篇论考。

关于各篇的执笔者，专栏-3是张志清、孙明利、车亚风三氏（苏州市考古研究所）；专栏5是李宇泰氏（首尔市立大学校名誉教授）（依据稻田奈津子的日译版，王海燕中译）；中国-1—11及专栏-1、2由王海燕起草，朝鲜半岛-1—4与日本-1—2及专栏-4、6由稻田奈津子起草，最终的定稿是编著者三人反复商讨、共同推敲的合作成果。卷末的附录由榊佳子制作。日文原稿皆由王海燕译成中文。

本书作为中日两国学者合作交流项目的成果在中日两国同时出版，其中为了展现文物的更多侧面，部分事例选取的图版，中日版有所不同。

目　录

凡　例

一、买地券或卖地券标题以买主姓名后加“买地券”或“卖地券”组成。

二、双面有文字的资料，其正背分别以正面、背面区别。单面有字的资料，省略正背区别。

三、释文的汉字以通用简体汉字为原则。个别古体字或异体字保持原貌。

四、编者对释文的校订注使用［　］。释文存疑问者，以？表示。编者的补充说明使用（　）。

五、释文采用的符号主要有：

1. 文字残缺者，字数可以确定，每字以□表示；字数无法确定，以［　］表示。

2. 无法确认文字的泐损者，依据记载内容可以推定其上或其下有一字以上文字，以×表示。

3. 文字改写者，以A（×B）表示，即B字改写为A字。

4. 换行处，加／表示。

六、解说中的参考文献以［仁井田，1980］等表示，详细信息见卷末的参考文献一览。总论的参考文献采用脚注方式，没有归入卷末的参考文献一览。

七、图版的详细信息见卷末的图版出典一览。

【中国-1】

建初元年买山地题记

年　代　东汉建初元年（76）

出土地　浙江省绍兴市越城区富盛镇乌石村跳山东坡

管理者　浙江省绍兴市越城区文广旅游局（文物局）

材　质　摩崖

尺　寸　长约150厘米，宽约100厘米（刻字部分）

建初元年买山地题记拓本

建初元年买山地题记

【释文】

昆弟六人
共买山地
大吉　建初元年
造此冢地
直三万钱

【现代文翻译】

大吉

兄弟六人共同购买山地。建初元年，造此墓地。值三万钱。

建初元年买山地题记（上、下，上图右上为清末石刻）

【解说】

建初元年（76）买山地题记，位于今浙江省绍兴市富盛镇跳山半山腰上，2019年成为“全国重点文物保护单位”，现以铁栅围护。石刻的文字面，朝向东。由于题记是露天岩石上的石刻，因此与一般意义上的埋于地下的买地券有所不同，具有明示山地所有权的界石作用。

根据《越中金石记》，买山地题记的“大吉”二字，明代之时就已被人所知，并且传说是五代吴越国王钱镠时，贩盐商人遇官兵，逃避至此山，在石壁上书写“大吉”二字。清道光三年（1823），《越中金石记》的作者杜春生与其兄偶然休憩至跳山时，当地人告知摩崖的下部也有字，除去苔藓后，发现买山地题记的全部内容，实为东汉时期的石刻。

买山地题记上部，自上而下竖刻“大吉”二字，意味所买之地为吉地。其所在的跳山，现为私人承包的竹林，已与墓地无关。但是对于古人来说，葬即为藏，葬浅则容易被人或动物挖掘，葬深则容易被地下水侵蚀，因此墓地一般位于高陵之上，可以说葬地周边的自然环境是影响古人择选墓地的重要因素。（《吕氏春秋·节丧》：“古之人有藏于广野深山而安者矣，非珠玉国宝之谓也，葬不可不藏也。葬浅则狐狸扫之，深则及于水泉。故凡葬必于高陵之上，以避狐狸之患、水泉之

建初元年买山地题记文保碑

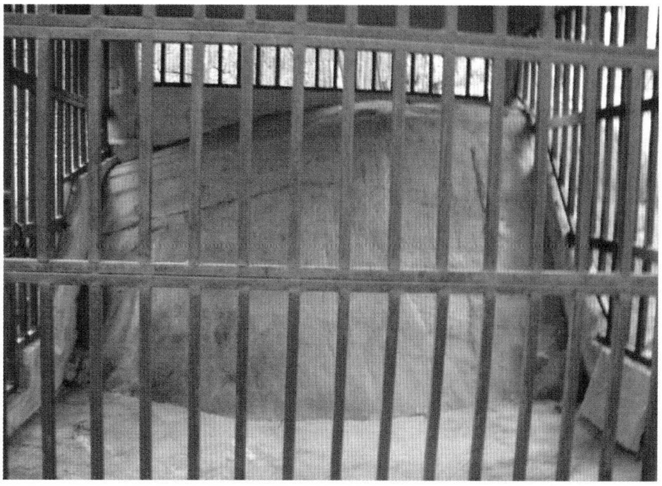
建初元年买山地题记保护现状

湿。”）东汉以后，随着墓地荫泽子孙思想的发展，葬地择吉风俗逐渐流行，葬地避忌数术书籍也出现众多。建初元年买山地题记的“大吉”二字，可以说是东汉绍兴地区葬地择吉风俗的实证。

买山地题记下部的石刻，自右向左共5行，每行4字，字的大小不一。第1—2行的“昆弟六人共买山地”，说明所购山地的所有权为兄弟六人共有。由此推断，尽管买山地题记没有言及何人葬于此地，但家族性墓地的可能性较大。

第4行的“迠”为“造”的异体字。“冢”的含义，本与“墓”字有区别。冢指“高坟”（《说文解字》），而墓则无封土（扬雄《方言》十三“凡葬而无坟谓之墓”）。东汉时期，随着坟丘墓的普及，“冢”与“墓”二字变为可以相互通用，《说文解字》有“墓，丘墓也”“坟，墓也”的解释。因此，第4行的“冢地”，其意可以说等同于墓地，不过也说明六兄弟所造墓的形状极有可能是坟丘墓。

第5行的“直”，通“值”。汉代流行厚葬，人们竞相不惜财力，甚至竭尽家产用于丧葬（《后汉书·孝明帝纪》永平十二年五月丙辰条：“百姓送终之制，竞为奢靡”。《盐铁论·国疾》：“葬死殚家”）。无论是权贵富豪，还是普通庶民，丧葬费用都是家庭的一笔重要支出［林甘泉，2009］。关于汉代买地券记载的土地价格是现实交易的真实地价，还是面向地下鬼神的虚构地价，学者们的意见并不统一。其中，早期的买地券被认为是真实土地文书的模仿，史料价值较高［吴天颖，1982］。土地买卖中，不同种类的土地，价格自然不相同，反映在汉代买地券的葬地价格也是各自不一、高低不等，其中不乏万钱以上的事例。虽然有学者主张买地券表记的地价若1亩超出3000钱，则虚构的可能性较高［鲁西奇，2014］，但是仍然需要具体事例具体分析。买山地题记的“三万钱”，或许不单是买山地的价格，也包括造冢地的成本，作为显示拥有山地（抑或说冢地）合法性的一部分，可以认为是真实的价格。

六兄弟以金钱购入后的山地（冢地），毋庸多言属于私有性质。但是买山地题记没有提及山地的卖方，存在公有性山林之地转化为私有性土地的可能性。此外，作为界石性质的买山地题记并没有明记四至，或许当时跳山一带的土地争讼不多，没有明确定界的需求性。

摩崖石刻入口

通往摩崖石刻的路

【中国-2】

刘元台买地券

年　代　东汉熹平五年（176）

出土地　江苏省扬州市甘泉山南

现藏地　扬州博物馆

材　质　砖（外侧：七角柱，内侧：中空圆形）

尺　寸　残长40.0厘米，圆形直径1.2厘米，每面宽约1.9厘米

刘元台买地券

【释文】

熹平五年七月庚寅朔十四日癸卯广□
乡乐成里刘元台从同县刘文平妻□□
代夷里冢地一处贾钱二万即日钱毕□〔南？〕
至官道西尽□渎东与房亲北与刘景□
为冢时临知者刘元泥枕安居共为卷〔券〕书
平折不当卖而卖辛为左右所禁固平□〔折？〕
为是正如律令

刘元台买地券拓本

【现代文翻译】

熹平五年七月朔日庚寅，十四日癸卯，广□乡乐成里的刘元台从同县的刘文平妻□□处，购买代夷里的墓地一处。值钱二万，即日钱款交付完毕。（购买的墓地）南至官道，西至□渎，东至族亲之墓，北至刘景□之墓。其时，临知者（见证人）是刘元泥、枕安居，他们共同作成券书，分成两份。若不当出卖此地，则问罪，科以禁锢之刑。以上契约，正如律令施行。

刘元台买地券

【解说】

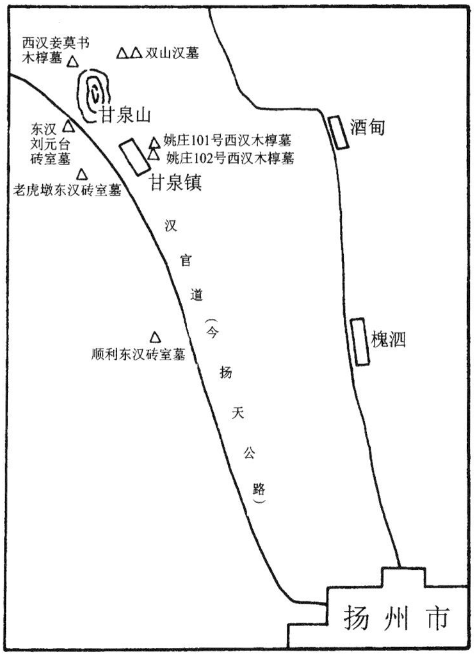

刘元台买地券出土地周边示意图

刘元台买地券发现于1975年，出土地点是扬州西北的甘泉山以南，东汉之时属于广陵郡广陵县之地。甘泉山一带汉墓集中，分布着大大小小的墓葬。刘元台墓是一座规模不大的汉代砖室墓，除了买地券以外，同时还出土了刻有“长宜子孙”铭文的铜镜1面以及小灰陶罐1件。

刘元台买地券是残券，出土时断为五部分，经过复原后，收藏于扬州博物馆。该买地券的形制，外呈七角柱形，内为中空圆形。砖质买地券的形制多为长方形或正方形，七角柱形只此一例。与其相似形制的一例是江苏省南京市出土的东汉建安二十四年（219）龙桃杖买地券，外呈六角柱形，内为中空圆形（参照12页）［南京市博物馆，2009］。相对于方形砖，多角柱形砖更为费时费工，因此七角柱形买地券间接地反映出刘元台家族的经济或许比较富裕。

七角柱形的刘元台买地券，每面刻字一行，1—6行，每行16字，第7行6字，共计102字，每字填朱。券文为隶书刻，由于残损，有些文字无法识别，并且也存在着不易理解的文句。券文的内容由日期、买主、卖主、墓地位置、价格及支付、四至、见证人、约束文等组成。

刘元台买地券上刻记的日期是熹平五年（176）七月十四日，“熹平”为东汉灵帝在位时的一个年号。墓地的买主是广□乡乐成里的刘元台，卖主是同县（广陵县）的刘文平妻。关于“广□乡”，虽有学者推测为“广武乡”［蒋华，1980］，但因缺乏史料佐证而无法确定。墓地的位置并不在买主刘元台所属的行政里——乐成里，而是代夷里。刘元台跨行政里买墓地，或许与当时的甘泉山是有名的权贵墓地所在有关。

券文明记的墓地四至中，东界为族亲之墓，北界是刘景□墓，加之卖主是刘文平妻，由此可以推测墓地是刘氏一族墓地中的一处。刘元台通过购买行为获得墓地，说明他与刘氏一族的血缘纽带并不紧密。关于墓地的南界，第3行第16字虽然残缺，但从下文内容可以推断该字为“南”字，即墓地的南界为官道。至于墓地的西界，依据第4行第6字的左半似为“土”字，目前多将此字释读为“坟”字，认为西界“坟渎”是指坟边的水塘［蒋华，1980］，但是该字的右半因欠损，实在无法辨明。此外，“渎”的字义是沟渠或河川，因此墓地的西界为流水。综合墓地的南界与西界推断，刘元台所买的墓地位于刘氏一族墓地的西南隅。

“西尽□渎”
（第4行第4—7字）

墓地买卖的见证人是刘元泥、枕安居。从名字看，刘元泥与刘元台是亲族关系的可能性较大，而枕安居则是买卖双方都比较信任的人。另外，见证人的名字是现实性的人物名，并与刘元台有亲属关系，似乎说明见证人是生者，换句话说，刘元台买地券的内容是现实土地买卖契约的抄录。

刘元泥、枕安居二人不仅是见证人，而且还参与了墓地买卖契书的制作。第5行第15字的“卷”字通“券”［池田，1981；富谷，1987］，但第6行的“平折”之意难解，有学者将“折”释读为“执”［鲁西奇，2014］，然而“平”字义为公正、均等、均平等含义，因此“平折”之语可以理解为将契书对折分开，即莂契，契券成立。

买卖契约文书中，一般会有一项关于日后发生纠纷或问题时谁负责的约束性内容，买地券同样记有类似的内容。刘元台买地券的“不当卖而卖，辛为左右所禁固”一句，即是约束性语句。前句的“不当卖而卖”，是说明墓地所有权存在问题的情况下，卖主将墓地卖给了买主，日后一旦围绕着墓地所有权产生纠纷，卖主将承担责任。后句“辛为左右所禁固”的含义，自刘元台买地券出土以来，就有多种解释，主要是如何理解“辛”字。有学者认为，在金石文中，“辛”与“幸”常常混同使用，因此“辛”字应释读为“幸”［蒋华，1980］，但“幸为左右所禁固”的含义同样难以理解。关于“辛”的字义，《说文解字》解释为“辛，辠〔罪〕也”，由此本书取“辛”字义，解释为“（卖者）被问罪，科以禁固之刑”。

“平□”
（第6行第15—16字）

约束性内容之后，是套句“平□为是，正如律令”，大意是墓地买卖契券如同官定法规具有法律效力。第6行第16字由于欠损，无法判读，但从仅残留的上部笔画推测，该字似是“折”字，即“平□”为“平折”，指代契券。

综上所述，刘元台买地券的内容，是现实生活中墓地买卖契约的反映。此外，券文所记录的墓地价格是“钱二万”，此价格对于东汉的非贫民阶层来说，并不是脱离现实的价格，因此墓地的交易价格也说明了刘元台买地券的现实性。

〔参考〕

龙桃杖买地券

年代　东汉建安二十四年(219)

出土地　江苏省南京市中华门外长干里

现藏者　南京市博物总馆

材质　砖(外侧：六角柱，内侧：中空圆形)

尺寸　长44.0厘米，宽6.0厘米，厚3.4厘米

【释文】

建安廿四年十月六日

龙桃杖从余根买剽[岗?]上冢地直钱万石越

时知要不得争容桃杖要自当得所居地□

相然可恃无相□龙桃杖□□

龙桃杖买地券拓本

【现代文翻译】

建安二十四年十月六日，龙桃杖从余根处购买岗上墓地，值钱一万。时知（见证人）石越。（周围的葬者）不得争夺桃杖（的墓地），应当安居自己的（墓）地。互以为是，没有相□。龙桃杖□□。

龙桃杖买地券

刘元台买地券局部

【中国-3】

会稽亭侯买地券

年　代　三国吴神凤元年（252）

出土地　相传浙江省杭县（今杭州市）

现藏地　东京大学东洋文化研究所

材　质　砖

尺　寸　长约17.0厘米，宽约9.6厘米，厚约2.8厘米

会稽亭侯买地券正面

会稽亭侯买地券（左：右面；中：左面；右：背面）

【释文】

〈正面〉

会稽亭侯并领钱唐水军绥远
将军从土公买冢城一丘东南极
凤凰山巅西极湖北极山尽直钱八
百万即日交毕日月为证四时
为□〔任〕有私约者当律令
大吴神凤元季壬申三月破莂大吉

〈左面〉

神凤元季壬申三月六日孙鼎作莂

【现代文翻译】

会稽亭侯并领钱唐水军、绥远将军（某）从土公处买墓地一丘。（购入的墓地）东与南至凤凰山顶，西至湖，北至山脚。值钱八百万，即日交付完毕。日月为见证人，四时为保证人。虽是私约，但与律令具有同等效力。三国吴神凤元年壬申三月，分莂，大吉。神凤元年壬申三月六日，孙鼎作莂。

【解说】

会稽亭侯买地券为传世品，现收藏于东京大学东洋文化研究所，名称是“孙鼎买冢莂”。由于“孙鼎”是买地券制作者之名，而本书以土地购买者名冠名买地券，故更名为“会稽亭侯买地券”。“前”“莂”，符契之意，指契约书，即本买地券。

该地券与本书收录的其他中国买地券相比，尺寸较小，其形状为长方形，但正面两端略高、中间略低，形成凹面。根据成书于民国时期的黄立猷《石刻名汇》记载，会稽亭侯买地券出土于浙江省杭县（今杭州市）。砖券，正面刻写6行文字，左侧面也有1行。每行9—14字不等，共计88字。背面刻有纹样，以中央的五铢钱为中心，以纵横直线划分为四格，每格内是平行的斜线。右侧面可见点与线。

该砖券正面的大部分文字清晰易读，唯有第5行第2字的左半似缺损，无法判断偏旁，依据右半的字，目前存在“信”“任”两种释读［仁井田，1980；池田，1981］。《说文解字》中，“信”的篆形作“”，右半是“言”字；“任”的篆形作“”，右半为“壬”。从字形来看，第5行第2字的右半与“言”或“壬”都不同，但上半为“壬”字，下半为“ㄣ”形，更接近“任”字。此外，“信”与“任”的字义分别是“诚”与“保”，因此若从券文的上下文内容释读，“日月为证”之后，相比“四时为信”，“四时为任”更符合文脉，即日月为见证人，四时为保证人。

正面券文由买主、卖主、四至、地价、支付方式、见证人、保证人、日期等内容组成。券文没有明确墓地的买主名字，但记录其身份地位是会稽亭侯、领钱唐水军、绥远将军。亭侯是以亭为食邑的爵位称号，《后汉书・百官志五》记载，列侯“功大者食县，小者食乡、亭”。汉代行政制度中，十里设一亭，十亭设一乡。但是，“会稽亭侯”之称并未见于文献史料及其他金石文资料。“领钱唐水军”同样是孤例，无史可考。相比之下，“绥远将军”则见于史料，是东吴设置的官职，但得到该职位的人并不多。根据《三国志・吴书》记载，曾有三人被授予绥远将军一职，分别是孙氏宗室的孙瑜以及功臣张昭、陆凯。由此可以看出，绥远将军之号是与功大者的关联度比较高的官职，因此与功小者的“会稽亭侯”并存，似乎存在着矛盾性。至于买主是否是被葬者，券文亦没有明记，但如后所述该地券是与神的契约，因此一般认为买主即被葬者。

券文所刻的墓地卖主是土公。土公是民间信仰的神，被视为管理动土之神。三国吴・裴玄所著《新言》记述道：“俗间有土公之神，云土不可动。”而裴玄的孙女被认为曾因触犯土公而染患疾病（《太平御览》卷三十七《地部二》土条）。营造墓地必然要破土动工，因此“从土公买冢城一丘”一句，就是表示墓地的动土获得了土公神的许可。

值得注意的是“冢城”一词。“城”字，给人以墙垣环绕墓地的想象，即墓地范围的界定标志可能是墙垣。植树是中国自古以来比较常用的墓地界标方法之一，但是汉代以后，帝王、皇族及高级官员等的墓地开始出现墙垣界标［程义，2012；游自勇，2017］。会稽亭侯买地券的“冢城”一词，虽然无法判断是否意味着墓地建有墙垣界标，但或许可以推测是与“亭侯”或者“绥远将军”身份相配的表述。

关于墓地的四至，券文所述的参照墓界标志物分别是，东与南为“凤凰山巅”，西为“湖”，北为“山尽”处。根据券文的描述，墓地的东极与南极至凤凰山的山巅，北极至凤凰山的山脚处，由此可知墓地位于凤凰山的北麓。“凤凰山”是各地常见的山名，无法知晓特定的具体所在。如若砖券确实出土于民国时期的杭县，则四至的表述极易使人联想至杭州的凤凰山，并且西极的湖也可以推测为西湖，那么其方位大致是现今的杭州万松岭一带。

券文叙述的“钱八百万”地价，由于金额较大，因此极有可能是虚拟金额，而非实际的价格。支付方式为“即日交毕”，这是买地券的基本支付方式。

在会稽亭侯买地券中，不仅卖主是土公神，而且见证人与保证人也是神——日月与四时，寓意即使日月更迭、四时交替，契约也永久有效。“日月为证，四时为任”一句，也见于太康五年（284）的杨绍买地券。万历元年（1573），位于会稽（今绍兴）的倪光简墓地出土了杨绍买地券（明·徐渭《青藤书屋文集》“柳元谷易绘二首序”），原物早已不知所在，现今只存有拓本，具体内容如下［北京图书馆金石组，1989；池田，1981］：

〈正面〉

晋都乡

杨绍买

冢地券

〈背面〉

大男杨绍从土公买冢地一丘。东

极阚泽，西极黄滕，南极山背，

北极于湖。直钱四百万，即日交毕。

日月为证，四时为任。

大康五年九月廿九日，对共破莂。民
有私约，如律令。

在行文结构方面，会稽亭侯买地券与杨绍买地券具有明显的相似性。二者的相似性在讨论会稽亭侯买地券的真伪性时引起关注。

会稽亭侯买地券的末文“有私约者当律令”，与杨绍买地券的“民有私约，如律令”都是买地券的常用句。“民”的对义词是“官”，“私约”的对义词是“律令”（官法）。关于古代中国的民间私约是依官法而签订，还是可以在官法不介入的情况下签订，学界存在着不同的看法，进而对于“有私约者当律令”一句的解释也会相应地有所不同。鉴于会稽亭侯买地券的卖主、见证人、保证人为天地空间的神，加之“当”字有“犹如”之意，故在此将该句理解为强调券文约束效力的文句，即虽是民间的私约，但犹如官法。

券文中，唯一出现的人名是制作者孙鼎。孙鼎之名不见于文献史料，但孙姓似乎提示被葬者与东吴的统治者孙氏存在某种关联性［鲁西奇，2014］。

会稽亭侯买地券的制作日期是神凤元年（252）三月六日。“神凤”是孙权在位时的最后一个年号，仅延续了两个多月。在纪年月日方法上，会稽亭侯买地券与同时期的其他买地券事例有所不同，使用了干支纪年（即“神凤元秊壬申”），却未记录月朔干支与日干支。因此中国学者一般认为，会稽亭侯买地券存在赝品的可能性［张传玺，2014］。

会稽亭侯买地券的拓本初见于仁井田陞氏《汉魏六朝的土地买卖文书》（『漢魏六朝の土地売買文書』），其后池田温氏《中国历代墓券略考》（『中国歴代墓券略考』）刊载了会稽亭侯买地券的正面图版（黑白）及拓本。目前学者多以论文所刊拓本为据进行研究，未见实物之彩照，故此围绕会稽亭侯买地券的真伪性，学界存在不同的见解。希望本书收录的高清图像能对今后的研究与探讨贡献微薄之力。

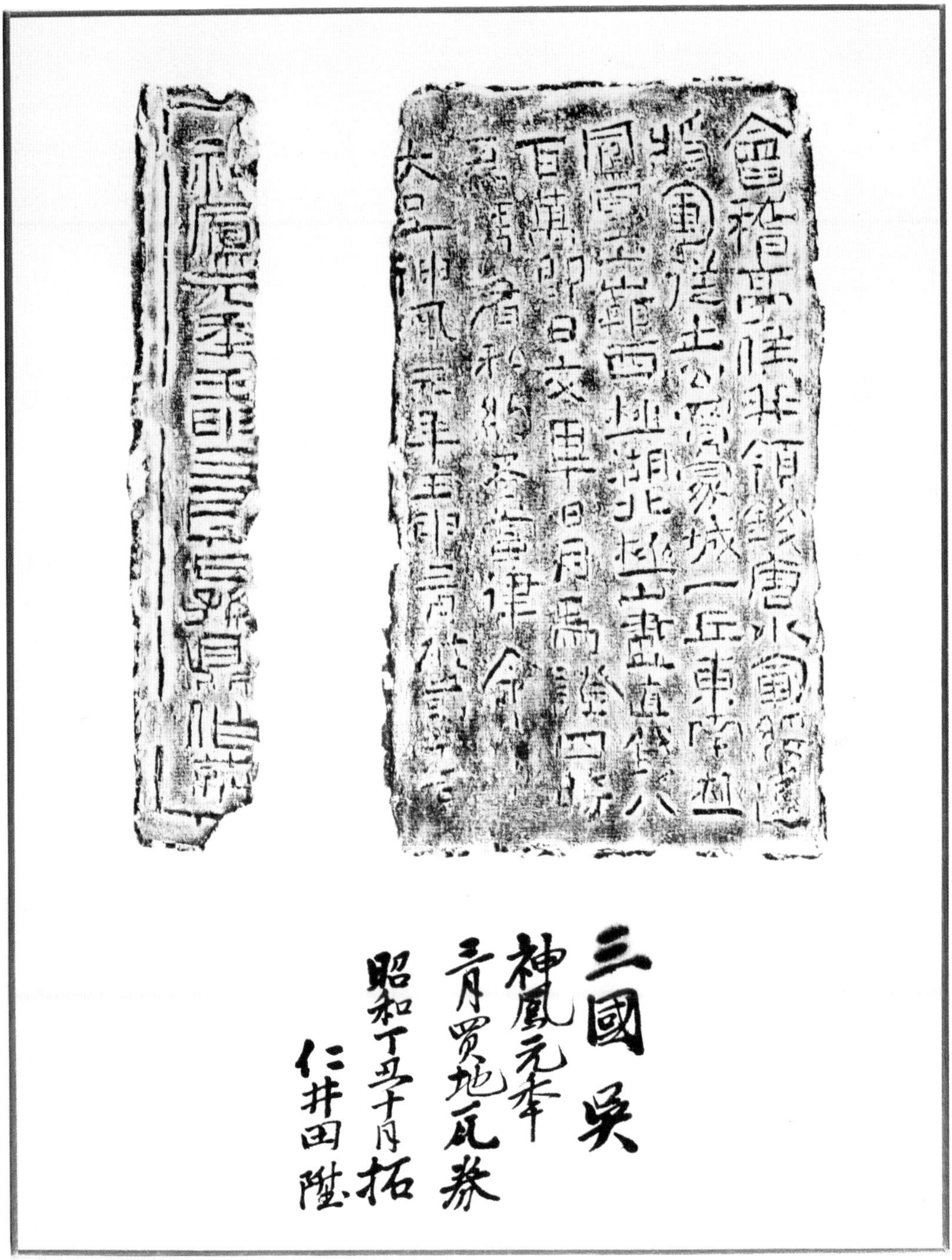

会稽亭侯买地券仁井田陞手拓本（1937）

会稽亭侯买地券（上：正面左上视角；下：背面左下视角）

【专栏-1】

买地券中的诸神

作为随葬品的买地券，也是与死后世界的信仰密切相关的重要资料，其中虚构性的神祇名或冥官名就是表现信仰的要素之一。出现于买地券的诸神，其所在大致可以分为天上世界与地下世界两类。

天上世界的神，首先可以列举**天帝**。天帝源自对天的信仰，是中国古代至上神的专称，形成于西周［邹昌林，2004］。相比买地券，“天帝”更早出现于镇墓文等中。例如，1973年发现于陕西省宝鸡市的永元四年（92）朱书陶罐镇墓文就有“天帝”二字，同时还可辨读“北斗”“天门”等词汇［王光永，1981］。汉代，北极星被视为天帝的象征，而天门是指天帝居住的紫微宫门［张勋燎、白彬，2006］，因此天帝信仰与天上星神具有密切关联［刘屹，2005］。

在现存的买地券中，日本东京都台东区立书道博物馆收藏的钟仲游妻买地券最早出现“天帝”之语（参照29页）［仁井田，1980；池田，1981］。该买地券前后出现了“黄帝”与“天帝”的神名，虽然无法确定二者是否为同一神，但“有天帝教，如律令”一句意味着天帝意旨具有与法令同等的权威，反映出天帝已经被纳入死后世界的信仰之中。

至后世，有关天帝的买地券文句发生了变化，出现“从天买地”“如有争地，当诣天帝”“如天帝律令”等表现，天帝既被视为土地的卖主（总管者），也被赋予土地纠纷的裁决权，同时“天帝教”也发展为“天帝律令”，显现出天帝在死后世界信仰中的至上神地位。

西王母与东王父（东王公）也是常常出现于买地券中的天上世界的神。《山海经·西山经》描述的西王母形象是“其状如人，豹尾虎齿而善啸，蓬发戴胜，是司天之厉及五残”。至汉代，西王母演变为掌握长生不死的神，受到各阶层的信仰。东王父则晚于西王母出现，被认为是与西王母对置而创造出的神。东汉的墓葬中，西王母、东王父的形象多见于壁画及画像石或画像砖。与之相比，西王母与东王父出现在买地券的时间稍晚。相传于清道光二十年（1840）发现的江西省南昌市的浩宗买地券［黄武四年（225），砖质，已佚］，其释文如下［池田，1981；张传玺，2014］：

黄武四年十一月癸卯朔廿八日庚午，九江男子浩宗以□/月客死豫章。从东王公、西王母买南昌东郭一丘，买／□□五千。东邸甲乙，西邸庚辛，南邸丙丁，北邸壬癸。以日／□月副时，任知卷[券]者，雒阳金偅子、鷁与鱼。鷁飞上／□[天?]，鱼下入渊。郭师、吴□[信]。卷[券]书为明，如律令。

浩宗买地券拓本

该券文叙述的墓地买主是九江男子浩宗，墓地的卖主是东王公、西王母。在已知的买地券中，东王公、西王母为卖主的事例较少，相比之下，二神作为见证人、保证人出现的事例则比较常见。随着时代的推移，东王公、西王母即使在民间信仰中的地位各自逐渐变化，但出现在买地券中的角色却几乎没有变化［黄景春，2018 b］。

与天神相对的是地祇，尤其是面向地下世界的买地券，常常出现被视为土地之主的土地神。土地神信仰源于土地崇拜，并且不断发展、变化，因此土地神的名称多种多样，包括**后土**、**土伯**、**土公**、**地主**等。其中，后土作为与农业生产密切相关的神，汉代之时被纳入国家祭祀体系；至唐代武则天时，被赋予了女性性别，并在民间广泛流传；宋代以后，作为后土母与皇天父组成对偶神出现于买地券［高朋，2011］。

汉代以后的人们想象地下世界与地上世界同样由官吏管理，并且以汉代官僚体系为范本，创造出地下世界的虚构官僚体制，**蒿里父老**、**左右冢侯**、**丘丞墓伯**、**地下二千石**等皆为地下世界官吏的名称［吴荣曾，1981］。2001 年，陕西省西安中华小区东汉墓群的东汉墓 M15 出土了一件阳嘉四年（135）陶罐（M15：40），其腹部

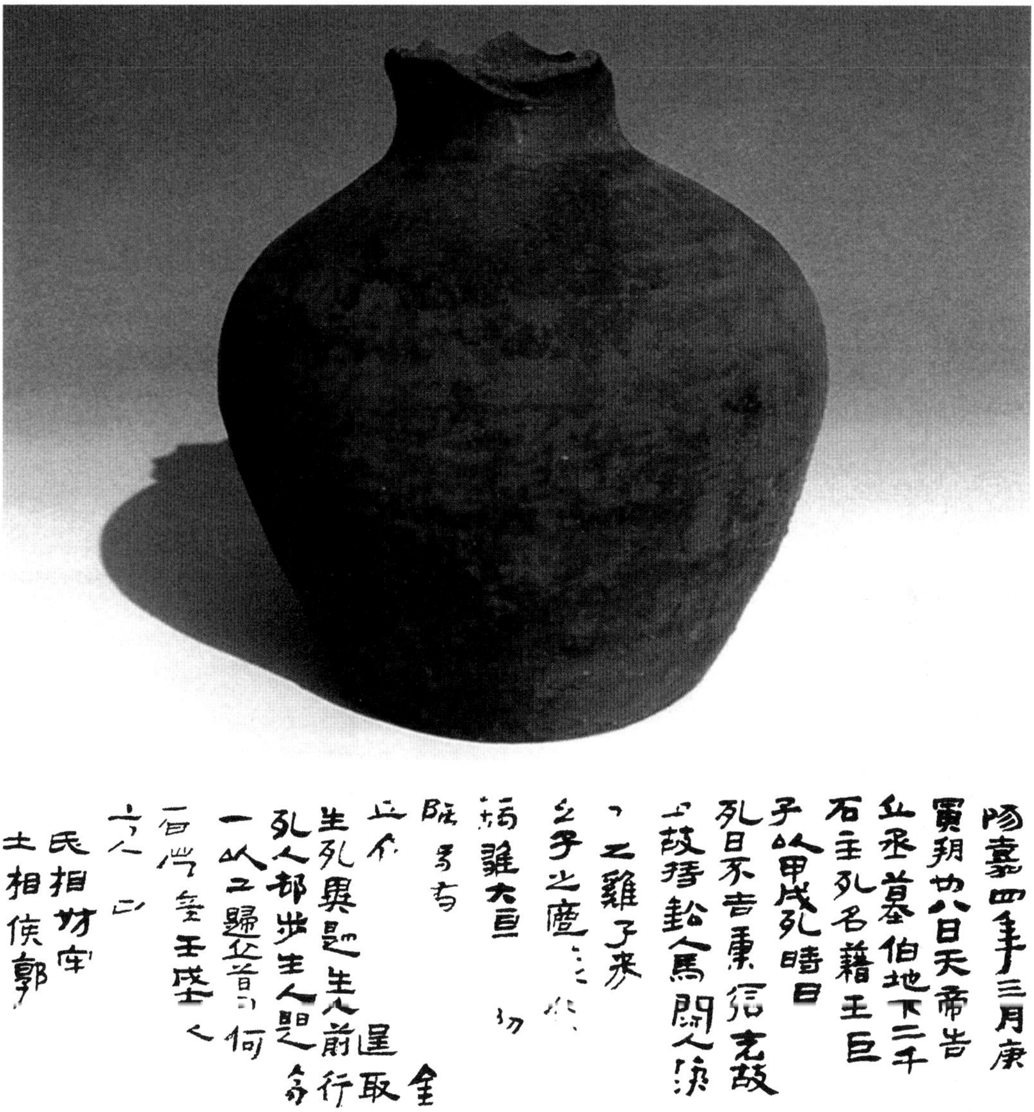

阳嘉四年陶罐

上的朱书文字，第1—5行内容如下：“阳嘉四年三月庚寅朔廿八日，天帝告丘丞墓伯、地下二千石、主死名籍，王巨子以甲戌死。”属于告知文性质，即天帝向地下世界通告王巨子之死，而“丘丞墓伯”“地下二千石”“主死名籍”为地下世界的冥官名，直接接受天帝的指令［西安市文物保护考古所，2002］。

金石文书写的地下冥吏名称也出现在道教经典中，例如南北朝《赤松子章历》卷五《大塚讼章》记有“地下二千石”“丘丞墓伯”“武夷君”“左右塚侯”“墓卿右秩”“蒿里父老”等冥官名；唐代朱法满《要修科仪戒律钞》卷十五《入棺大敛仪》中，可见“蒿里父老”“土下二千石”“安都丞”“武夷王”等名称。北宋的官方地理书《地理新书》收录的买地券范式，似对以往出现在买地券的冥官名进行了择取，只保留了“丘丞墓伯”“道路将军”“将军亭长”等名称。

为了强调买地券的契约性，见证人、保证人是买地券文的组成要项，**临知者**、**时知者**、**任知者**、**知见人**、**时人**、**保人**、**见人**、**证知**、**证**、**任**等多样称谓登场。除了前述的东王父、西王母等天神以外，地下世界的**张坚固**、**李定度**也是作为见证人、保证人频频出现。二者的名称看似人名，实为神名，是南朝以后流行的神名，“坚固”寓意墓地买卖契约的长期有效性，“定度”则表示墓地买卖的公正性、合法性［黄景春，2003 b］。2002年，湖北省鄂州郭家细湾六朝墓地的M8墓出土了蔺谦买地券3方［M8右：9-1—3，元嘉十六年（439），砖质］，依据公开的文字摹本，可以辨识9-2正面刻有“时知者张坚固［　　］”，9-3左侧刻有“张坚固、李定□[度]沽酒各半，共为券莂”等文字［黄义军等，2005；鲁西奇，2014］。在目前已知的买地券中，蔺谦买地券是张坚固、李定度同时出现在一券的初见事例。不同的买地券中，张坚固、李定度之名也存在异写名称。例如，1972年出土于湖南省湘阴县的陶智洪买地券［大业六年（610），陶质］书写的是“张兼固、李定度”［熊传新，1981］；又如，宝鸡青铜器博物院收藏的马德元买地券［政和七年（1117），砖质，参照152页］则刻写“保人张坚、

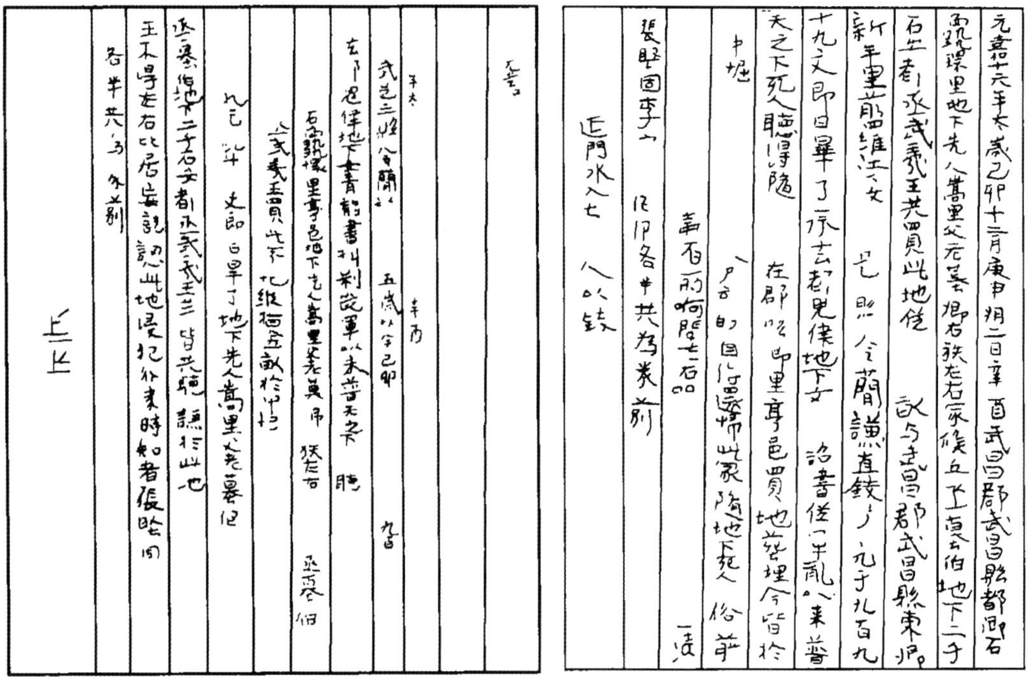

蔺谦买地券（摹本）

左　M8右：9-2（右起第1、2行，右面；右起第3—10行，正面；右起第11、12行，左面）

右　M8右：9-3（右起第1—8行，正面；右起第9、10行，左面）

李定杜”。又，高丽时代买地券可见“保人张陆、李定度”（**朝鲜半岛-3、4**），张陆的表记也散见于宋代事例中。尽管名称有异，但二神被买地券赋予的职能基本相同。唐代以后的买地券中，也存在不是将张坚固、李定度立为见证人、保证人，而是作为墓地卖主或书契人等角色的事例。

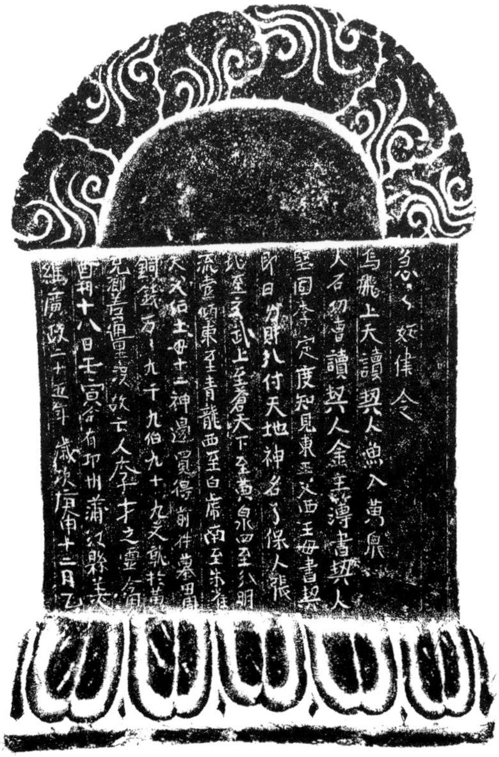

李才买地券拓本

唐代以后，包含书券（契）人、读券（契）人等组成要项的买地券时时可见。买地券书写的书券人和读券人或为神、动物、植物之名，或为（虚构或现实的）人名，其中也包括“**石功曹**”“**金主簿**”（亦称“功曹”“主簿”）二神。

“功曹”“主簿”皆是始自汉代的官名。汉时，“功曹”为郡县属吏，职掌郡县属吏的升迁、罢免、惩罚等；“主簿”则是中央及地方郡县都可设置的属吏，主管文书及簿籍。因此，大多学者认为“石功曹”“金主簿”是地下世界的冥官名。但是，宋代买地券中，存在“书契人石功曹、读契人金主簿”之后接续“书契人飞上天，读契人入黄泉”的事例（参照**朝鲜半岛-3、4**）。然而，地下世界的冥官飞上天的想象，似乎不合逻辑。1977年出土于四川省蒲江县的李才买地券［广政二十五年（962），白砂石质，碑形，自左至右书］刻有如下券文［龙腾、李平，1990；成都文物考古研究所等，2012］：

维广政二十五年岁次庚申十二月乙
酉朔十八日壬寅，今有邛州蒲江县美
充乡善通里殁故亡人李才之灵，今用
铜钱万万九千九佰九十九文，就于黄[皇]
天父、后土母、十二神边，买得前件墓田，周
流壹倾[顷]，东至青龙，西至白虎，南至朱雀，
北至玄武，上至苍天，下至黄泉，四至分明。

即日钱财，分付天地神名了，保人张
坚固、李定度，知见东王父、西王母，书契
人石功曹，读契人金主簿。书契人
鸟飞上天，读契人鱼入黄泉。
急急如律令。

其中，飞上天的是书契人鸟，入黄泉的是读契人鱼。由此推测，前述的书写格式或是省略了鸟鱼组成要项，或是将鸟、鱼的含义分别赋予了“石功曹”“金主簿”。晋·崔豹《古今注》鸟兽条记载：“吐绶鸟，一名功曹”。又，宋·贺铸在其《历阳十咏》中赋咏“一夕沦为湖”的麻湖时，有“湖中有明府，主簿鱼甚美，皆昔人所化也”之句（《庆湖遗老集》卷三）。《太平广记》也记载了主簿化作鱼的传说（卷四七一《水族八·薛伟》）。根据明·彭大翼《山堂肆考》记载，杜父鱼（土父鱼）的俗称是主簿鱼，“盖杜父讹为主簿也”（《山堂肆考》卷二二四《鳞虫·鱼》）。显然，“功曹”“主簿”用词并不局限于官名。据此推想，买地券书写的功曹、主簿二神名或许被赋予了双重含义，一是冥官，一是鸟鱼。

买地券为了表现墓主对墓地的所有权，以文字动用天上世界与地下世界的诸神，反映出在古代人的信仰中，死后世界的含义并不只限于地下世界，而是包括了天上世界、人的世界及地下世界的相互沟通、连接的认知。

［参考］

钟仲游妻买地券

年　代　东汉延熹四年(161)

出土地　相传河南省孟津县（今洛阳市孟津区）

现藏地　日本东京都台东区立书道博物馆

材　质　铅

尺　寸　长40.8厘米，宽4.1厘米

正面“黄帝”部分

背面“天帝”部分

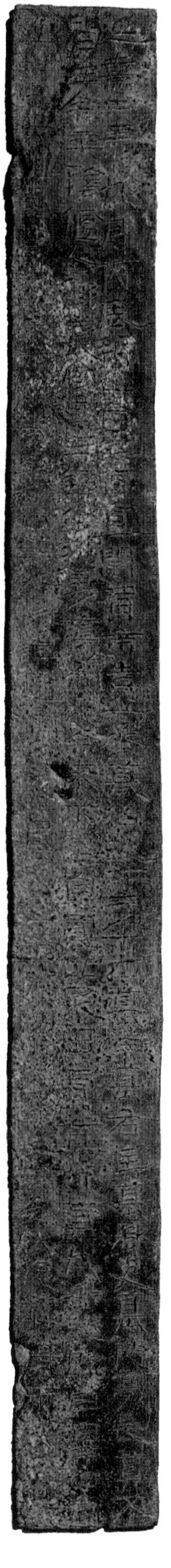

钟仲游妻买地券（左：背面；右：正面）

【释文】

〈正面〉

延熹四年九月丙辰朔卅日乙酉直闭黄帝告丘丞墓伯地下二千石墓左墓右主墓狱史墓门亭长莫不皆在今平阴偃人乡苌富里钟仲游妻薄命蚤死今来下葬自买万世冢田贾直九万九千钱即日毕四角立封中央明堂皆有尺六桃券钱布铟人时证知者先□[世]曾王父母□□□氏知也自今以后不得干□[扰]主人

〈背面〉

有天帝教如律令

【现代文翻译】

延熹四年九月丙辰朔三十日乙酉，直闭（埋葬吉日）。黄帝告知丘丞墓伯、地下二千石、墓左墓右、主墓狱史、墓门亭长都在其所在。平阴偃人乡苌富里的钟仲游妻薄命早死，今来下葬。自买万世墓地，其金额九万九千钱，即日交付完毕。墓室的四隅立封，中央设置明堂（祭坛）。（墓室内）放置皆一尺六寸的桃券、钱布、铟人等（镇墓物品）。其时，证知者（见证人）是先□[世]曾王父母，□□□氏保证。今后，不得干扰墓地主人。依天帝教，从律令施行。

【中国-4】

缪承买地券

年　代　三国吴建衡元年（269）

出土地　江苏省南京市江宁滨江开发区牧龙孙园村（今江宁区江宁街道）

现藏地　江宁博物馆

材　质　砖

尺　寸　长34.2厘米，宽8.3厘米，厚4.4厘米

缪承买地券

【释文】

建衡元年□□［十二］月□［丁］巳朔五日辛酉相府吏缪承今还丹杨业建
□乡梅府里卜安冢宅从地主古糸买地三顷五十亩直钱三
百五十万乡吏朱恂证知糸卖承买对共破莂先生可這
乃为手书

【现代文翻译】

建衡元年十二月丁巳朔日，五日辛酉，相府之吏缪承返回丹杨建业□乡梅府里，卜占风水好的墓地，从地主古糸处购买土地三顷五十亩，值钱三百五十万。乡吏朱恂证知（证明、见证）古糸与缪承之间的卖与买，共同作成契约书。先结成信约，然后在契约书上按捺指印。

缪承买地券拓本

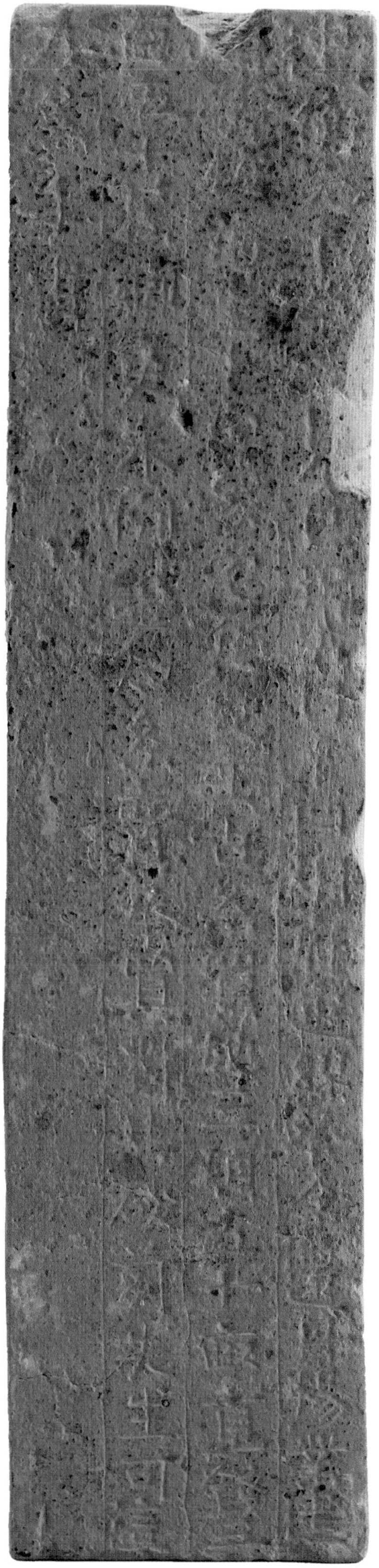

缪承买地券

【解说】

2007年，江宁博物馆在南京市江宁滨江开发区15号路发现了3座六朝砖室墓。3座墓葬的规模皆为中小型墓，砖室全长不超过6米，东南向。其中一座墓（M3）出土了缪承买地券以及多件青瓷器等随葬品。缪承买地券发现于墓室的西南角，一面有文字，自右向左书写，共4行；行与行之间以竖线相分隔；每行的文字数不等，多至25字，少至4字，共75字，但由于文字漫漶，存在难以判读的部分。买地券的两侧面有模印菱形方格纹［南京市江宁区博物馆，2009］。

缪承买地券的内容主要由日期、买主、墓地地点、卖主、墓地规模及价格、证人、契约书制作等组成。日期的月名及其干支的4字中，有3字因欠损而无法判读，但“建衡”是三国吴末帝孙皓的年号，宝鼎四年（269）十月改元为“建衡”，因此建衡元年（269）的月名只有十、十一或十二。根据陈垣《二十四史朔闰表》，建衡元年十二月的朔日干支为丁巳，五日干支是辛酉，因此可知缪承买地券的年月日是“建衡元年十二月丁巳朔五日辛酉”。注明朔日并记日数及日序干支，是东汉常见的记日法［陈梦家，1965］。又，建衡元年十二月朔日的西历是270年1月9日，因此缪承买地券所记的建衡元年十二月五日相当于西历270年1月13日。

墓地的买主缪承是丞相府的中下级官吏。宝鼎元年（266）八月，孙皓以陆凯为左丞相，以万彧为右丞相。建衡元年（269）十一月，左丞相陆凯亡故。如若缪承是左丞相府的官吏，则其买地券所记的时间点，与陆凯逝去的时间前后相近或许并非巧合。

缪承买地券记录了墓地的行政位置“丹杨业建□乡梅府里”，其中“业建”明显是“建业”之误［南京市江宁区博物馆，2009；张学锋，2010］，而乡名则因买地券欠损无法判读。墓地的规模是3顷50亩。三国时代的邓展在注释《汉书·食货志》时，曾对古时与汉的步亩顷换算有所叙述，“古百步为亩，汉时二百四十步为亩，古千二百亩，则得今五顷”。由此可知，汉时1顷为100亩，1亩为240步。也就是说，缪承所买墓地为350亩。关于三国时代的尺度，学者们的看法不尽相同，并且同一时期不同地域所使用的尺度也可能存在不同［郭正忠，1993］。故在此，仅假以5尺为1步、1尺为24厘米计算，1步＝120厘米＝1.2米，1亩＝（1.2×1.2）×240＝345.6平方米，则350亩＝12.096公顷，这一数值远远大于考古发现的砖室墓规模。又，券文记载的墓地交易价格不菲，钱350万，平均每亩地价是1万钱。《汉书·李广传》记载，汉武帝时，李广的从弟李蔡以丞相之位曾获得诏赐的冢地20亩，位于汉景帝的阳陵，但李蔡擅自以40多万钱的价格卖了3顷地，相当于1亩地的价格为1300余钱。若借鉴李蔡之例，可见缪承

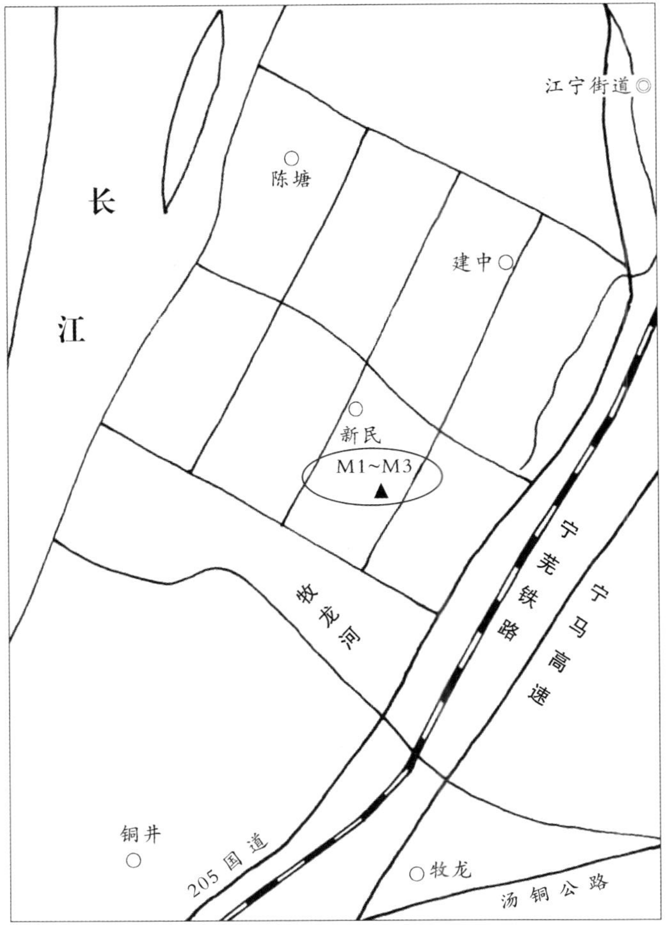

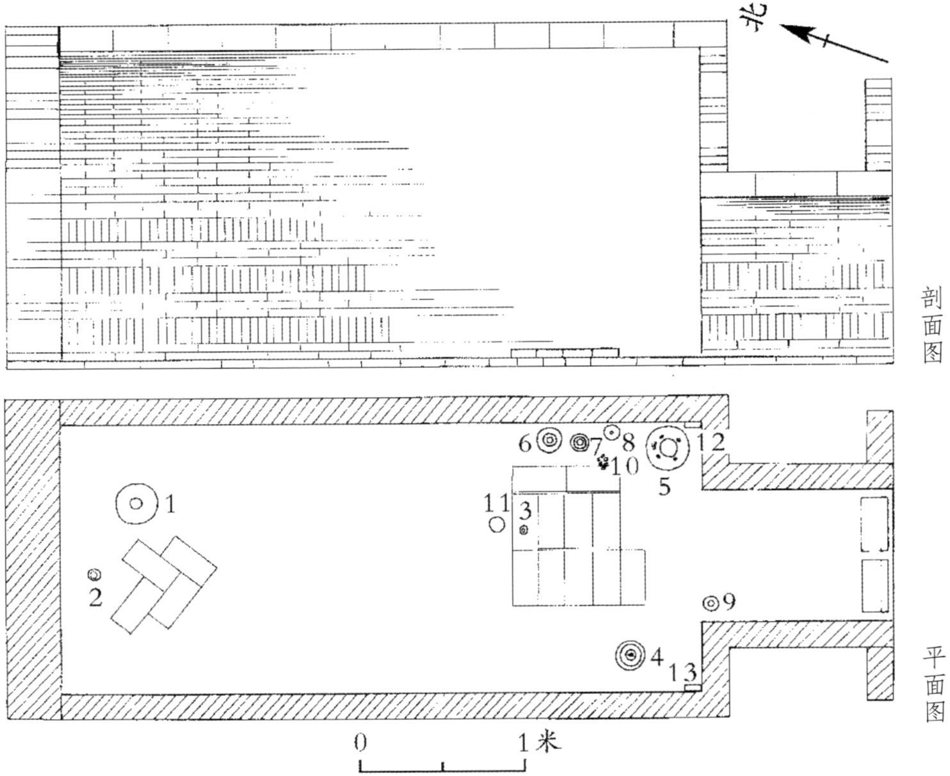

1.青瓷洗 2、9.青瓷盏 3.青瓷盂 4.青瓷笔洗 5.青瓷龙首罐 6.青瓷盘口壶 7.青瓷唾壶
8.青瓷虎首壶 10.石黛板 11.铜镜 12.青砖 13.买地券

缪承买地券出土地周边示意图（左）及墓（M3）的平、剖面图（右）

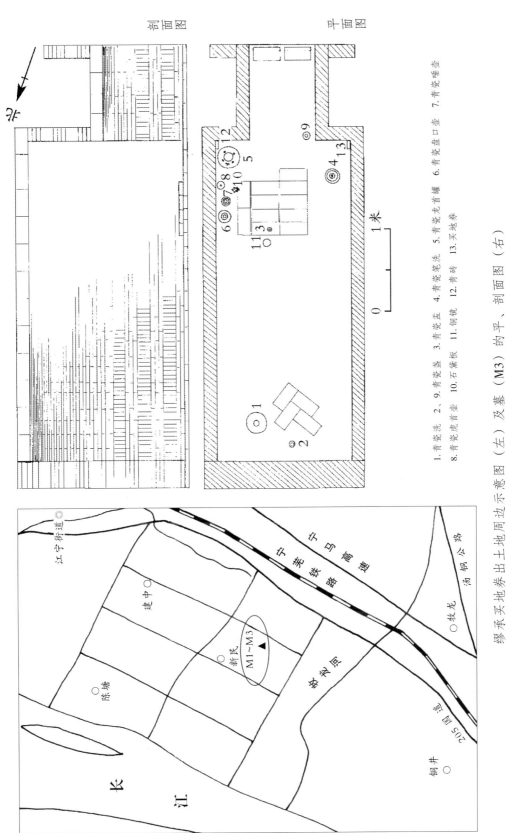

所买的墓地面积及其价格都是超乎寻常的。因此缪承买地券所记的大规模、价格昂贵的墓地买卖，一般认为是非现实性的。不仅墓地价格、规模可能是虚高夸张的，甚至卖主古糸也存在虚拟的可能性［张学锋，2010］。

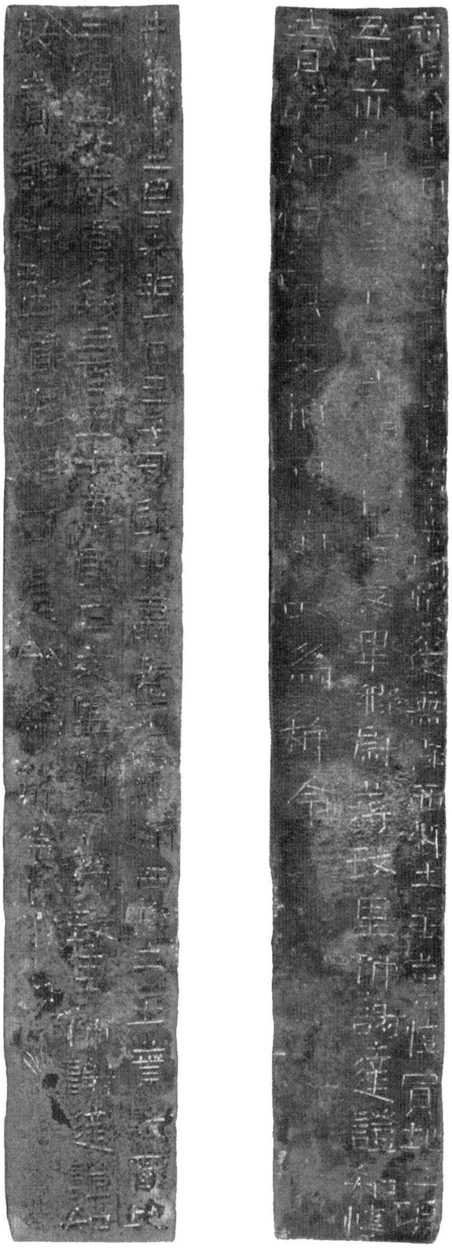

萧整买地券（左：正面；右：背面）

值得注意的是，券文以“地主”一词描述卖主古糸。《国语·越语下》有“皇天后土四乡地主，正之”，地主作为神名被列举。《史记·封禅书》《汉书·郊祀志上》也将地主作为“八神”之一加以叙述。因此，券文的“地主古糸”或许是当地的具体地神名，抑或是原埋在该墓地下的亡人之名。换句话说，缪承买地券叙述的是与地神的契约。在券文叙述方式及用词等方面，1978年出土于安徽省南陵县东吴墓的萧整买地券［赤乌八年（245），铅锡制］与缪承买地券具有相似性［安徽省文物工作队，1984］。萧整买地券正背两面刻字，内容几乎相同，其中正面的原文如下：

> 赤乌八年十二月丁未朔六日壬子日，郎中萧整从无湖西乡土主叶敦买地／三顷五十亩，贾钱三百五十万，即日交毕。乡尉蒋玟、里帅谢达证知／敦卖，证知整买。先相可這，以为科①令。

买主萧整从卖主“无湖西乡土主叶敦”处，“买地三顷五十亩，贾钱三百五十万”，被买卖的土地同样是350亩，钱350万，而且卖主是“土主”。“土主”之意也是地下之神，叶

① 关于该字的释读，《安徽南陵县麻桥东吴墓》一文释为“析”字［安徽省文物工作队，1984］，本书依文字观察，改为“科”字。

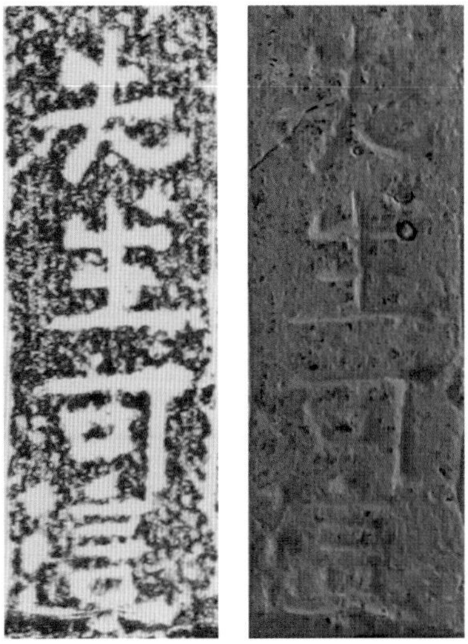

“先生可這”
（第3行第19—22字）

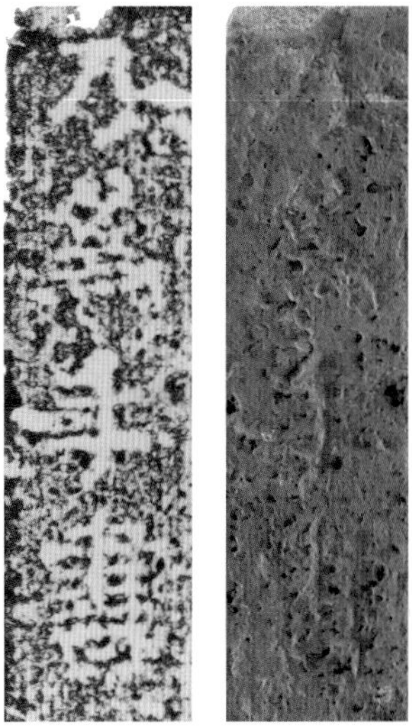

“乃为手书”
（第4行第1—4字）

敦则是原墓地所葬亡人名［鲁西奇，2014］。据此，“三顷五十亩”“钱三百五十万”极有可能是当时买地券文书写的定式化规模及地价，而非实际的规模及价格。

与其他买地券相比，缪承买地券不仅没有描述金钱的交付，而且墓地买卖契约的见证人、保证人也只记录了一位朱恂，其身份是乡吏。在萧整买地券中，见证人、保证人的身份分别是“乡尉”“里帅”，属于乡吏、里吏范畴。由此推测，当地的乡吏、里吏也成为当时定式化买地券的一个要素，但尚以具体人名出现。

缪承买地券的最后一句“先生可這，乃为手书”，较为难解。有学者认为“生”为“立”字之误，并从文意与字形推测“這”字为“信”字［张学锋，2010］。实际上，萧整买地券中也有类似的文句，“先相可這，以为科令”。根据以往的研究成果，在草书的楷书化过程中，存在将“心”写成“辶”的事例［梁春胜，2012］。据此，“這”字可能是“𢡆”或者“訫”的异体字，其中“𢡆”是“意”字的大篆，“訫”是“信”的古字。从文意看，“信”更为适合，意指信约、符契。此外，直至目前基本上都是将“先生”作为名词解释，或为书券人，或为先人，但借鉴萧整买地券的“先相可這[信]”，“先生”的词义存在“先结成”或“先制作”的可能性，即表达“先结成信约”，或“先制作符契”之意。

“手书”是指按捺指印的契券，《周礼·地官·司市》有“以质剂结信而止讼”之句，汉·郑玄注：“质剂，谓两书一札而别之也，若今下手书”，唐·贾公彦疏：“汉时下手书，即今画指券，与古质剂同也”。因此，“先生可這，乃为手书”一句所表达的大意是：结成信约后，以画押契券而防止日后的诉讼。

在中国买地券的发展中，东吴是非常重要的时期，买地券的非现实性色彩逐渐浓厚，券文的书写逐渐趋向定型化。在这种演变的过程中，出现了若干买地券的书写模式，缪承买地券模式是其中一种。

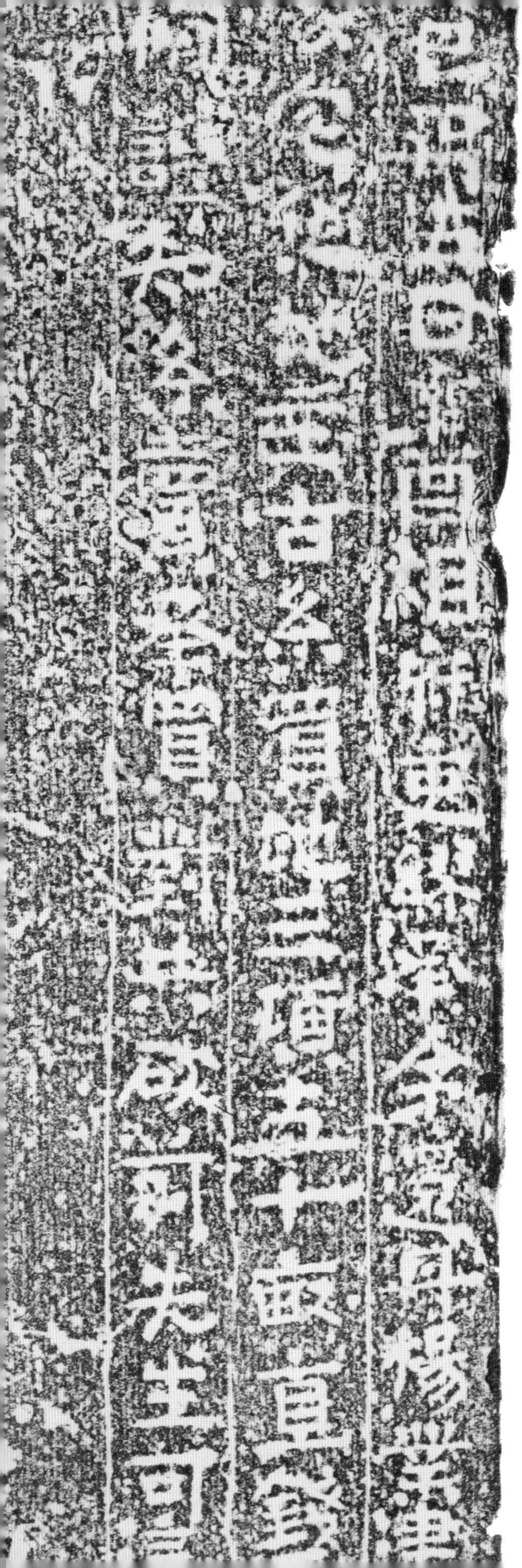

缪承买地券局部

【中国-5】

天册元年买地券

年　代　三国吴天册元年（275）

出土地　江苏省南京市江宁区淳化街道土桥社区

现藏地　江宁博物馆

材　质　铅锡合金

尺　寸　长31.0厘米，宽2.8厘米，厚0.2厘米

天册元年买地券

【释文】

〈正面〉

扬州丹杨□［郡？］□南乡诸□上□北稽居在□

□□今作冢廓从天买土□［从？］地买宅直钱一千□［万？］日月为证六甲为任□［东？］

去百步西去百步南去百□［步？］北去百步若有□者

〈背面〉

如律令

□起天册元年三［十二？］月廿九日□□买地交雇贝钱一千

万民有私约他如律令

天册元年买地券拓本（左：背面；右：正面）

天册元年买地券（左：背面；右：正面）

【现代文翻译】

扬州丹杨□[郡?]□南乡诸□上□北稽……今造墓，从天买地，从地买宅，值钱，千万。日月为见证人，六甲为保证人。（墓地的范围）东百步，西百步，南百步，北百步。若有□者，……如律令施行。天册元年三（或十二）月二十九日，买地，交付价款钱一千万。虽为民间私约，但具有如律令般的效力。

【解说】

天册元年买地券发现于1995年。尽管买地券的图像及拓本已公开发表，但由于古墓已遭破坏，因而买地券的出土状况不明［许长生，2013］。该买地券的材质是铅锡合金。在中国的科学技术发展史上，铅因为熔点低、冶炼方法简单，是最早被古人炼取的金属之一，与铜、锡一起应用于青铜器的制作。古时，铅与锡被认为是同类，但锡比铅具有更高的价值。在考古发现的3世纪买地券中，铅质、铅锡质、锡质买地券都各有发现，其中锡质买地券的数量最少，铅锡质买地券次之。

“天册元年三月”
（背面第2行第3—8字）

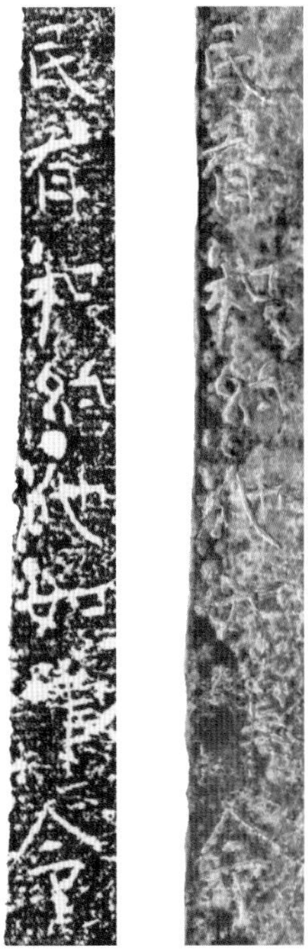

“民有私约、他如律令”
（背面第3行第2—9字）

天册元年买地券两面刻字，但由于铅氧化，部分文字无法肉眼辨读。“天册”也是东吴末帝孙皓的年号，仅维持了两年（275—276）。券文的年月日刻在背面，其中月名始终被释读为“三”，但仔细看照片，最上面的“一”字上似有一竖，或许是铅氧化物形成，但也可能是“十”字，故在此提出月名为“十二”的可能性。

券文内容由买主、卖主、地价、见证人、保证人、墓地四至、日期、卖主责任等要素组成。正面券文第1行第5字的左半似是“君”字，右半无法辨别，推测为“郡”字。丹杨郡的设置始于西汉，元封二年（前109），汉武帝将秦时设立的鄣郡更名为丹杨郡，属扬州。东吴时期，丹杨郡虽仍属扬州，但其辖域几番调整，至永安年间（258—264），丹杨郡的领辖变为溧水以北的6县（宋・周应合《景定建康志》）。天册元年买地券的出土地，就位于永安年间以后的丹杨郡所辖范围之内。

天册元年买地券所记的墓地交易双方中，买主的具体名字因文字无法辨读不得而知，但也有学者认为第1行第9字“诸”是买主名的一部分［鲁西奇，2014］。卖主名则清晰可读，是天与地。在同时期、同地域的买地券中，考古发现的黄甫买地券［五凤元年（254），砖质，1979年出土于南京］、陈重买地券［永安二年（259），砖质，1984年出土于南京］等的券文都刻有“从天买地，从地买宅”文句。借鉴其他买地券推测，天册元年买地券的“从天买土”的“土”字极有可能是“地”的略字，亦是表达“从天买地”之意［张勋燎、白彬，2006］。

“日月为证、六甲为任”
（正面第2行第20—28字）

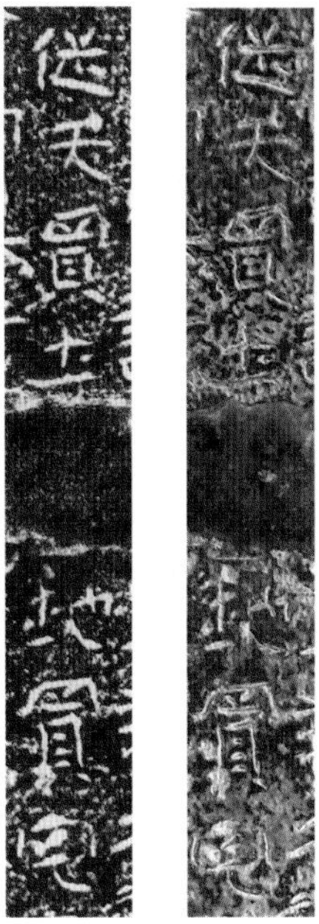

“从天买土、□地买宅”
（正面第2行第7—14字）

“天”（即天神）成为买地券的要素，意味着买地券的文句与汉画像石、铜镜等的画像同样，将天上世界的元素带入地下的墓中世界，构成虚构性的天地宇宙空间。不过，券文叙述的“土”（土地）与“宅”的购买顺序，可以说是源自生者世界的先购土地再建宅屋的现实。

天册元年买地券正面券文的第2行有“日月为证，六甲为任”之句，其中“任”字在此是担保、作保之意。即日月为见证人，六甲为保证人。日月与六甲都是表现时空的词汇，日月既表示天体的日与月，也是形容时光的用词；六甲既是干支的甲子、甲戌、甲申、甲午、甲辰、甲寅的总称，也是星宿之名，《晋书·天文志》就有“华盖杠旁六星曰六甲，可以分阴阳而配节候”之句。因此，以日月与六甲为见证人、保证人，实为寓意买主所有墓地的永久性。以时空为见证人、保证人，天册元年买地券并不是孤例，**中国-3**会稽亭侯买地券以及解说中介绍的杨绍买地券亦有“日月为证，四时为任”之句。

天册元年买地券没有刻记墓地的四至，而是以四方百步描述墓地的规模，虽然无法否定百步是虚数的可能性，但尚在现实性数字的范围之内。关于墓地的价格，正面券文的第2行“直钱一千□”，一字漫漶，但背面券文刻有“买地交雇贝钱一千万”，其中“雇”字意为给价、价格，“贝”曾是原始货币的一种，在此似是“贾”字的略字，意为买或交易，因此“钱一千万”是买卖价格，但价高得超出现实性，明显是虚拟的价格。

天册元年买地券正面券文第3行的最后部分，因文字漫漶，多字无法辨读，但借鉴其他买地券，从“若有□者”四字推测，似在叙述有关墓地所有权发生纠纷时卖主应承担的责任。

券文的最后一句“民有私约，他如律令”。关于“他”字，清·段玉裁《说文解字注》注释“他”字源于“佗”字，隶书“变佗为他，用为彼之称”。据此，天册元年买地券的“他”字用法，或许同于“彼”字，在此为语气助词。该结尾句与杨绍买地券的结尾句相似，后者是“民有私约，如律令”。另外，处士买地券［建衡二年（270），铅质］的结尾句为“他如律令”［南京博物院、南京市文物保管委员会，1976］，由此可知，“民有私约”“他如律令”“如律令”是当时买地券的常用定型文句，强调买地券虽为民间的契券，但法律效力如同官令。

“西去百步南去百□［步?］”
（正面第3行第4—11字）

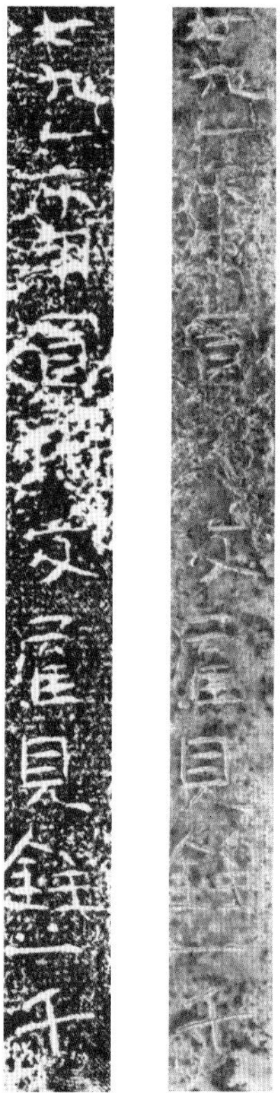

“廿九日□□买地交雇贝钱一千”
（背面第2行第9—21字）

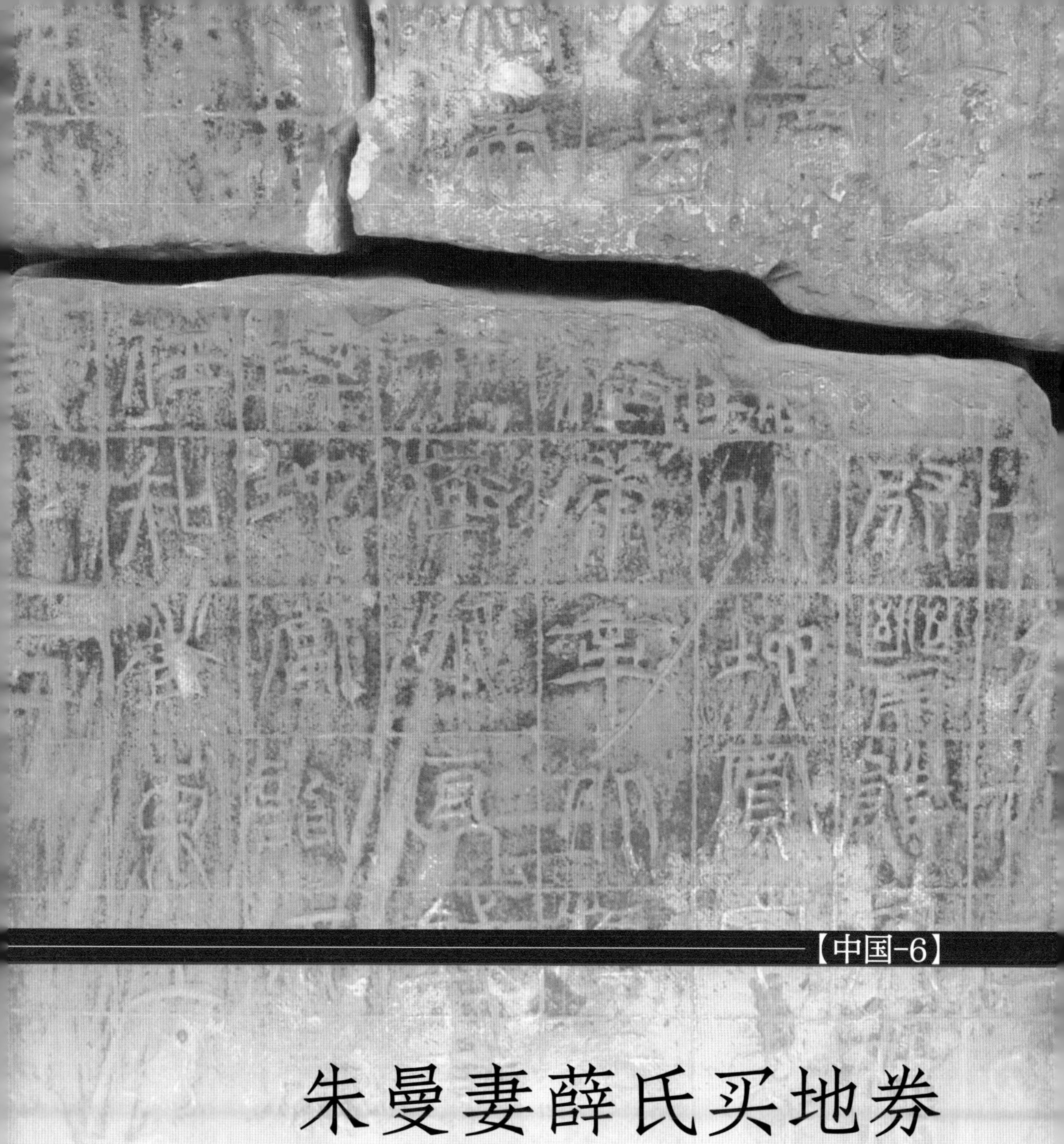

【中国-6】

朱曼妻薛氏买地券

年　代　东晋咸康四年（338）

出土地　浙江省平阳县宜山乡鲸头村（今温州市龙港市鲸头村）

现藏地　温州博物馆

材　质　石

尺　寸　长30.0厘米，宽17.2厘米，厚8.5厘米

朱曼妻薛氏买地券拓本

朱曼妻薛氏买地券

【释文】

晋咸康三季二月壬子朔三日乙卯
吴故舍人立节都尉晋陵丹徒朱曼
故妻薛从天买地从地买宅东极甲
乙南极丙丁西极庚辛北极壬癸中
极戊己上极天下极泉直钱二百万
即日交毕有志薛地当诣天帝有志
薛宅当诣土伯任知者东王公西王
□母如天帝律令　同（右半）

【现代文翻译】

东晋咸康四年二月朔日壬子，四日乙卯，吴的故舍人、立节都尉、晋陵丹徒人朱曼的故妻薛从天买地，从地买宅。（墓地范围）东至甲乙，南至丙丁，西至庚辛，北至壬癸，中至戊己，上至天，下至黄泉。值钱二百万，即日交付完毕。若有主张所有薛墓地者，则向天帝申诉。若有主张所有薛墓宅者，则向土伯申诉。任知者（见证人）是东王公、西王母。如天帝律令一样施行。同（右半）。

朱曼妻薛氏买地券

【解说】

朱曼妻薛氏买地券发现于清末浙江省平阳县宜山乡鲸头村，关于具体的出土时间，存在不同的说法，既有光绪二十五年（1899）说（民国《平阳县志·金石志》），亦有1896年说［方介堪，1965］等。买地券的出土缘于当地农民的掘墓，出土后被当地乡绅购买、收藏，虽有拓片流入坊间，但原石销声匿迹。20世纪50年代，收藏者的孙子在家中发现买地券的原石，由政府购得，鉴定为原石。重现世间的买地券原石，今由温州博物馆收藏、展出，横向的一道裂痕及横向裂痕上部的一道纵向裂痕，将买地券分为三个部分。

当地传说的朱曼妻薛氏买地券出土地鲸头村小丘

朱曼妻薛氏买地券，石质，正面有文字，自右向左，共8行，1—7行每行14字，第8行只有8字，共计106字。买地券上画有纵横格线，字落格中。券文由日期、买主、卖主、墓地四至、价格及支付、卖主责任、任知者（见证人）等要素组成。

券文所记的日期是“晋咸康三季二月壬子朔三日乙卯”，其中“亖”字是“四”的大篆字体，“季”字为“年”的异体字。此外，“壬子”是二月朔旦干支，“乙卯”为四日干支。买地券所记的买主是朱曼的妻子薛氏，朱曼与薛氏皆为亡人。朱曼官至东吴的“舍人、立节都尉”，本籍是“晋陵丹徒”。“舍人”的官名，初见于《周礼·地官》，“掌平宫中之政，分其财守，以法掌其出入”，是负责宫中财政的官人；战国至汉初，“舍人”是指诸侯的私府（财物仓库）之吏；汉时，还设置了太子属官的“太子舍人”。但是，《三国志·吴书》并不见有关“舍人”或“太子舍人”及“立节都尉”的记载。“晋陵丹徒”是晋陵郡丹徒县的略称。西晋太康二年（281）设置毗陵郡，隶属扬州。永嘉五年（311）毗陵郡更名为晋陵郡。丹徒的地名，秦时既定，东吴时曾改名为武进，晋太康三年又更改回丹徒。因此，晋陵丹徒是永嘉五年以后才见的行政区划［鲁西奇，2014］。

朱曼其人，不见文献史料记载。东吴景帝孙休（235—264在位）的皇后是朱据之女，因此朱曼被推测为朱据之孙，在建衡元年（269）以前，曾任太子舍人，孙休死后，朱氏一族失势，为避战乱而向南迁居［吴承志，1926］。无论有关朱曼出身的推测是否正确，位于今江苏省境内的晋陵丹徒的籍贯地与出土买地券的浙江省南部的位置关系，可以说明朱曼是自北向南迁徙的移民，这一点是毫无疑问的。

券文所记的卖主是天与地，且沿用东吴时期的定型句“从天买地，从地买宅”（参照**中国-5**天册元年买地券）。关于墓地的空间范围及四至，券文没有叙述具体的实物标识，而是从东、南、西、北、中、上、下的方位，使用了抽象性用语，即甲乙、丙丁、庚辛、壬癸、戊己、天、泉。古代中国，以十干配五方，甲乙属东方，丙丁属南方，庚辛属西方，壬癸属北方，戊己属中央。以十干表示四至，是东吴时期买地券叙述虚拟四至的范式之一，如1984年出土于南京郭家山遗址（M7、M6）的陈重买地券［永安二年（259），砖质］与大女买地券（永安四年，砖质），都有“东至甲乙，南至丙丁，西至庚辛，北至壬癸”之句［南京市博物馆，1998］。至西晋，除了四至以外，中央作为方位要素出现在部分买地券之中，例如出土于江苏省句容市行香中学砖室墓遗址（M1）的李达买地券［永康元年（300），砖质］，刻有“东极甲乙，南极丙丁，西极庚辛，北极壬癸，中英［央?］戊己”之句［镇江博物馆，1984；鲁西奇，2014］。但是，如朱曼妻薛氏买地券一样，五方位之上再加入天地空间维度的买地券很少见。朱曼妻薛氏买地券第5行“下极泉”的“泉”字，意指死后地下世界的黄泉。朱曼妻薛氏买地券的出土地，晋时是没有所有者的荒岛［方介堪，1965］，现在位于距海岸线10千米以上的丘陵上。或许与现实的墓地自然环境有关，券文在定型文句的基础上，有意地描述了墓地范围的东西、南北、上下三维空间。

“有志薛地，当诣天帝。有志薛宅，当诣土伯”之句，是叙述如若买卖的墓地存在所有权的纠纷，则卖主天（天帝）与地（土伯）必须承担解决问题的义务。即使是现实世界的土地买卖契约，卖主担保所卖土地不受他人追夺的义务也是重要的一项内容。东吴时期的买地券中，与“从天买地，从地买宅”前后相呼应，论及天神、地神义务的较常见文句是“若有争地，当诣天帝。若有争宅，当诣土伯”。第6行第10字与第7行第4字是相同字，关于该字的释读存在两种见解：一是“诣”字［符璋、刘绍宽，1926；方介堪，1965；鲁西奇，2014］，一是“询”字［罗振玉，2005；仁井田，1980；池田，1981］。《说文解字》中，“诣”的篆体为“[illegible]”，“询”的篆体为“[illegible]”。从字形看，“[illegible]”似乎介于“询”与“诣”之间。从字义而言，“诣”字有拜访、前往等意，而“询”字为查询、询问等意。由于该字是动词，其后的宾语是天帝，因此考虑到天帝的至高无上的地位，在此采取“诣”的释读。

“志”字具有记录、标记、识认等含义，在此取“识认”之意，即若有主张自己所有该墓地者，则至天帝、地神处申诉。“土伯”是见于《楚辞·招魂》的神名，东汉王逸注解为“土伯，后土之侯伯也”（《楚辞章句》），而“后土”是大地的尊称，指土神或地神。

朱曼妻薛氏买地券中，除了天帝以外，天上世界的西王母、东王父的神名以任知者（见证人）的身份出现。西王母、东王父在买地券中的登场，可以追溯至东吴时期。1955年，在湖北武昌任家湾113号墓的木棺底板下，发现了郑丑买地券［黄武六年（227），铅质］，其释文就有“知者东王公、西王母”之句［程欣人，1965］。朱曼妻薛氏买地券的“西王”与“母”之间尚有1字，即第8行第1字，由于缺损，无法辨认，学者们推测该字为“圣”字［方介堪，1965；池田，1981］，但是“西王圣母”之称无史料及其他金石文事例佐证，因此难以断定。

此外，值得关注的是，券文的最后一字是“同”字的右半字，显示买卖契约的成立。古代的简牍契约，将契约内容分别写在同一简的左半和右半，并在中间写上“同”字，从中剖开，如同现今的骑缝章印，交易双方各执一半。买地券也被称为“莂”或“莂”，同样原本被视为符契，意味着卖主、买主各持一份契约书（参照**中国-3**会稽亭侯买地券）。埋入地下的石质买地券尽管不是现实中的契约，但其书写格式是以现实契约为范本的，因此可以认为朱曼妻薛氏买地券中的“同”字右半，也是假设左侧并排还有一份契约书的情况下书写的文字，起到骑缝印的作用，意在表现契约的真实性。毋庸多言，另一份契约书现实中并不存在，完全是架空的骑缝印。

朱曼妻薛氏买地券

当然，也有学者认为券文的最后一字是“合同”二字的合字的半截体［方介堪，1965］。但是，对比《说文解字》中“合”（合）与“同”（同）的字体，券文的“同”字上部，很难确认是“合”字上部的“人”，而更似“同”字。

朱曼的移民身份及其妻薛氏买地券对东吴时期买地券元素的承袭，一方面反映出在丧葬习俗的传播中，移民群体发挥着重要的作用；另一方面似乎也说明正是由于移民远离了原有的家族墓地，因此买地券就成为显示、强调新墓地埋葬合法性的重要随葬品。

【中国-7】

罗健夫妻买卖地券

年　代　南朝宋元嘉二十二年（445）

出土地　江苏省南京市江宁区淳化街道双岗社区咸墅岗

现藏地　江宁博物馆

材　质　砖（2方）

尺　寸　A：长39.5厘米，宽17.0厘米，厚3.0厘米

　　　　B：长39.5厘米，宽16.5厘米，厚3.0厘米

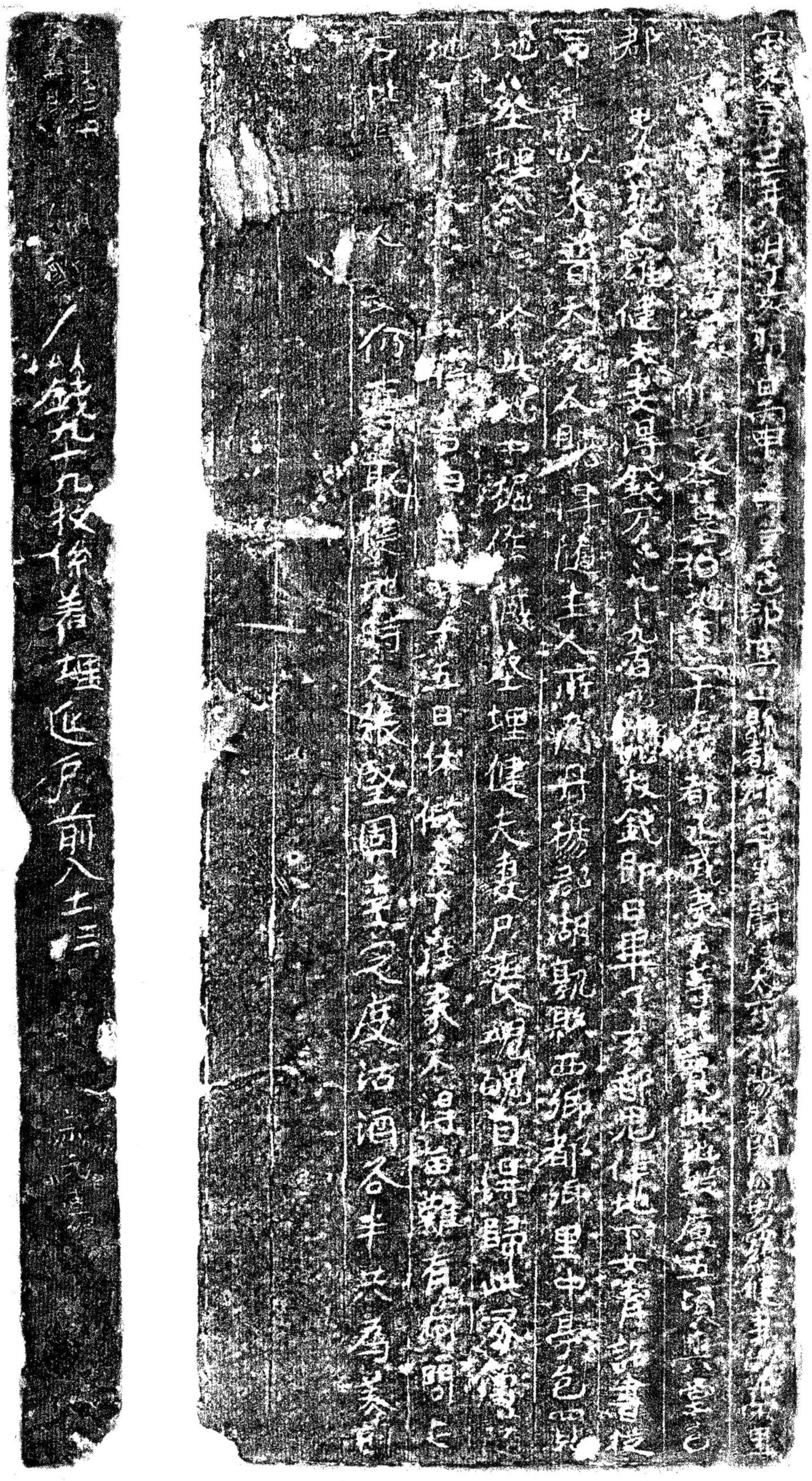

罗健夫妻卖地券拓本（左：侧面；右：正面）

罗健夫妻买卖地券

A卖地券

【释文】

〈正面〉

宋元嘉廿二年八月丁亥朔十日丙申□〔朔?〕堂邑郡高山县都乡治下里兰陵太守刘阳县开国男罗健妻旳蒿里
父老□□〔墓乡〕右秩左右□〔冢〕侯丘丞墓伯地下二千石安都丞武夷王等共卖此地纵广五顷与堂邑
郡□男女死人罗健夫妻得钱万万九千九百九十九枚钱即日毕了玄都鬼律地下女青诏书从
军乱以来普天死人听得随生人所在丹杨郡湖孰县西乡都乡里中亭邑买
地葬埋今□〔当?〕于此地中掘作藏葬墓埋健夫妻尸丧魂魄自得归此冢庐随
地下□人□□〔俗?〕五腊吉日月晦十五日休假上下往来不得留难有何〔呵?〕问左
右比居□〔他?〕人妄仍夺取健地时人张坚固李定度沽酒各半共为券莂

〈侧面〉

以钱九十九枚系着埋延户前入土三　宋元嘉　（※两行小字倒书）

※廿二年八月十日

罗健夫妻卖地券正面

【现代文翻译】

宋元嘉二十二年八月朔日丁亥，十日丙申朔（黎明），蒿里父老、墓乡右秩、左右冢侯、丘丞墓伯、地下二千石、安都丞、武夷王等共卖此地，（给）堂邑郡高山县都乡治下里的兰陵太守、刘阳县开国男罗健及其妻昀，面积五顷。给与堂邑郡男女逝者罗健夫妻，得钱万万九千九百九十九枚，即日（交付）完毕。依据玄都鬼律、地下女青诏书，军乱以后，允许普天下的逝者埋葬于生者所在之处。（因此）在丹杨郡湖孰县西乡都乡里中亭邑买地埋葬。今，在此地下掘土造墓，埋葬罗健夫妻遗体，魂魄自然能归此冢庐。随地下死者之俗，五腊吉日、月末日、十五日休假上下往来，不得留难。若有周围及他人妄乱夺取罗健墓地者，则咎罪（卖主）。时人（见证人）张坚固、李定度。买卖双方各支付一半酒钱，（达成合意）。共同作成券莂。

二十二年八月十日。系结钱九十九枚埋于墓道门前。入土三（尺）。宋元嘉。

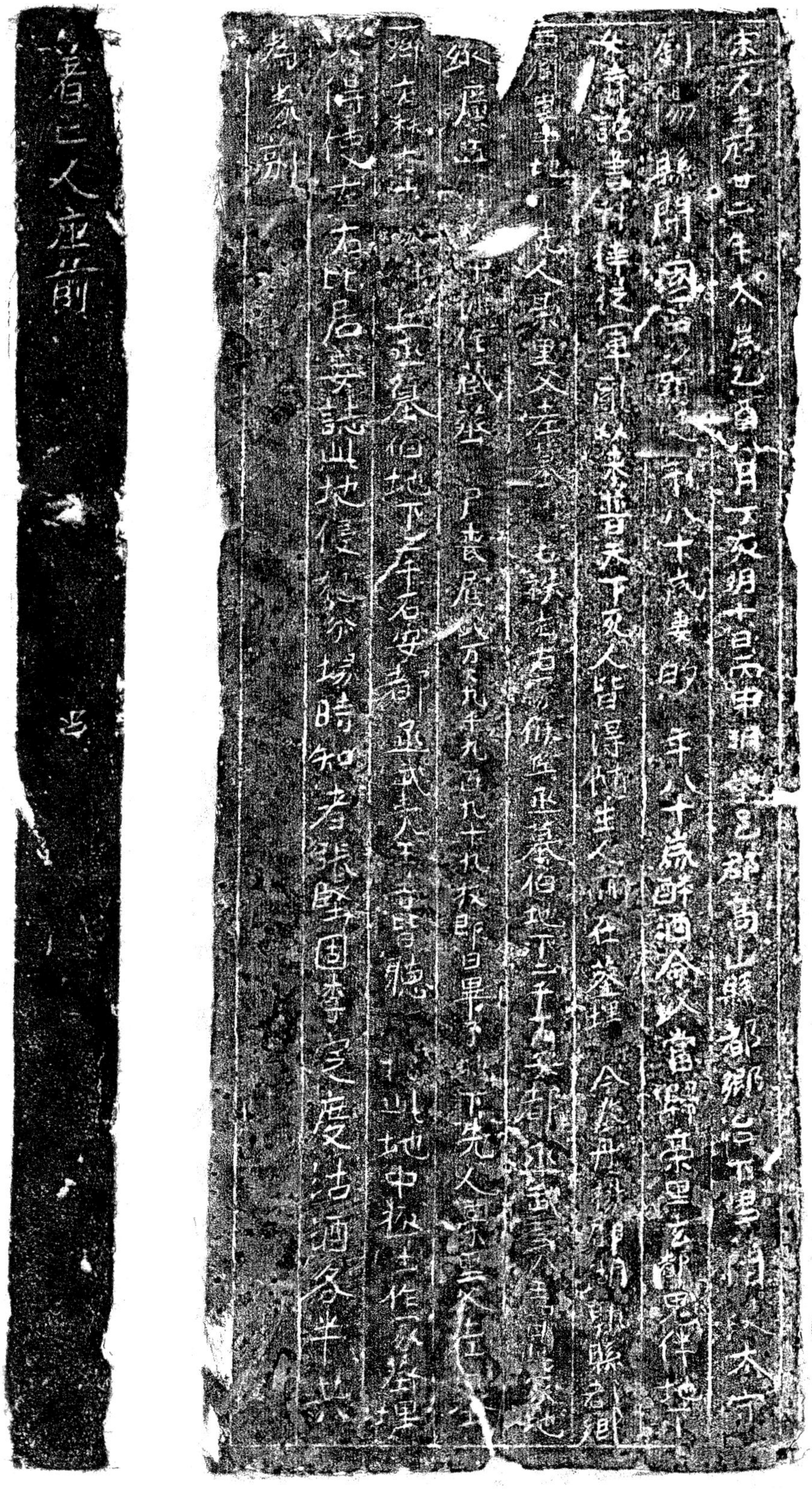

罗健夫妻买地券拓本（左：侧面；右：正面）

罗健夫妻买卖地券

B买地券

【释文】

〈正面〉

宋元嘉廿二年太岁己酉八月丁亥朔十日丙申朔堂邑郡高山县都乡治下里兰陵太守
刘阳县开国男罗健年八十岁妻的年八十岁醉酒命终当归蒿里玄都鬼律地下
女青诏书科律从军乱以来普天下死人皆得随生人所在葬埋今葬丹杨郡湖孰县都乡
西乡里中地下先人蒿里父老墓乡右秩左右冢侯丘丞墓伯地下二千石安都丞武夷王买〔卖？〕此冢地
纵广五□〔顷？〕地中掘作藏葬尸丧雇钱万万九千九百九十九枚即日毕了地下先人蒿里父老墓
乡右秩左右冢侯丘丞墓伯地下二千石安都丞武夷王等皆听□〔随？〕于此地中掘土作冢葬埋
不得使左右比居安志此地侵犯分堺时知者张坚固李定度沽酒各半共
为券莂

〈侧面〉

着亡人座前　宋※　（※『宋』字倒书）

罗健夫妻买地券正面

【现代文翻译】

宋元嘉二十二年太岁己酉八月朔日丁亥，十日丙申朔（黎明），堂邑郡高山县都乡治下里的兰陵太守、刘阳县开国男罗健八十岁，妻的八十岁亡故，当归蒿里。依据玄都鬼律、地下女青诏书科律，军乱以后，允许普天下的逝者埋葬于生者所在之处。（因此）今葬丹杨郡湖孰县都乡西乡里中。地下先人、蒿里父老、墓乡右秩、左右冢侯、丘丞墓伯、地下二千石、安都丞、武夷王卖此墓地，面积五顷。地下掘土造墓葬遗体。价钱万万九千九百九十九枚，即日（交付）完毕。地下先人、蒿里父老、墓乡右秩、左右冢侯、丘丞墓伯、地下二千石、安都丞、武夷王等皆听随在此地造墓埋葬，不得使周围者妄为所有此墓地，侵犯地界。时知者（见证人）张坚固、李定度。买卖双方各支付酒钱一半，（达成合意）。共同作成券莂。置于亡者的座前。宋。

【解说】

2011年，南京市江宁区淳化街道发现了南朝罗氏家族的5座砖室墓，其中2座墓出土了3方砖质买卖地券，1方是**中国-8**罗道训卖地券，2方是罗健夫妻买卖地券。由于罗道训是罗健的后代，所以先介绍罗健夫妻地券。

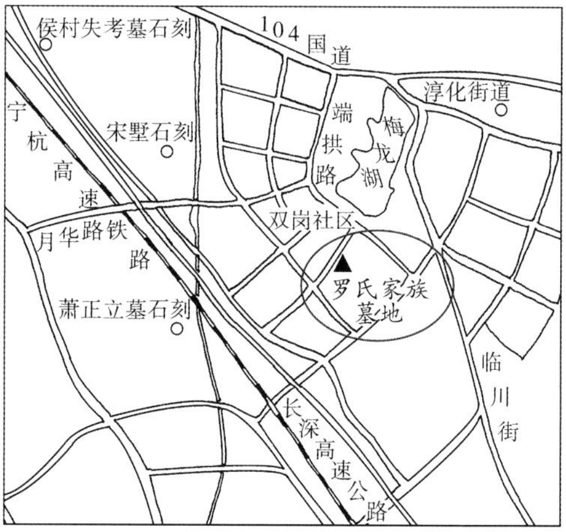

淳化南朝罗氏墓地位置示意图

罗健夫妻买卖地券出土于淳化南朝罗氏墓地的1号墓（M1），1方发现于甬道石门外的墓道内（M1：32），其上放有1串铜钱，由于锈蚀，铜钱粘连在一起；1方则发现于墓室前部的石质祭台前（M1：26）。根据券文内容，学者将前者称为A卖地券，后者称为B买地券［东南大学艺术学院、南京市江宁区博物馆，2019］。买地券与卖地券的关键不同点在于，买地券是从买主的视角叙述墓地的获得及钱款的交付，而卖地券是从卖主的视角叙述墓地的出让及钱款的获得。由于卖地券相比买地券数量非常少，且“买地券”一词自南宋以来就被使用，因此在无须特别区分买卖地券的情况下，统称为买地券的情况也不在少数。此外，本书是以买主名命名买地券的，而大多数卖地券所述的卖主是相同或相近的神与冥官，因此为了区分，仍以买主名冠名卖地券。

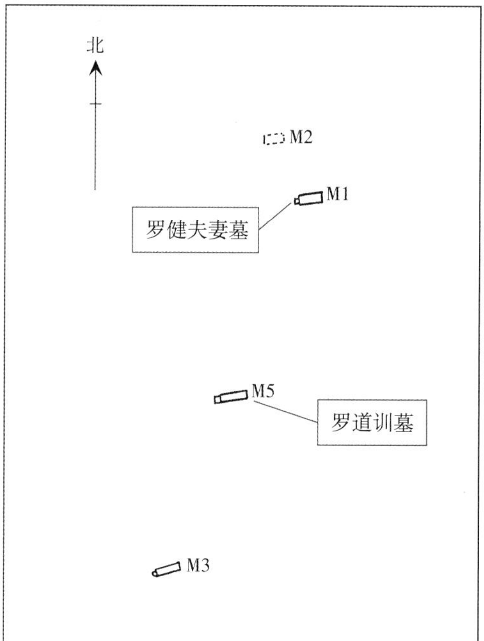

淳化南朝罗氏墓地墓葬平面分布图

A卖地券的正面以竖线划分为9行，但只有7行刻有文字，每行的字数，多至43字，少至27字，共计233字。侧面也刻有文字，分为上、中、下三段，上段从右至左2行小字倒书7字，中段正书1行15字，下段正书1行小字3字，共计25字。正面券文内容由日期、买主、卖主、墓地规模、地价及支付、墓地买卖合法性、墓地位置、卖主

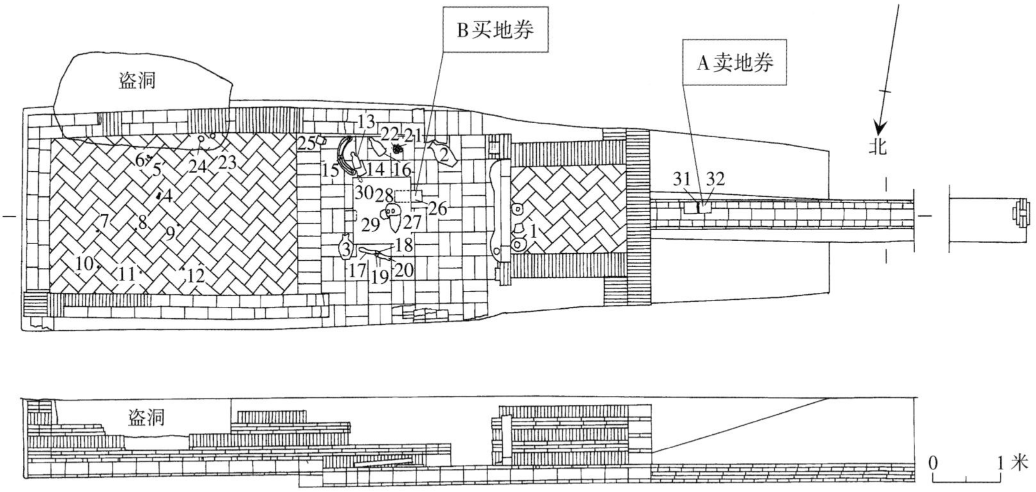

罗健夫妻墓（M1）平、剖面图

1—3.青瓷盘口壶　4、31.铜钱　5—12.铜泡钉　13、16.陶俑　14.陶盒　15.陶凭几　17—20.石祭台足　21、22.陶车轮　23、24.青瓷盏　25.陶井　26.砖买地券　27.陶灶　28.陶灯　29.陶盘　30.陶耳环　32.砖卖地券

责任、时人（见证人）、契约成立等组成。

B买地券的正面以竖线划分为8行，每行的字数，多至39字，少至3字，共计246字。侧面1行文字分为上下两段，上段5字，下段倒书1字，共计6字。正面券文内容由日期、买主、墓地买卖合法性、墓地位置、卖主、墓地规模、地价及支付、卖主责任、时知者（见证人）、契约成立等组成。A、B券文除个别文句外，所述内容大致相同，只是叙述顺序有所不同。

罗健夫妻墓（M1）全景图

券文所记日期是"宋元嘉廿二年八月丁亥朔十日丙申"，"元嘉"为南朝宋文帝刘义隆的年号。"十日丙申"后尚有一字，A券文的字由于漫漶而无法辨认，B券文则字清晰可辨为"朔"，由此推测A券文上的字也为"朔"字。以往的研究以"夜半为朔"（班固《白虎通德论・三正》）为据，认为"朔"表示朔时或子时（23—1点）[王志高、许长生，2019]。不过，"朔"亦有平旦之意，即天朦朦亮之时或寅时（3—5点）。

墓地的买主是罗健及其妻子旳氏，B券文记载二人80岁亡故。根据**中国-8**罗道训卖地券，义熙五年（409）六月三日，罗健之子罗道训承袭了“刘阳县开国男”爵位，这就意味着罗健在这个时点失去了爵号。罗道训能够继承爵位，无外乎两种可能，一是罗健亡故，二是罗健在世时让出爵位。若是前者，则元嘉二十二年（445）的埋葬就是改葬。

根据券文内容可知，罗健的身份是兰陵太守、刘阳县开国男，原籍堂邑郡高山县都乡治下里。兰陵原是秦汉旧县，隶属东海郡，至西晋元康元年（291），始置兰陵郡，隶属徐州（《晋书·地理志下》）。太守是一郡的长官。开国男是等级较低的爵位，长沙郡的刘阳县是其封地，依据**中国-8**罗道训卖地券，罗健的开国男食邑500户，地广35里。

关于堂邑郡，西晋元康七年（297），在位于长江以北的堂邑县置堂邑郡，隶属扬州。晋安帝（396—419）时，因中原战乱而南下的北方移民集居堂邑，堂邑被更名为秦郡。咸康四年（338），由于江淮扰乱，东晋在江左侨置堂邑郡（《万历应天府志》）。东晋及南朝宋时期，侨置（设置侨州郡县）是安置、管理北方移民的重要措施之一。所谓侨州郡县是指原州郡县沦没，但在流亡民寄居之地保留原州郡县旧名，设官施政，统辖民户［胡阿祥，2019］。南朝宋元嘉十一年（434），侨置的堂邑郡被取消，其民并入建康。罗健夫妻买卖地券的元嘉二十二年时，堂邑行政郡已不存。关于罗健夫妻买卖地券所记的堂邑郡是指江北的堂邑，还是江左的侨置堂邑，学者之间虽然存在着不同的看法，但都认为罗健是南渡的移民［陆帅，2018；王志高、许长生，2019］。

墓地的卖主是地下先人、蒿里父老、墓乡右秩、左右冢侯、丘丞墓伯、地下二千石、安都丞、武夷王，皆是地下世界的神名或官吏名（参照**专栏-1**买地券中的诸神）。B券文正面第2行有“醉酒命终当归蒿里”一句。“醉酒命终”是对死亡的委婉表现［黄景春，2018a］。2002年发现于湖北省鄂州郭家细湾六朝墓的蔺谦买地券［M8右：9-1，砖质，元嘉十六年（439）］也以“醉酒命终”一词叙述蔺谦的亡故［黄义军等，2005；鲁西奇，2014］。“蒿里”泛指墓地，三国魏·孟康对《汉书·田延年传》的注中，就有“死者归蒿里，葬地下”的解释。1974年于洛阳发现的王当等买地券［光和二年（179），铅质］，刻有“死人归蒿里”之句［洛阳博物馆，1980］，可见以“蒿里”代指墓地在东汉时已很普遍。

关于墓地所在的行政区划，A券文记为“丹杨郡湖孰县西乡都乡里中亭邑”，B券文是“丹杨郡湖孰县都乡西乡里中”，二者的里名不一致。考古发现的罗氏家族墓位于今南京市江宁区淳化街道双岗社区咸墅岗，从地理位置来看，A券文的表述似乎更为确切，而B券文存在误刻［陆帅，2018；王志高、许长生，2019］。关于墓地面积，A券文的“五顷”清晰可辨，B券文则因为漫漶，“顷”字无法辨别，参照A券文，推断同为“五顷”。墓地的价格记为“钱万万九千九百九十九枚”，置于A卖地券之上的一串铜钱被视为钱万万九千九百九十九枚的象征物。从墓地面积之广、地价之高可以判断，墓地面积与地价皆为虚构数字。

A券文的第3行与B券文的第2—3行都有“玄都鬼律、地下女青诏书”之句，一般认为是道教元素在地券上的反映。《玄都鬼律》与《女青诏书》是古代道教的戒律或律法，关于二者的成立时间、所属教派，以及是否属于同一戒律等问题，道教学界存在着不同的看法，但从买地券的视角来看，二者都是在南朝宋元嘉年间（424—453）开始广泛流行的［张勋燎、白彬，2006］。罗健夫妻买卖地券叙述的《玄都鬼律》与《女青诏书》的规定是自军乱以后，允许天下的逝者埋葬在生者所在之处（“从军乱以来，普天下死人皆得随生人所在葬埋”）。如前所述，罗健夫妻所葬之地，并非其原籍地，因此券文引用《玄都鬼律》与《女青诏书》的规定是为了强调墓地买卖依据地下世界的律法，具有合法性。“军乱”一词的具体含义不明，或许是指西晋末年以后的乱世［鲁西奇，2014］。

A、B券文都言及了作为卖主的诸神所应承担的责任，但是行文内容不尽相同。其中，B券文的文句略简单，强调作为卖主的诸神要听随掘土埋葬，保证罗健夫妻墓地不被周围的亡者所侵犯。B券文所述的卖主责任，A券文也同样有阐述，但除此之外，A券文还叙及了地下诸神应保障被葬者的魂魄能够安然归于地下世界，尤其强调在五腊吉日、月末日及十五日不能妨碍上下的往来。所谓五腊是天腊、地腊、道德腊、民岁腊、王侯腊的总称，分别对应正月一日、五月五日、七月七日、十月一日、十二月节日。道教认为，五腊日是戒斋沐浴、祭祀先人的吉日（《赤松子章历·五腊日》《要修科仪戒律钞·斋日钞》），南朝宋·陆修静甚至认为只能在五腊吉日祭祀先人（《陆先生道门科略》）。

关于A券文第6行第17字的释读，有学者推断为“傲”字［王志高、许长生，2019］，但是仅限于管见，“傲”字的各种书体的中部下半字形中，并无相似之例。《五体字类》收录的“假”字的六朝碑体“[illegible]”，反而与A券文的字体很相近，故在此释读为“假”字。古人的“休假”与“休沐”同义，即休息沐浴（《初学记·政理部·假》）。据此，券文的“五腊吉日、月末日及十五日休假”包含了戒斋沐浴、祭祀祖先之意。其后的“上下往来”一句似乎也含有祭祀时子孙与祖先沟通之意。此外，第6行第27字的“何”字，通“呵”，是表达斥责或禁止他人夺取、侵占罗健夫妻墓地行为的用词。

罗健夫妻买卖地券的见证人是张坚固、李定度，二者看似为人名，实为仅在随葬品中出现的神名（参照**专栏-1**）。“沽酒各半”是在现实契约中也常出现的词汇。所谓“沽酒”，本是指为了契券订立之后的买卖双方当事人酬谢在场所有人的共饮仪式而购买的酒，“各半”意味着买卖双方当事人平均承担仪式的费用。将“沽酒各半”写入契券中，表示契券是有效的、可信的［乜小红，2009］。

罗健夫妻买卖地券的侧面文字，记录了地券在墓中的放置位置。A卖地券侧面刻有“以钱九十九枚系着埋延户前，入土三”，其中“延”字通“埏”，表示墓道，而“户”的含义是“门”，因此“埋延户前”与A卖地券被发现于石门外的墓道内是一致的，并且“以钱九十九枚系着”也说明了A卖地券之上放有一串铜钱的状态。据此，考古学者推断发现的铜钱串是由99枚铜钱组成的［东南大学艺术学院、南京市江宁区博物馆，2019］。“入土三”之句，虽然“三”字之后没有明记深度单位，但参考**中国-8**罗道训卖地券，推断为“三尺”［王志高、许长生，2019］。同样，B买地券侧面“着亡人座前”的记述也是与其被放置在棺柩前的石台之上相一致的。

在南朝的买地券中，存在与罗健夫妻买卖地券的券文叙述模式及用词相近的事例。例如，2004年出土于广州太和岗南朝墓的龚韬卖地券［元嘉二十七年（450），滑石质］［易西兵，2006］。比较罗健夫妻买卖地券与龚韬卖地券可以看出，尽管二者的出土地相隔遥远，但除了买主（被葬者）名及其个人情况、墓地位置等不同以外，在卖主、墓地面积、地价及支付、墓地买卖合法性、卖主责任、见证人及契约成立等内容上，都具有相同或相似性，似乎出自同一券文书写格式，反映出南朝地券书写模式的广泛传播。

罗健夫妻买卖地券与龚韬卖地券相同或相近之处对照表

买地券 要　项	罗健夫妻买卖地券	龚韬卖地券
卖主	地下先人、蒿里父老、墓乡右秩、左右冢侯、丘丞墓伯、地下二千石、安都丞、武夷王	地下死人、蒿里父老、墓乡右秩、左右冢侯、丘丞墓伯、地下二千、安都丞、武夷王等
墓地面积	五顷	五亩
地价及支付	钱万万九千九百九十九枚，即日毕了	钱九万九千九百九十九枚，即日毕了
墓地买卖合法性	玄都鬼律、地下女青诏书，从军乱以来，普天死人皆听得随生人所在葬埋	玄都鬼律、地下女青诏书，从军乱以来，普天下死人听得随生人所居郡县乡里亭邑买地葬埋
卖主责任	五腊吉日、月晦、十五日休假，上下往来，不得留难。有何［呵?］问，左右比居他人妄仍夺取健地	五腊吉日、月晦、十五日休假，上下往来，不得留难。有所何［呵?］问，左右比居他人妄仍夺取韬地
见证人	张坚固、李定度	张坚固、李定度
契约成立	沽酒各半，共为券莂	沽酒各半，共为券莂

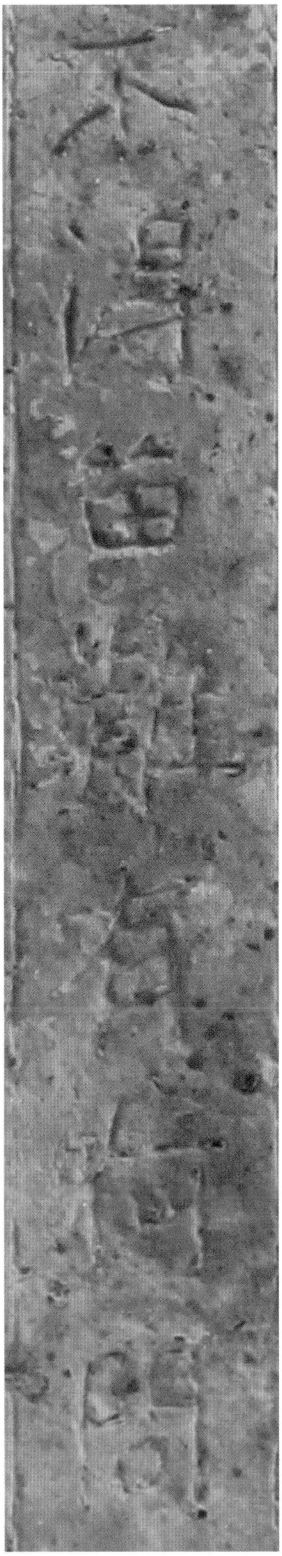

“不得留难有何问”

（A券文第6行第22—28字）

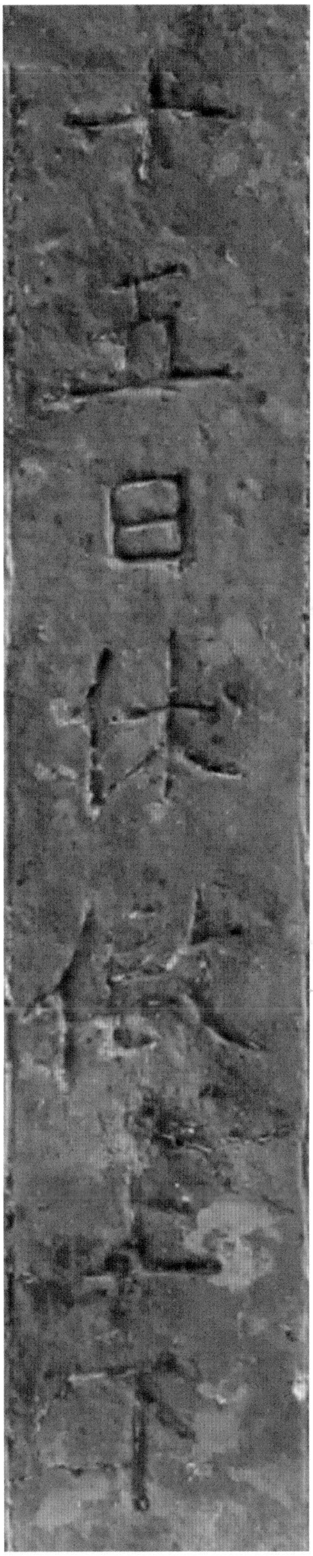

“十五日休假上下”

（A券文第6行第13—19字）

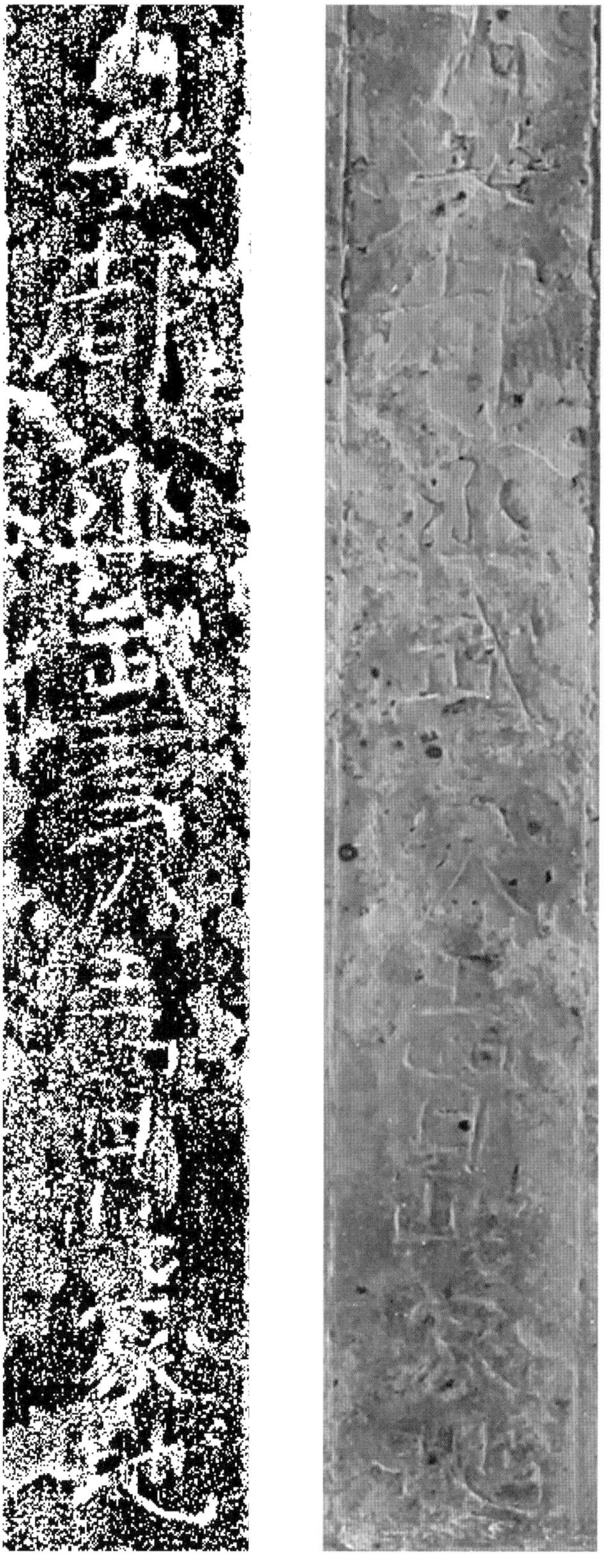

“安都丞武夷王买（卖?）此冢地”

（B券文第4行第30—39字）

【中国-8】

罗道训卖地券

年　代　南朝宋元嘉三十年（453）

出土地　江苏省南京市江宁区淳化街道双岗社区咸墅岗

现藏地　江宁博物馆

材　质　砖

尺　寸　长39.0厘米，宽25.0厘米，厚2.3厘米

罗道训卖地券拓本

罗道训卖地券

【释文】

宋元嘉卅年太岁癸巳七月辛丑朔廿一日辛酉子南
徐州彭城郡彭城县都乡安上里地下先人蒿里
父老墓乡右秩左右冢侯丘丞墓伯地下二千石
安都丞武夷王等共卖此地纵广一顷余地
与彭城都乡安上里罗道训以义熙五年
六月三日庚申　诏书除袭父封刘阳县开
国男食邑五百户地分卅五里到十二年四月十七
□[日？]甲子　诏书除武原□□□[令到元？]嘉四年七月一日癸酉
□[诏？]书除魏郡广川令到六年六月廿一日辛巳
诏书除南广平太守到其年十月十九日丙申
诏书除龙骧将军到十七年十月七日壬戌　诏
书除左卫殿中将军到廿二年十二月十八日壬寅　诏书
除南平昌太守到廿七年十二月卅日乙酉　诏书
除行参征北将军事道训得钱万万九千九
百九十九枚钱即日毕了承玄都鬼律地下
女青诏书科律从军乱以来普天下死人
听随生人所在郡县乡里亭邑买地葬埋今
皆于此地中掘土作冢藏埋尸丧魂魄自
得还此冢垆随地下死人科法腊节吉日
月晦十五日休□[假？]上下往来不得留难有所何[呵？]
问左右比居他人妄仍夺取道训地时知者
张坚固李定度沽酒各半共为券莂
　右埋着延门户外入土三尺

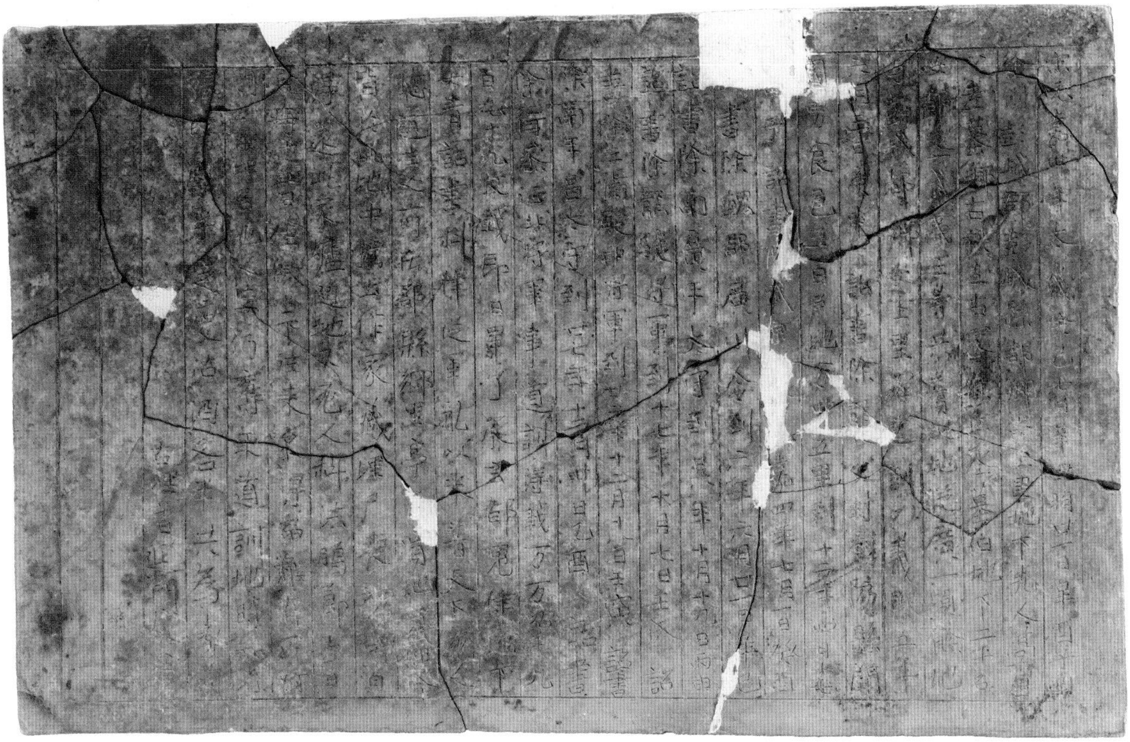

罗道训卖地券

【现代文翻译】

宋元嘉三十年太岁癸巳七月朔日辛丑，二十一日辛酉，在南徐州彭城郡彭城县都乡安上里，地下先人、蒿里父老、墓乡右秩、左右冢侯、丘丞墓伯、地下二千石、安都丞、武夷王等共同卖此地给彭城都乡安上里的罗道训，面积一顷有余。义熙五年六月三日庚申，诏书敕命（罗道训）承袭其父的刘阳县开国男封号，食邑五百户，封地三十五里。义熙十二年四月十七日甲子，诏书敕授武原令。元嘉四年七月一日癸酉，诏书敕授魏郡广川令。元嘉六年六月二十一日辛巳，诏书敕授南广平太守。同年十月十九日丙申，诏书敕授龙骧将军。元嘉十七年十月七日壬戌，诏书敕授左卫殿中将军。元嘉二十二年十二月十八日壬寅，诏书敕授南平昌太守。元嘉二十七年十二月三十日乙酉，诏书敕授征北将军的行参军。从道训处得钱万万九千九百九十九枚，即日交付完毕。依据玄都鬼律地下女青诏书的科律，军乱以后，允许普天下的所有逝者在生者的所在郡县乡里亭邑买地埋葬。（因此）今皆于此地下掘土造墓埋葬遗体，其魂魄自然能还此冢庐。随地下死者科法，腊节吉日、月末日、十五日，不得妨碍上下往来。若有周围及他人妄乱夺取道训墓地，咎罪（卖主）。时知者（见证人）是张坚固、李定度。买卖双方各支付一半酒钱（达成合意）。共同作成券莂。

以上内容埋于墓道门外的入土三尺处。

【解说】

罗道训卖地券出土于2011年发现的南京市江宁区淳化街道南朝罗氏家族墓地5号墓（M5）的墓道内。M5与出土**中国-7**罗健夫妻买卖地券的M1左右毗邻，M5居南、居左，M1居北、居右（**中国-7**淳化南朝罗氏墓地墓葬平面分布图）［东南大学艺术学院、南京市江宁区博物馆，2019］。罗道训卖地券现收藏于江宁博物馆，部分文字因欠损而无法释读。

罗道训卖地券正面划有边框线，框线内以竖线划分为25行，但仅23行刻有文字，每行的字数，多至22字，少至11字，共计402字。券文由日期、卖主、墓地规模、买主、任官履历、地价及支付、墓地买卖合法性、墓地位置、卖主责任、见证人等组成。因券文的冒头以卖主诸神为主语，因此该地券被认为属于卖地券性质［东南大学艺术学院、南京市江宁区博物馆，2019］。

券文的纪日款式明记了年、朔旦及日序的干支，即“宋元嘉卅年太岁癸巳七月辛丑朔廿一日辛酉”，但是“辛酉”之后尚有一“子”字，似乎是提示埋葬的时间为夜半子时［王志高、许长生，2019］。然而，陈琳为曹操撰写的檄文“檄吴将校部曲文”的冒头就是“年月朔日子”，唐·李周瀚注：“子，发檄时”（萧统编、李善等注《六臣注文选》卷四十四）。又，清·顾炎武认为：“时有十二而但称子，犹之干支有六十而但

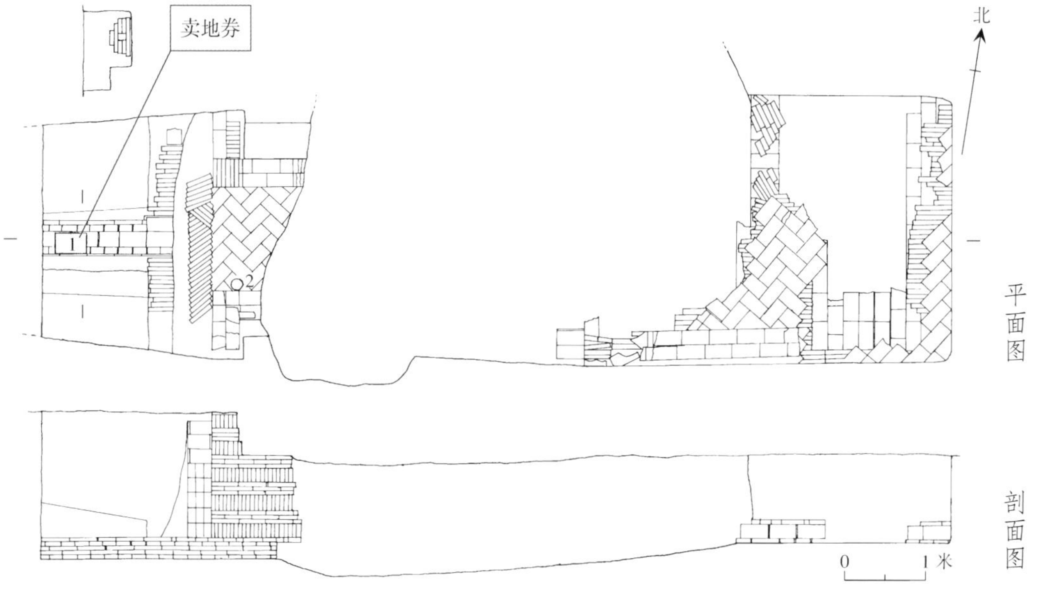

罗道训墓（M5）出土状况图

称甲子也”（《日知录》卷二十《年月朔日子》），也就是说“子”泛指昼夜的十二时。据此，罗道训卖地券记日中的“子”字并不一定是“子时”，而可能是泛指时间。

券文第5—6行记述了罗道训于义熙五年（409）六月三日世袭了其父的“刘阳县开国男”的爵位、食邑、封地。依据中国-7罗健夫妻买卖地券可知，罗健曾拥有“刘阳县开国男”爵号，据此推断罗健是罗道训之父。六朝家族墓地内的各墓排列次序，多见以长尊者墓居右的事例［罗宗真、王志高，2004］。罗氏家族墓地位于山坡的西南面，罗健夫妻墓位于罗道训墓之右，与父子的尊卑关系吻合［东南大学艺术学院、南京市江宁区博物馆，2019］。

虽然罗健与罗道训为父子关系，但是地券所记的原籍却不相同，罗健是“堂邑郡高山县都乡治下里”，罗道训则为“南徐州彭城郡彭城县都乡安上里”。其中，南徐州彭城郡彭城县是侨置郡县（侨置是指南北朝期间沦没的州郡名重置于他地。参照**中国-7**解说）。徐州是汉以来各代皆有设置的州，但是州的统辖范围因时而有所不同。永嘉之乱后，东晋王朝于江南建立，其时徐州沦没折半，失去了淮北区域，徐州淮北流民与来自幽、冀、青、并、兖五州的南渡移民一样，相继过淮河、长江，为此东晋王朝“侨立郡县以司牧之”（《晋书・地理志》）。义熙年间（405—418），晋武帝刘裕北伐，收复了徐州全境。义熙七年时，以淮河为界，徐州的行政区划被一分为二，淮北称北徐州，淮南称徐州。南朝刘宋后，永初二年（421），北徐州改称徐州，淮南的徐州则称为南徐州。元嘉八年（431），南徐州侨置长江以南，“扬州之晋陵、兖州之九郡侨在江南者属焉”（《宋书・州郡志》）。元嘉三十年，侨置的南兖州也被并入了南徐州。侨州郡县原本没有实土，即所谓“散居无实土，官长无廨舍，寄止民村”（《南齐书・州郡志・南兖州》）。然而元嘉八年之后的南徐州，虽为侨州，却既领辖侨郡，亦领辖晋陵等当地的实郡，是侨州郡县与当地州郡县叠置混合编制的典型事例［胡阿祥，2003］。此外，彭城郡彭城县原本是隶属徐州的郡县，而罗道训卖地券所记的彭城郡彭城县则是位于江南的侨郡县。

罗健、罗道训父子的墓地左右毗邻，但是罗道训卖地券记载的墓地所在行政区划与籍贯相同，即为“南徐州彭城郡彭城县都乡安上里”，而不同于罗健夫妻买卖地券所记的“丹杨郡湖孰县西乡都乡里”。与南徐州彭城郡彭城县是侨州郡县相异，丹杨郡湖孰县属于当地郡县行政区划，因此墓地行政区划的不同，意味着元嘉二十二年至元嘉三十年（445—453）的8年间存在侨州郡县的整合（“土断”），罗氏墓地所在之地被分割出丹杨郡湖孰县，并入南徐州彭城郡彭城县。籍贯与墓地的行政区划相同，显示出罗道训的籍贯从父亲罗健的原籍转为父亲的墓地所在地，再变为侨州郡县的演变

［王志高、许长生，2019］。

对比罗道训卖地券与罗健夫妻买卖地券，二者在卖主诸神名以及地价、支付方式、墓地买卖合法性、卖主责任、见证人等方面的内容基本相同，但墓地规模不同，罗道训墓地的面积是1顷，相当于罗健夫妻墓地面积的1/5，或许这也是父子尊卑关系的体现。又，券文最后的“埋着延门户外入土三尺”一句，也与地券发现于墓道内是一致的。

罗道训卖地券的独自特点是不仅记述了有关墓地买卖的内容，而且还刻有罗道训的任官履历，即自义熙十二年（416）武原令至元嘉二十七年（450）征北行参军的仕途。根据陈垣《二十史朔闰表》，券文所记的罗道训任官时间，元嘉六年十月十九日的日序干支“丙申”有误，应为“丁丑”。从时间顺序看，罗道训前期是任地方官职，后期是任武职。其中，武原令、广川令、南广平太守等地方官职，或为侨县的县令，或为侨郡的太守。相比之下，罗道训的武职则接近政治中心，元嘉十七年他就任左卫殿中将军，负责殿内宿卫，近侍皇帝；元嘉二十七年就任征北行参军，依据史书，其时的征北将军是始兴王刘濬。元嘉三十年二月，刘濬协助皇太子刘劭弑父（宋文帝）登基，五月刘骏（孝武帝）率军夺取皇位，刘濬在逃亡中被杀。在此背景下，葬于元嘉三十年七月的罗道训，被推测是史书上记载的刘劭旧将罗训（《宋书》之《卜天与传》《二凶传》），受刘劭、刘濬牵连而亡［陆帅，2018；王志高、许长生，2019］。

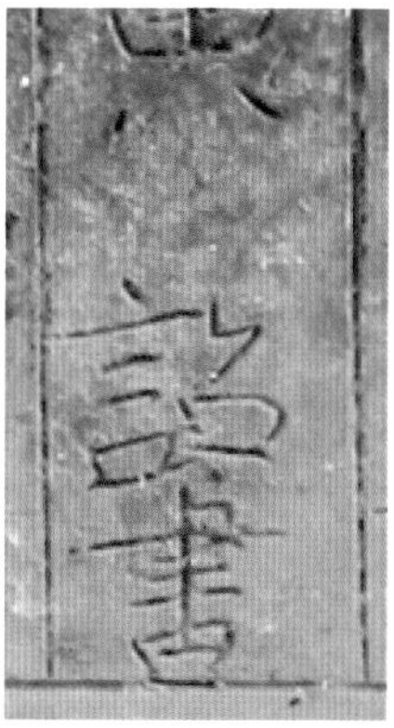

“诏书”

关于罗道训袭爵及任官的记述，每次变化都以“诏书”二字强调，且“诏”字前或改行或空一字。该形式与内容在买地券中极为少见，与赞颂亡者功绩的墓志性内容具有相似性，由此或许可以说买地券的行文在逐渐趋向定型化的同时，依据具体的需要，也时而结合墓志等其他行文要素，呈现多样性。

【专栏-2】

胡珍妻朱氏四娘罂

众所周知，现实世界的土地经营中，除了土地买卖以外，也存在土地租赁的方式，但是租赁土地者并不具有土地所有权。对于强调永存性的买地券而言，墓主（多为被葬者）拥有墓地所有权是重要前提，因此埋入地中的买地券，无论是虚构性内容还是现实性内容，可以说都是基于墓主购买墓地的理念，表现墓地所有权的不可侵犯性，而不会采用租赁墓地的契约方式。不过，发现于浙江省上林湖地区的胡珍妻朱氏四娘罂却记录着租地立墓的内容，可以说是与“买地券”的性质略有不同的特殊事例。

上林湖地区是唐宋时期越窑的中心产地，位于余姚与慈溪交界处，分布着众多大大小小的窑址，所属的行政区划，历史上曾在余姚与慈溪之间转换。日本平安时代贵族知晓的“秘色瓷”就是始自上林湖地区烧制的。上林湖地区越窑的兴盛期大致在9—11世纪之间，与此相应，该地区发现了许多7世纪末至11世纪末，尤其集中于9世纪20年代至10世纪20年代的刻有墓志的青瓷，称为越窑瓷墓志。胡珍妻朱氏四娘罂就是其中一件。

1954年，在浙江省余姚县匡堰乡游源山区（今慈溪市匡堰镇）的寺龙村一带，当

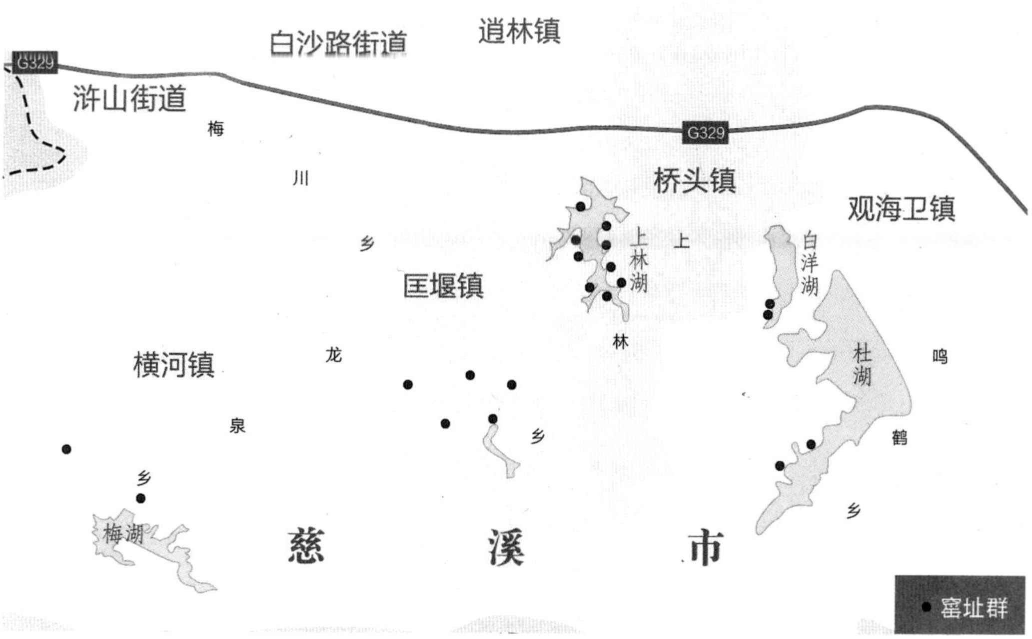

上林湖周边诸乡镇与窑址分布图

地农民做寿坟时，挖掘出胡珍妻朱氏四娘罂，后经鉴别，确定为唐代青瓷，并且与上林湖一带的秘色窑青瓷为一个系列［张德懋，1957；厉祖浩，2013］。现收藏于中国国家博物馆。

越窑瓷墓志的器形有碑、罐、罂等多种多样的形状，但大多是罐状，甚至有“墓志罐”之称（关于罐的器形，参照**中国-9**马氏夫人墓志）。另一方面，“罂”泛指小口大腹的容器，其字义是“缶”（《说文解字》）。考古学者曾将同类造型的器物称为盘口瓶或盘口壶，后因为在浙江省嵊州市出土了刻有“元和拾肆年四月一日造此罂，价值一千文”铭文的类似盘口瓶，今人才知此类造型器物在唐代时被称为“罂”［中国硅酸盐学会，1982］。胡珍妻朱氏四娘罂的造型是喇叭口，小颈，双复系，鼓腹，平底，釉色青黄，釉薄，施釉没有至底，罂高30厘米，口径19.3厘米，腹径18厘米，底径10厘米［金祖明，1959；厉祖浩，2013］。腹部刻有8行文字，每行4—6字不等，共43字。铭文由日期、姓名、铭文目的等要素组成。

胡珍妻朱氏四娘罂所记的日期是唐大中四年（850）八月一日，该日期究竟是朱氏四娘的亡日还是葬日，铭文没有明记，但是依据“立墓”二字，似乎葬日的可能性较大。“大中”是唐宣宗的年号，罂上的“大”字有修改痕迹，刻写者似乎是先写了“中”字，发现写错字后，又在“中”字之上直接加以修改，叠写了“大”字，但字迹清晰，釉层也没有被损伤，说明文字是在罂尚未烧制之前修改的，从一个侧面反映出该罂是专门为亡者朱氏四娘烧制的随葬品。

“胡珍妻朱氏四娘”7个字，标明了墓主是朱氏出身的女性及其胡珍之妻的身份。铭文没有记载胡珍的官职，因此可以推知夫妻二人皆为普通人。既有研究指出，越窑瓷墓志所记的人物，虽也有中低级胥吏，但大多是如胡珍夫妻一样的普通人，甚至一部分可能是从事窑业生产的窑工等［厉祖浩，2013］。

胡珍妻朱氏四娘罂文的最大特点，是墓主朱氏四娘获得墓地的方式，不是买地，而是租地。在唐代的现实社会中，土地租佃契约发达，吐鲁番文书、敦煌文书中皆有相关事例［乜小红，2017］。但是明记租地造墓的铭文，限于管见，只此一例。朱氏四娘生前居住在上林湖地区是无疑的，但罂文没有刻写胡珍或朱氏四娘的籍贯，也没有言及胡珍是否健在，从“自立墓”的表述来看，朱氏四娘墓周边似乎没有亲族之墓，或许朱氏四娘日后也可能于他处合葬或迁葬。“租地”二字意味着土地使用权具有期限性，因此存在墓主朱氏四娘假葬的可能性。

罂文虽然记录了租取土地者的朱氏四娘，但没有刻记租出土地者、租价、租借双方权利及义务等契约性要素。据此，罂文不能说是记录墓地租赁的买地券（或租地券），而是更类似包含墓地获取方式内容的一种墓志铭文。胡珍妻朱氏四娘罂文记述了“恐于后代无志”的不安，即担心墓地会因自然界或人为的原因所湮没，造成后人不知朱氏四娘埋葬之处。这一忧虑与租地立墓相呼应，两者都是对墓地变迁可能性的叙述和认识，反映出罂文的现实性。此外，越窑瓷墓志是当地民众利用窑业生产的便利而制作的随葬品，可以说是唐宋时期上林湖地区窑业发达对当地丧葬习惯影响的反映。

第1—2行

胡珍妻朱氏四娘罂

年　代　唐大中四年(850)
出土地　浙江省余姚县匡堰乡（今慈溪市匡堰镇）
现藏地　中国国家博物馆
材　质　青瓷
尺　寸　高30.0厘米，口径19.3厘米，腹径18.0厘米，足径10厘米

【释文】

维唐故大（×中）中四
年岁次庚午
八月丙午朔胡
珎妻朱氏四娘
于此租地自
立墓在此以
恐于后代无志
故记此罂

【现代文翻译】

唐大中四年庚午八月朔日丙午，胡珍妻朱氏四娘在此租地，自立墓。恐于后世无记录，故记此罂。

第3—6行

第7—8行

胡珍妻朱氏四娘罂

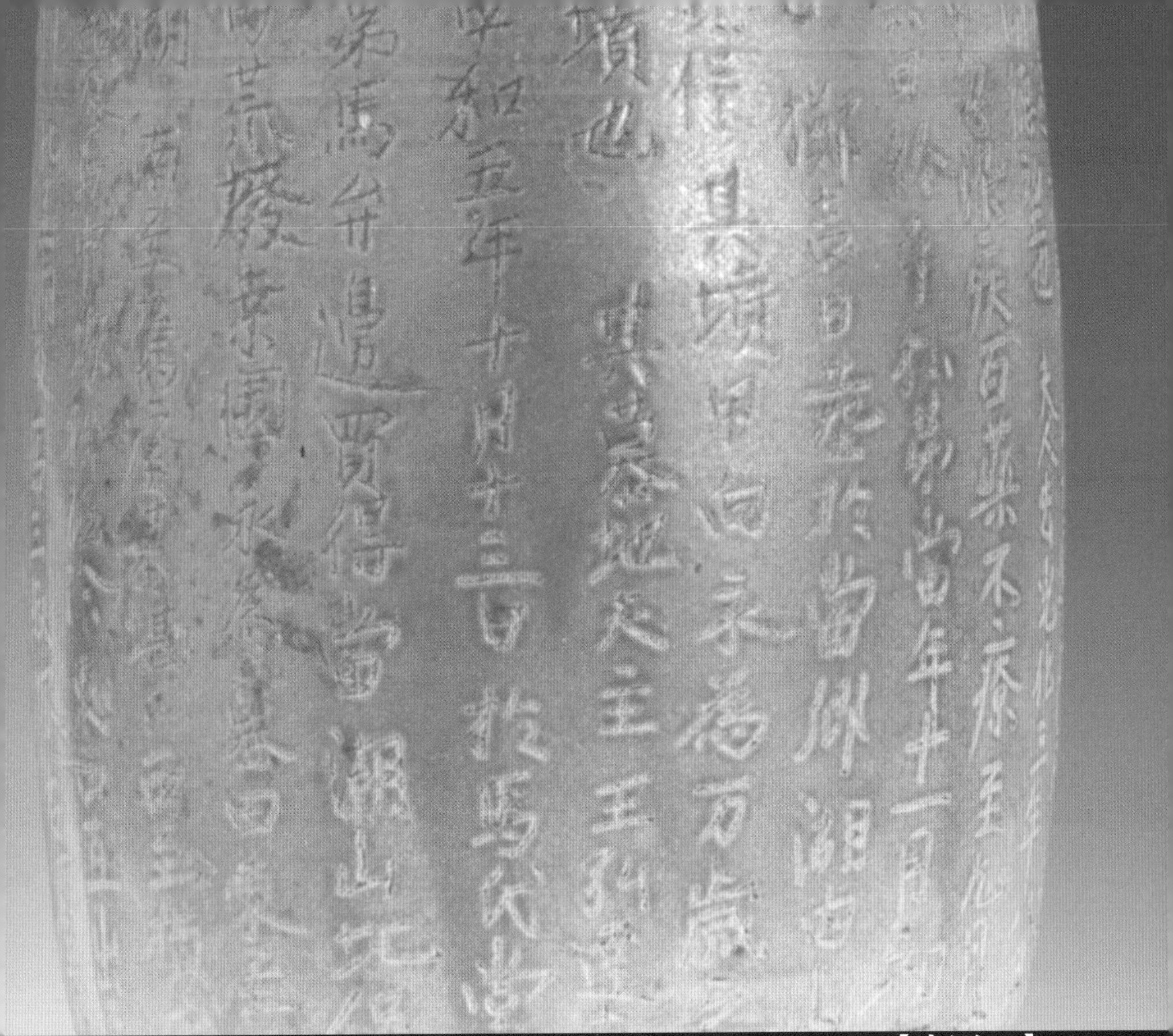

【中国-9】

马氏夫人墓志

年　代　唐光化三年（900）

出土地　浙江省慈溪市上林湖焦角湾

现藏地　慈溪市博物馆

材　质　青瓷

尺　寸　通高29.7厘米，腹径15.0厘米，足径8.0厘米

马氏夫人墓志

马氏夫人墓志

【释文】

唐故　扶风郡　马氏夫人墓铭并序

明州　慈溪县　上林乡石仁里三渎保

维夫人姓马扶风郡人也享年六

十三十月生夫人四德柔和九仪

尅备性同白玉行比青莲似镜

无尘如松凌汉夫人适琅琊王

弘达为琴瑟未尽契志路隔泉

关而育一男二女男曰仲琚长

女适凌郎次女适陈郎并高

闻德望也夫人去光化三年八月

中忽染疾百药不疗至九月廿

六日终乎私第当年十一月初一

日掷吉日葬于当乡湖内山

北保其坟甲向永为万岁之

坟也其墓地夫主王弘达去

中和五年十月十三日于马氏堂

第〔弟〕马弁边买得当湖山北保

内荒废桑园永为墓田东至

湖南至旧屋基塴西至横古

路及马申塚科泥涂东西直出至

湖北至湖及马三叔塚右四至内

王自买得并不关上下门閦六

亲之事谨记

铭曰

人世不坚亦同风烛

窀穸万年山河记录

维光化三年岁次庚申十一月乙酉朔

初一日乙酉王弘达墓记

马氏夫人墓志

【现代文翻译】

唐故人扶风郡马氏夫人墓铭　并序。

明州慈溪县上林乡石仁里三渎保。

夫人姓马，扶风郡人。享年六十三，十月生人。夫人四德柔和、九仪克备，性同白玉，行比青莲、似镜无尘、如松凌汉。夫人嫁于琅琊王弘达，琴瑟和鸣，未尽夫妻之情，却人隔黄泉。育有一男二女。儿子名仲琚，长女嫁凌郎，次女嫁陈郎，都名声好，德望高。夫人于光化三年八月突然染疾，百药不治。九月二十六日亡于私宅。同年十一月择吉日，葬于当乡（上林乡）的湖内山北保。其坟朝东，永延万年。其墓地是其夫王弘达于中和五年十月十三日，在马氏堂弟马弁土地旁购买了湖山北保内的荒废桑园，永为墓地。（墓地）东至湖，南至旧屋基坎，西至横古路及马申墓的草丛泥涂边界。东西直出（两端）至湖。北至湖及马三叔墓。以上四至内（墓地）是王（弘达）自己购买的，与家族、邻人等无关。谨记。

铭曰：人世不坚亦同风烛，窀穸万年山河记录。光化三年庚申十一月一日乙酉，王弘达墓记。

马氏夫人墓志

【解说】

1984年，马氏夫人墓志出土于上林湖地区，是一件盖、罐、座粘连一体的青瓷罐，青黄釉。其中，盖有沿，盖顶有纽，纽上有4个小孔，纽四周花边饰；罐身筒形，腹微鼓，底部略小；座，浅盘形，低圈足底［章均立，1988；厉祖浩，2013］。罐身略有裂痕。文字为青瓷烧制前所刻，每行2—15字不等，共有28行、315字。

马氏夫人墓志的主要内容可以分为两大部分，前半部（第3—12行）是马氏夫人的人生概括，由享年、婚姻、子女、亡因、亡日、葬日、赞辞等内容组成；后半部（第12—23行）是有关墓地及购买墓地的信息，包括墓地的位置、购买者、卖主、四至等。据此可知，马氏夫人墓志具有墓志（前半部）与买地券（后半部）相结合的性质。

“明州慈溪县上林乡石仁里三渎保”是马氏夫人生前的居住地。州—县—乡—里是唐代制度设置的行政区划。关于“保”，马氏夫人墓志中，除了“三渎保”以外，还有墓地所在的“湖内山北保”（“湖山北保”），关于本墓志中“保”的含义，虽然无法确定是否与唐代邻保制（《唐六典》卷三记“四家为邻，五邻为保”）有关联性，但“保”似乎不单具有地域名称的意义，而且还可能是当时上林湖一带的地方基层组织，形成乡—里—保模式［鲁西奇，2014］。

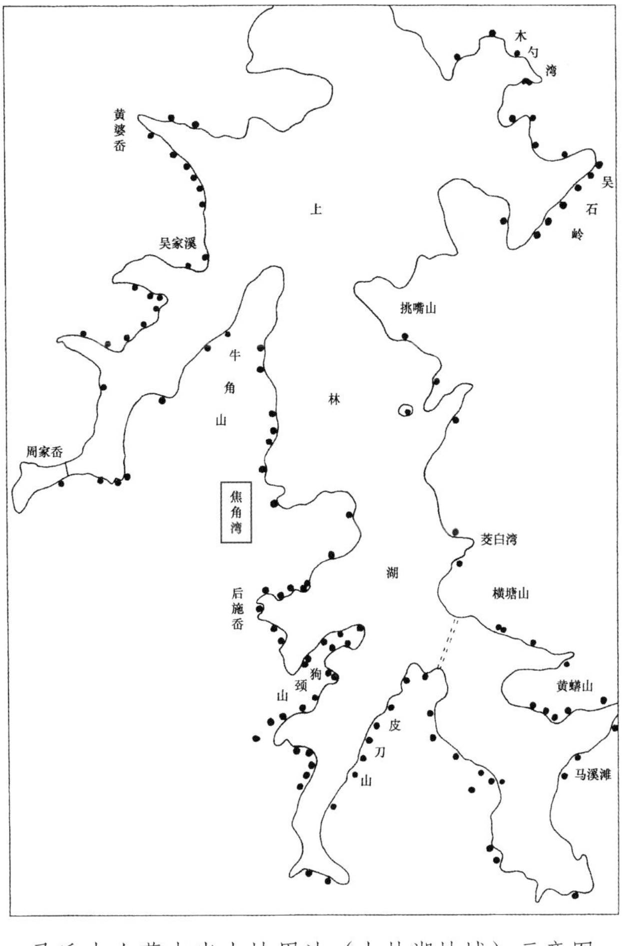

马氏夫人墓志出土地周边（上林湖地域）示意图

“扶风郡”被视为马氏的发祥地，唐代敦煌文书P3421《氏族志残卷》就有“扶风郡出六姓，岐州：马、窦、班、辅、曾、惠”的记载［郑炳林，1989］。扶风郡大致在现今的陕西省宝鸡、咸阳一带，本是雍州之地，汉代设置为右扶风郡，北魏改为岐州，隋罢州为扶风郡，唐武德元年（618）复为岐州，天宝元年（742）改为扶风郡，至德二年（757）更为凤翔府。因此至马氏夫人生活的年代，作为行政区划的扶风郡早已不存在，墓志的“扶风郡”只是马氏自称的郡望而已。

马氏夫人亡于光化三年（900），墓地是在其生前购买的，其夫王弘达于中和五年（885）向马氏的堂弟马弁购买墓地。墓志虽没有记录地价，但墓地的四至非常具体地记述了现实的参照标识物。根据四至可知，墓地临湖，朝东面湖，周边是马氏一族的墓地。墓志也没有刻记见证人、保证人，但是“王自买得并不关上下门閦六亲之事”一句，表明如有墓地纠纷，承担责任者是买主。马氏夫人墓志中的买地信息，由于其现实性，被认为可能是摘抄了墓地买卖契约的部分内容［韩森，2008］。

上林湖地区发现的瓷质墓志中，马氏夫人墓志并不是墓志与买地券相结合的唯一事例。例如，1958年于上林湖铁纲山发现的（任）琏墓志（参照86页）［王士伦，1958；金祖明，1959］，叙述了故人琏的祖墓在青州千乘县任村，而乐安任氏即指千乘县的任姓分支，因此推测琏的姓氏为“任”［厉祖浩，2013］。（任）琏墓志的内容以故人的家世、生平及相关赞辞为主，但在叙及葬地信息时，明记了墓地位置、卖主及地价等。“见鐇四贯文”是向卖主罗招远购买墓地的价钱及支付方式，其中“见”通“现”字，“鐇”在此处释为金钱，即用现金交付，可以说与买地券的常用句“即日交毕”有异曲同工之意。“四贯文”的地价似乎也是实际买卖价格的抄录。尽管由于文字缺损，无法确定买墓的时间，但依据上下文推测，（任）琏亡故之后，于贞明六年（920）先举行了假葬，后购买墓地，龙德二年（922）正式埋葬。

马氏夫人墓志与（任）琏墓志可以说是墓志与买地券要素结合的事例，其所述的买地信息取自实际的土地买卖内容。祈愿坟墓万年不变的墓志铭辞，反映出生者对日后坟墓变迁可能性的认知，因此墓志包含的现实性买地信息，不仅是面向地下世界，而且还是面向未来的地上世界的人们，阐述墓地的合法性。

（任）琏墓志

［参考］（任）琏墓志

年　代　后梁龙德二年（922）

出土地　浙江省慈溪市上林湖铁纲山

现藏地　浙江省博物馆

材　质　罐形瓷器（素烧无釉）

尺　寸　高19.2厘米，口径15.7厘米，足径12.6厘米

【释文】

［　］墓□铭　罗表正撰
［　］晋时过于吴江遨公之裔永
度公之后乃廿七□孙祖墓在青州千乘县
任村小墓在越□［州？］余姚县双雁乡中埭
祖讳　翁讳济父讳翼并承上荣显品瘱［荫］
功勋守官多在诸□［州？］皆性乐丘园不上荣禄
具载家谱焉府□［君？］讳琏禀性幽贞志闲高
道爵禄以位中推休□向指下驱分不以华饰为
荣自然高尚爰因良媲彭城郡邹氏妻育
男六人三人不幸少夭孟曰匡宥娶扶风郡焦氏新
□有孙男一人孙女三人方当丱角童雉之岁仲曰
匡宷季曰寮并当弱冠未因伉俪各处苦虑
俱存孝道矣
□□膺少岳之高辉敩老莱之深智遐龄未
□□□辤归以贞明六年庚辰岁三月廿九日
［　］姚县上林乡使司北保之私舍缘
［　］□□乃用见鏹四贯文于罗招远
边买得当乡湖东保内地为坟至龙德二年
十月初三己酉日安葬其坟作丙向乃制其文用
彰不朽敬为　铭曰
六纪遐龄　五常英彦　幻世流空　浮生若洊
魂膺县辉　日宫月殿　任□桑田　此坟不变

【现代文翻译】

……墓□铭。罗表正撰文。

……晋时渡吴江南下的遨公后裔，永度公后裔，即二十七代孙。祖墓在青州千乘县任村，小墓在越州余姚县双雁乡中埭。祖讳，（琏）祖父之讳为济，（琏）父亲之讳是翼，皆承祖先的荣耀、显贵，凭（祖先的）勋功得品位，多任地方官。皆性喜隐逸，不上荣禄，详载家谱。府君（故人）的讳是琏，秉性沉静正直，志向娴静高品，位与俸禄居中，不傲慢，自然高尚。与彭城郡邹氏结成良缘，得男子六人，三人不幸夭折。长男名匡宥，娶扶风郡焦氏新□，育有（琏的）孙子一人与孙女三人，皆尚年幼。次男名匡宷，三男名寮，二人尚年轻未婚。（琏的子孙）皆居丧尽孝行。胸有少岳的高辉，学习老莱（子）的深智，长寿未……而亡。贞明六年三月二十九日……余姚县上林乡使司北保的私舍……用现金四贯文，购买邻接罗招远（土地或墓）的当乡（上林乡）湖东保内的土地为墓地。龙德二年十月三日安葬。其坟朝南而建。因此记文显彰不朽，敬为铭曰：六纪遐龄，五常英彦，幻世流空，浮生若浰，魄膺县辉，日宫月殿，任□桑田，此坟不变。

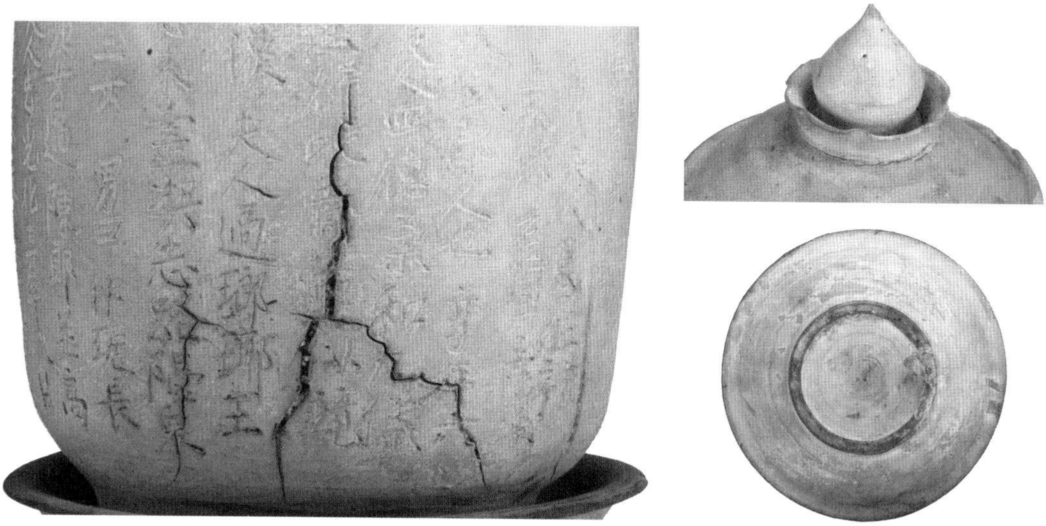

马氏夫人墓志

（任）琏墓志

【专栏-3】

江苏苏州新出两方吴越北宋买地券①

张志清、孙明利、车亚风（苏州市考古研究所）

2021年，在江苏省苏州市工业园区板桥村墓葬和姑苏区钱家浜遗址的考古发掘工作中先后出土了两方买地券［苏州市考古研究所，2021］，经释读，券文可辨为李府君买地券和陆代节买地券。鉴于苏州发现和出土的买地券资料非常稀少，且尚未发现公开发表的相关资料，笔者拟就两方买地券的出土情况、券文本身及其相关问题进行介绍和初步分析，以供学界师友参考和进一步考释研究。

一、买地券出土情况

1. 李府君买地券

李府君买地券出土于苏州市工业园区板桥村墓葬Ⅱ区M2中，地处苏州古城区外东北部。该墓为竖穴土坑木棺墓，一墓单棺，木棺位于墓室底部正中，棺木厚重、完整，四周被青膏泥包裹。李府君买地券出土于墓室底部，棺底板下前端，居中平铺，券文向上。棺外前端墓室空间同出器物有小木屋、木人、木板、木马、木虎、小木棺、釉陶罐和铜钱等，棺内同出器物有漆碗、漆钵、漆盒、漆筷、漆纱冠、银腰带、铜镜、铜耳挖、铜饰件和铜钱等。

2. 陆代节买地券

陆代节买地券出土于苏州市姑苏区钱家浜遗址M42中，地处苏州市古城区外西北部，南距虎丘山2公里。该墓为竖穴土坑木棺墓，一墓单棺，木棺位于墓室底部正中，棺木厚重，棺盖板腐朽塌陷入棺内。陆代节买地券出土于墓室底部，棺底板下中部，居中平铺，券文向上，其下叠压1件陶盆。棺外前端墓室空间同出器物有釉陶罐、釉陶瓶、木

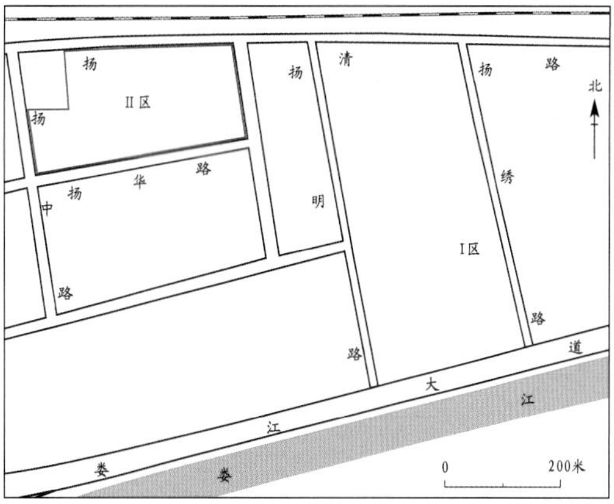

李府君买地券出土地周边示意图

① 本文为苏州地域文明探源工程课题的阶段性成果之一。

质墓龙和铜钱等，棺内同出器物有青瓷盂、青瓷小罐、漆碗、漆盘、漆筷、漆钵、漆盆、木梳、木篦、石砚台、银带扣、铜镜和铜钱等。

二、买地券及其文本校释

李府君买地券和陆代节买地券均为木质，长方形，出土时均有所残损，券文字迹多有漫漶。在客观辨识两方买地券文的基础上，笔者参考既有研究［鲁西奇，2014；高朋，2011］等刊发的买地券行文格式和专业术语，对两券文缺失部分进行了少许补充。

1. 李府君买地券

该券高30厘米、横宽17厘米、厚约1厘米，券身局部开裂，券面局部磨损腐蚀较严重，背面无字。券文自左向右、自上而下朱书竖写，共12行，字数多寡不一，满行可辨25字。初步校释、标点录文如下。

李府君买地券

维乾德四年岁次丙寅二月丙申朔四日己酉。苏州吴县万安乡／李府君，以当年正月二十二日殁。□[生]有城邑，死有丘墓。今卜宅／兆，宜□[于]长洲县习□□□□□□[义乡福地之原]安厝。四□□□，东西至□[连]南／北[　　]门[　　]□□[丘丞]墓伯，封／□□□[步界畔]。道路将□[军]，□□□□[齐整阡陌]。[　　]若□[辄]有／干犯诃禁者，将军亭长收付河伯。[　　]／[　　]今以□[少]牢酒饭，饼果□□[杂物]，共为□□[信契]。／财地□□□□□[分付天地神]明，不如今约。如有不善，自今主吏当罪。／官□[住][　　]福。时见人：时岁月主者。任[保]人：今日□[直]／符。书券人：张坚固。□地人：□□[李定]度。若先来居者，速移□[万]／□[里]。□□□[故气邪]

精，远走千里。急急如五帝使者女青律令。／保人：东皇公。见人：西皇母。

2. 陆代节买地券

该券高21.4厘米、横宽31.7厘米、厚1.1厘米，券身开裂，局部残缺，券面有少许磨损，背面无字。券文自右向左、自上而下朱书竖写，共17行，每行多为13—16字。初步校释、标点录文如下。

南赡部州大宋国苏州平江军吴县／凤凰乡居住，亡人陆代节谨备用／酒果□[各]金银□财一万九千九百九千[十]于／旧墓东祭。玄都太一边买得对方／壬首地一所，安葬本身亡人陆代节，／永为墟宅。东止甲乙青龙，西止庚辛／白虎，南止丙丁朱雀，北止壬癸真武。／止[上]连天宫，下及地府。四域之内，□□／□[殁]故亡人陆代节□□买讫，□[永]／为墟宅。卖人：东皇公。买人：西皇□[母]。／保人：张坚固。见人：李定度。书人：天／□□[上鸟]。读人：水中鱼。鱼□[已]入深泉，鸟／[　　]从，今日契定，□归／□得□[当][　　]□[干]有争噎，／如有□□□。／玄都。治□[君]□□[年]，急急如律令。敕。／□□□□。

陆代节买地券

从以上校释券文可以看出，虽然本文所列两方买地券行书风格和内容略有不同，但是与我们常见的其他买地券主要内容均是大体相同的，涵盖有亡人姓名籍贯信息、买地内容和镇墓内容等，均为典型的冥券。

三、券文信息及相关问题

1. 券主及券文具体年代

李府君买地券主为一名李姓男子，苏州吴县万安乡人，殁于乾德四年正月二十二日。券文的书写及下葬时间为乾德四年二月四日。查阅文献，“乾德”作为纪年年号在中国五代十国至北宋初先后出现过两次：一是前蜀后主王衍在位期间，乾德纪年始于公元919年，止于公元924年，计6年；二是北宋太祖赵匡胤在位时期，乾德纪年始于公元963年，止于公元968年，亦计6年。五代十国至北宋初期，苏州在行政区划上归吴越国统辖（卢熊《洪武苏州府志》）。前蜀作为一个定都于成都的西南地方政权，不但在地域上与苏州相隔千里，而且在行政隶属上也无甚联系，故前蜀的乾德纪年年号断然不会出现在当时苏州人的日常生活中，应予以排除。与之相反，定都于杭州的吴越国在当时先后尊后梁、后唐、后晋、后汉、后周和北宋等中原王朝为正朔，且接受其册封，并于北宋太宗太平兴国三年（978）纳土（《洪武苏州府志》），归于北宋，故中原王朝的年号在当时吴越国辖区内是一直作为纪年使用的。那么李府君买地券文中的“乾德四年”无疑即为北宋太祖乾德四年（966），但考虑到该券文纪年发生在吴越国纳土归宋前，故仍将其归属于吴越国较为妥帖。

陆代节买地券主为陆代节，苏州平江军吴路凤凰乡人。虽然券文首句中的“大宋国”指明了其时代为宋代，但未有明确纪年信息，因此券文的具体年代只能依靠其他纪年信息及特征来进一步推断。鉴于宋代年号更换频繁，且使用时间均较短暂，因此与买地券同出的铜钱纪年下限对推断券文及墓葬的具体年代具有较准确的参考价值。该墓总计出土了65枚铜钱，除1枚钱文锈蚀难辨外，其余可辨有13枚“开元通宝”、1枚“宋元通宝”、2枚“太平通宝”、4枚“淳化通宝”、6枚“至道元宝”、8枚“咸平元宝”、2枚“景德通宝”、20枚“祥符通宝”和8枚“天禧通宝”等，钱文纪年集中在北宋初期，时代最晚的是铸造于公元1017—1021年间的“天禧通宝”。此外，苏州于宋开宝八年（975）改平江军节度，政和三年（1113）升军为平江府［《宋史・地理志四》，《洪武苏州府志》，习寯等纂修：《苏州府志》卷一・十一；一说政和五年（1115），《洪武苏州府志》《万历长洲县志》《崇祯吴县志一（江苏）》］，可知苏州被称作“平江军”的特定时间段不会超出宋开宝八年至政和五年，均属于北宋时期，不但与券文中所书“苏州平江军”名称吻合，也与墓葬所出铜钱纪年下限不悖。故推测该券文及墓葬的具体年代应最接近于北宋真宗天禧年间（1017—1021），属于北宋早期晚段。

2. 相关地名

两方买地券提及的具体地名有“苏州吴县万安乡”“长洲县习义乡”“苏州平江军吴县凤凰乡”，可辨有“军”“县”“乡”等三级行政区划。“军”和“县”等较高一级行政区划在地方志和相关文献中均有较明确的记载，不再赘述。但“万安乡”“习义乡”“凤凰乡”等低一级的行政区划在当今的苏州地名中已无迹可寻，现就券文中各“乡”的古今地域对应关系加以梳理探讨。

“万安乡”漏载于地方志书，目前可知其最早见于清代张紫琳撰写的《红兰逸乘》：“干隧，今万安乡有遂山，即其地。”但“万安”作为苏州山名在历代文献中多有记载，如南宋《吴郡志》记载：“干遂，遂名一作隧，在苏州西北四十里万安山，有遂山”，西晋《郡国志》记载：“万安山下及干遂，擒夫差处。”当今文献中有“阳山，《越绝书》谓秦余杭山；《郡国志》称万安山（中略）为越王栖吴王夫差山，干遂擒夫差处”［吴县地名委员会，1982］的记载。可以看出，“万安”无论作为乡名，还是山名，以上古今文献记载所指的地域具有高度的一致性。由此可知券文中的“万安乡”范围大致在古之吴县万安山或遂山一带，也就是今苏州市虎丘高新区通安镇东南和浒墅关镇西北的大阳山一带。

“习义”作为地名较早见于唐代陆广微撰写的《吴地记》，是唐代长洲县二十都之一，时称“习义都”。“习义乡”在文献记载中较早见于《洪武苏州府志》，并指出其方位在孝廉里。明后期有“习义乡，孝廉里，在县东，管都二，二十二都、二十三都”（《万历长洲县志》），清中期有“习义乡，孝廉里，在城外东，长洲县旧管，都三，今仍之”（《元和县志》卷二·三十一）等相关记载，进一步明确了习义乡的具体方位就在长洲县东，且位于城外，清中期之前均隶属于长洲县。目前发现记载“习义乡”地名最早的出土实物材料是板桥村墓葬Ⅰ区M10出土的《唐故杨府君墓志》［苏州考古研究所，2022］，志主杨府君于唐元和十年（815）被窆于长洲县习义乡界，其出土地点西北距李府君买地券出土位置仅600米左右。“习义乡”在出土材料中还见于2012年7月出土于苏州扬清路某工地上的《吴越国陈氏府君墓志铭并序》［陈莹，2019］，志主吴越国衙内副兵马使陈绾于显德五年（958）被葬于长洲县习义乡东北之原，其出土地点十分邻近李府君买地券出土位置。文献记载和出土材料中“习义乡”的行政区划和地望均较一致，故可断定唐宋时期的“习义乡”确位于长洲县城外东北，大体在今苏州工业园区西北，娄江快速路以北的娄葑街道和唯亭街道中西部一带。

“凤凰”亦较早见于唐代陆广微撰写的《吴地记》，是唐代吴县二十都之一，时称“凤凰都”。“凤凰乡”在文献记载中亦较早见于《洪武苏州府志》，并指出其方位在集祥里。明《崇祯吴县志》中记载：“凤凰乡，集祥里，城内西北隅，管图七”。民国《吴县志》进一步明确了“凤凰乡”的地理范围：“凤凰乡，集祥里，管图七。北贞一图、二图、三图、四图，北元三图，北利一图、二图。北贞一图：十庙前、萧家园、王衙前、回龙阁、八角井。北贞二图：宝林寺前、三官唐、天库前、周王庙前、小关帝庙。北贞三图：中市、天库前、关帝阁、阊门沿城脚。北贞四图：吴趋坊、水潭头。北元三图：珠明寺前，火神庙前。北利一图：包衙前。北利二图：官宰衖、仓桥衖、小五泾衖、大五泾衖、浒溪仓。”比对该书吴县城区图和当今苏州城区现存的“吴趋坊”“宝林寺前”“天库里”“包衙前”等地名，可知当时的“凤凰乡”在吴县城区的西部偏北处，也就是今苏州的西中街和东中市街南北两侧，吴趋坊及汤家巷北段和阊门西街南端东西两侧一带。

3. 葬俗信仰

宋元之际周密曾云：“今人造墓，必用买地券，以梓木为之，朱书云：‘用钱九万九千九百九十九文，买到某地’云云，此村巫风俗如此，殊为可笑。”（周密：《癸辛杂识》）结合周密生平主要活动，从其言可以看出至少在南宋末至元初的江南地区，买地券已经是葬俗中不可缺少的一环，且主要在下层民众之间广泛流行，为士绅阶层所不齿。其实不然，笔者及所在单位在2021年苏州地区发掘的100余座唐宋墓葬中仅见到这两方买地券，而且这两座墓葬出土棺木厚重，树龄多达上百年（南京大学地理与海洋科学学院博士生赵业思对苏州市姑苏区钱家浜遗址M42棺木做过初步分析，其材质为杉木，树龄近200年），随葬器物种类和数量众多，显然不是普通民众所能承受的。因此，笔者认为在苏州地区买地券应当主要流行于未入仕的富裕平民或中小地主阶层以上的人群中，且以长方形、木质和朱书竖写为主要外在特征。

本文所列两方买地券为典型的冥券，是具有契约文书功能的一种随葬明器。券文中“今卜宅兆”“宜于（中略）安厝”和备用钱财“于墓东祭”等均说明当时人们在安葬墓主之前是有卜葬等定式的葬仪习俗的。两方买地券均出自墓室底部，棺木底板下居中的位置，而并未像其他随葬明器一样摆放在棺木之内或棺木头板之外的墓室空间内，显然这是当时人们履行的葬仪流程在墓葬中的体现。对买地券的下葬位置进行了精心选择，并先于棺木被葬入墓室底部正中，这种行为不但蕴含了中国传统的“居中”理念，而且使券文在位置上最接近于地府神灵，既体现了对各方神灵的敬畏，又便于第一时间与地下神灵沟通，以祈在为亡人顺利取得土地所有权的同时并得其庇佑，同时为亡人入葬取得自我认知和神灵界的双重合法性及慰藉。

两方买地券券文中可辨有众多诸如“东皇公”“西皇母”“太一”“五帝使者女青”“丘丞墓伯”“道路将军”“岁月主”“今日直符”“张坚固”“李定度”等神灵和“玄都”等神仙居所，均是道家因素的体现，表明道家观念在当时的民间信仰中占有举足轻重的地位，并深刻地影响着世人的生产生活。此外，从陆代节买地券文中还看到了佛道杂糅的现象，“南赡部洲”为佛教传说中四大部洲之一，“又名南阎浮提，阎浮即赡部树，此洲有此树故名，吾人的世界，即在此洲。”［陈义孝，1998］“南赡部洲”就是我们人类所生存的这个世界。“南赡部洲”在陆代节买地券中出现，却不见于李府君买地券，这应与券主及其亲属的宗教信仰有重大关系，陆代节本人或其亲属在现实生活中应信奉佛教，或者受到了佛教观念的重要影响。由此可见，在宗教信仰层面，当时有相当部分世俗信众对佛教和道教诸神是同等崇奉的，也是五代宋元时期佛道交融的真实反映。

四、结语

虽然买地券的本质是为亡者向神灵购买墓地的契约文书或凭证，但其同时又是墓葬中众多随葬器物的一种。买地券的这种双重特性要求我们在对其进行研究工作中，既不能完全脱离与其同出的其他随葬遗物，更不能将其与墓葬研究割裂开来。

李府君买地券和陆代节买地券是目前苏州地区首次发现的五代十国晚期至北宋初年的买地券，为我们研究当时苏州乃至中国长江中下游地区买地券特征提供了新的实物资料。两方买地券出自同一地域，却在行文格式和用语习惯上呈现了一定的相似性和差异性，这或与当时政治动荡、宗教融合和人们的信仰差异有关。

陆代节买地券局部

【中国-10】

蔡氏买地券

年　代　南宋淳熙十三年（1186）

出土地　福建省泉州市南安县西峰寓舍埔（今泉州市南安市）

现藏地　福建省泉州海外交通史博物馆

材　质　铁（铸造）

尺　寸　长39.0厘米，宽32.0厘米，厚约1.0厘米

蔡氏买地券

【释文】

维淳熙十三年岁次丙午闰七月丙午朔十四日□〔己？〕
未恭人蔡氏以辛巳年九月十二日殁故龟筮叶〔协〕从相地
袭吉宜于泉州南安县归化里西峰龙安禅院之后
山安厝宅兆谨用钱九万九千九百九十九贯文兼五
綵信币买地一段东西一百步南北一百步东至青
龙西至白虎南至朱雀北至玄武内方勾陈分□〔擘〕掌
四域丘丞墓伯封步界畔道路将军齐整阡陌千
秋万岁永无□〔殃〕咎若辄千〔干〕犯诃禁者将军亭长
收付河佰〔伯〕今以□〔牲？〕牢酒饭百味香新共为信契财地
交相分付工匠□〔修〕营安厝已后永保休吉知见人岁
月主保人直符故气邪精不得忓恡先有居者永
避万里若违此约地府主吏自当其祸主人内外存亡
悉皆安吉急急如五帝使者女青律令

【现代文翻译】

淳熙十三年丙午闰七月朔日丙午，十四日己未，恭人蔡氏于辛巳年（绍兴三十一年）九月十二日亡故。龟筮与相地的结果皆为吉，宜于泉州南安县归化里西峰龙安禅院的后山造墓埋葬，用钱九万九千九百九十九贯文与五綵信币购买墓地一段。（其墓地）东西百步、南北百步，东至青龙，西至白虎，南至朱雀，北至玄武。内方勾陈分掌四域。丘丞墓伯守护界畔（境界），道路将军齐整阡陌（墓道），千秋万岁永无灾祸。若有触犯者，被将军亭长捕捉，交予河伯。今（共饮共食）牲牢、酒饭、百味香新，共同缔结信契，交换钱款与墓地。工匠造墓、埋葬之后，永保安吉。知见人（见证人）是岁月主，保人（保证人）是直符。故气邪精（不洁精魂、邪灵）不得贪犯（此地）。先前埋在此地者，永避万里之外。若违背此契约，地下官吏自受其祸，主人（墓地购买者）及其相关者，生者死者，悉皆安吉。即刻如五帝使者女青律令一样施行。

蔡氏买地券

【解说】

1973年，在福建省泉州市南安县西峰寓舍埔，当地农民发现了一座宋代火葬墓。该墓出土了青瓷骨灰罐以及小铁牛、陶罐、香炉等随葬品，并有黑色页岩墓志和铁质买地券各一方。其中，页岩墓志现藏地不明，最初的简报刊载了释文，但不知行数，且无图片可考，具体内容抄录如下［王洪涛，1975］：

有宋恭人蔡氏，泉州晋江人，甲寅生。事皇叔祖少师和义郡王士琣。生男不劬，秉义郎，新添差充泉州兵马监押，娶开封张氏。孙男二人，长善嵩、保义郎；次未赐名授官。恭人于绍兴三十一年九月十二日以疾卒于封崇寓舍，享年二十有八。卜以淳熙十三年闰七月十四日己未葬于南安县归化里西峰院后山之原，聊以纪其岁月云尔。男不劬谨书。

据此可知墓主蔡氏是赵士琣的妾，绍兴三十一年（1161）病亡，享年28岁，有子1人，名不劬。根据宋·李心传《建炎以来系年要录》，赵士琣是赵宋宗室，濮安懿王（宋英宗之父）的曾孙，绍兴五年后，任泉州观察使，绍兴十八年迁任平海军承宣使，绍兴二十三年46岁时亡故。赵士琣死后，被追赠少师，追封和义郡王。赵士琣的墓也位于南安县（黄仲昭：《八闽通志》卷七九《寺观丘墓·泉州府》）。

蔡氏买地券保存状态极好，绝大部分文字可释读。券面自右向左铸有13行文字，行间以竖线分割，每行15—22字不等，共255字。券文由葬日、买主、亡日、墓地位置、地价、墓地规模、知见人（证人）、保人（保证人）等要素组成。葬日是淳熙十三年（1186）闰七月十四日，其中第1行第20字是日序干支的第1字，漫漶不清，但根据闰七月朔日的干支丙午，可推知十四日干支是己未，与墓志所记葬日一致。关于墓主蔡氏的亡年，券文简记为“辛巳年”，依据同时出土的墓志内容，蔡氏病亡于绍兴三十一年（1161），而这一年的干支恰是辛巳。“恭人”是宋政和三年（1113）以后的外命妇封号。根据墓志，至淳熙十三年时，蔡氏已经亡故25年，因此蔡氏买地券叙述的埋葬或许是迁葬。

蔡氏买地券的内容中，除了与蔡氏本人相关的葬日、亡日、墓地所在及规模等具体信息外，还有不少文句属于定式句，而这些定式文句在宋之前的买地券中已经出现。例如吐鲁番阿斯塔那506墓发现的张无价买地券［唐大历四年（769），纸质］，其释文如下［池田，1981；唐长孺，1996］：

维大历四年岁次己酉十二月乙未朔廿日
甲寅，西州天山县南阳张府君张无
价，俱城安宅兆。以今年岁月隐便，今龟
筮协从，相地袭吉。宜于州城前庭县界西北
角之原，安厝宅兆。谨用五綵杂信，买地一
亩。东至青龙，西至白虎，南至朱雀，北至玄武。
内方勾陈，分掌四域。丘承[丞]墓伯，封步累[界]
畔。道路将军，整齐阡陌。千秋万岁，永无咎
殃。若辄忓犯訶禁者，将军庭帐，收付河伯。
今已牲牢酒饭，百味香新，共为信契。安厝已
后，永保休吉。知见人岁月主者，保人今日直符。
故气耶[邪]精，不得忓扰。先来居，永避万里。若
违此约，地府主吏自当祸。主人内外安吉。
急急如律令。

显然，唐代买地券中，也存在与蔡氏买地券部分定式句相似的事例，但这种券文格式在唐代并不具有普遍性［鲁西奇，2014］。至宋代，成书于北宋的官方地理书《地理新书》基于以往的买地券格式，整理出如下官方性质的买地券文范式（《地理新书》卷十四“斩草忌龙虎符入墓年月”条）：

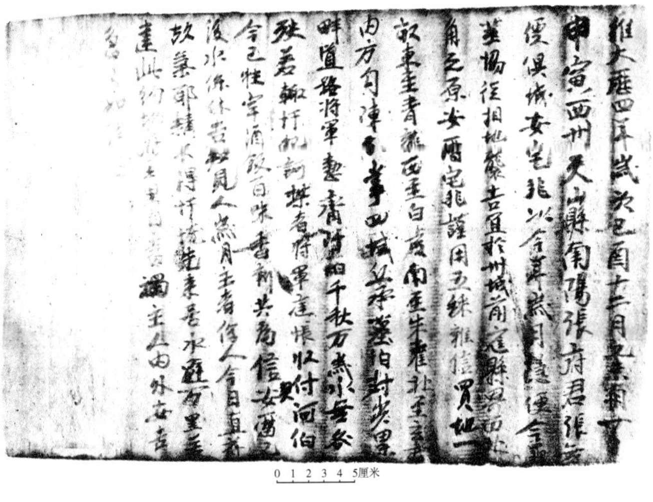

张无价买地券

用铁为地券文曰，某年月日，具官封姓名，以某年月日殁故，龟筮协从，相地袭吉，宜于某州某县某乡某原、安厝宅兆。谨用钱九万九千九百九十九贯文兼五綵信币，买地一段，东西若干步，南北若干步。东至青龙，西至白虎，南至朱雀，

北至玄武。内方勾陈，分擘四域。丘丞墓伯，封部界畔。道路将军，齐整阡陌。千秋万岁，永无殃咎。若辄干犯呵禁者，将军亭长收付河伯。今以牲牢酒饭、百味香新，共为信契。财地交相分付。工匠修营安厝已后，永保休吉。知见人岁月主。保人今日直符。故气邪精，不得忓恡。先有居者，永避万里。若违此约，地府主吏自当其祸。主人内外存亡，悉皆安吉。急急如五帝使者女青律令。

可以看出，除了个别的文字或用词略有不同外，蔡氏买地券的书写格式基本上是套用《地理新书》的券文范式。因此，可以参照范式，释读券文中漫漶不清的文字。例如，第2行第19字书写为“叶”字，最初的简报也释读为“叶”字［王洪涛，1975］，但《地理新书》及张无价买地券都是“协”字，加之“叶”字实为“协”的异体字，因此亦存在“协”的释读［鲁西奇，2013］。本书的释文依循字形“叶”，释意为“协”。

券文中，青龙、白虎、朱雀、玄武、勾陈是代表东、西、南、北、中五方的神名，丘丞墓伯、道路将军等则是冥官名，这些神或冥官被视为具有守护或管理墓地各个方位或空间的作用，以祈愿墓地永远稳固，不受侵犯或破坏。对于干扰侵犯墓主安全者，由将军亭长抓捕，交予河伯处理。河伯本是传说的河神，但在道教中，被认为是制服恶鬼、邪灵等的地下世界的神［高朋，2011］。

见证人与保证人的岁月主和直符，也出现在张无价买地券中。顾名思义，岁月主被推测为与时间相关的神。直符，在汉代本指持符当值的官吏，但在东汉以后的民间社会，作为一种信仰，直符被神格化。而且，道教的地下世界官僚体系也吸收了直符的观念，出现“直符”“直符使者”等称呼，作为当值神吏，被赋予了正直、威严等含义［姜守诚，2022］。

从材质及内容来看，可以说蔡氏买地券是《地理新书》所记买地券范式的典型事例，但是这并不意味着《地理新书》买地券范式是宋代流行的唯一买地券格式，出土蔡氏买地券的泉州地区就存在其他格式的买地券事例。例如，1996年发现于泉州城东的郭三郎、聂十五娘买地券（参照104页）由日期、买主、墓地位置、地价、卖主、四至等要素组成，与蔡氏买地券相比，在组成要素、文句表现等方面，二者都有所不同，属于不同类型的行文格式。此外，郭三郎、聂十五娘买地券的上部还刻有北斗七星的纹样。由此可以看出，即使是同一地区出土的买地券，也呈现多样性。

蔡氏买地券展示状况

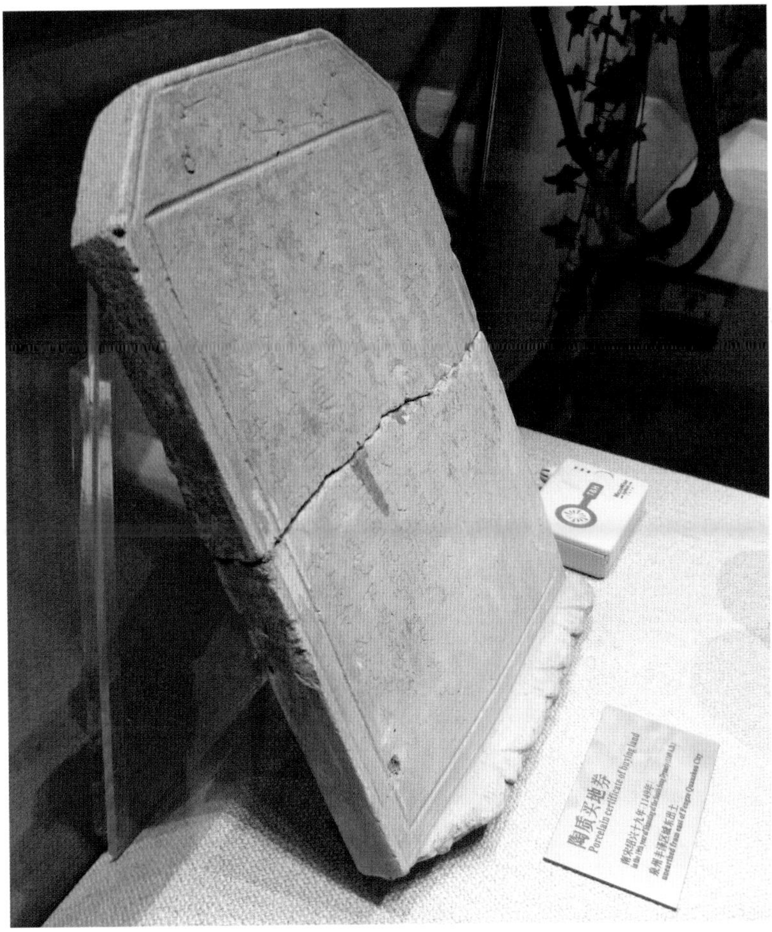

郭三郎、聂十五娘买地券展示状况

[参考] 郭三郎、聂十五娘买地券

年　代　南宋绍兴十九年(1149)
出土地　福建省泉州市城东
现藏地　泉州市博物馆
材　质　陶质（阴刻）
尺　寸　高32.5厘米，宽22.6厘米

【释文】

维绍兴十九年岁次己□[巳?]十月三十日戊寅大宋
国管内泉州府晋江县晋江乡临江里故助教郭三
郎太孺聂十五娘于本县本乡鸾歌里上得辛兑
山来龙乾亥入路兑仙□穴□[作?仰?]甲卯向发□水折
艮癸归艮甲长流甲□[钱?]九万九千九百九十贯就
地主封侯明王边买地一穴当得张坚固李庭度
地下武夷王同共给□[与?]故亡人郭助教及太孺女
葬永古为祖东至青龙西至白虎南至朱雀北至
玄武上至青天下至黄泉应地下诸神恶鬼不得
妄乱侵占太上老君急急如律令阴阳事□□□

【现代文翻译】

绍兴十九年己□[巳カ]十月三十日戊寅，大宋国管内泉州府晋江县晋江乡临江里亡故的助教郭三郎与太孺聂十五娘，于本县本乡鸾歌里上得风水之地（西来龙山，西北入路，西……作穴，朝东，发□水，折北东北，归东北，长流东）。□[钱?]九万九千九百九十贯，从地主封侯明王处买得墓地一穴，得到张坚固、李庭度、地下武夷王的保证，给与故人郭助教及太孺埋葬，永为祖（先墓地）。（墓地的范围）东至青龙，西至白虎，南至朱雀，北至玄武，上至青天，下至黄泉。地下诸神、恶鬼不得妄乱侵占。即刻如太上老君律令一样施行。阴阳事……

郭三郎、聂十五娘买地券

己年九月十二日□□敕蜀□□□□
□泉州南安縣歸化里西□参龍戈神□之
北渥同錢九萬九千九百九十九貫文□□
貝地一段東西二百□步南北二百步東至□
虎南至朱雀地至真武内方句陳分□
墓伯封步界畔道路部軍府□□所
□無夫□者卯下□詞村丁□軍年長
令□□□□飲百味香新英為信□
遠收營安居已後永保休吉知見人歲
直守故氣邪精不得□惶□□有君求

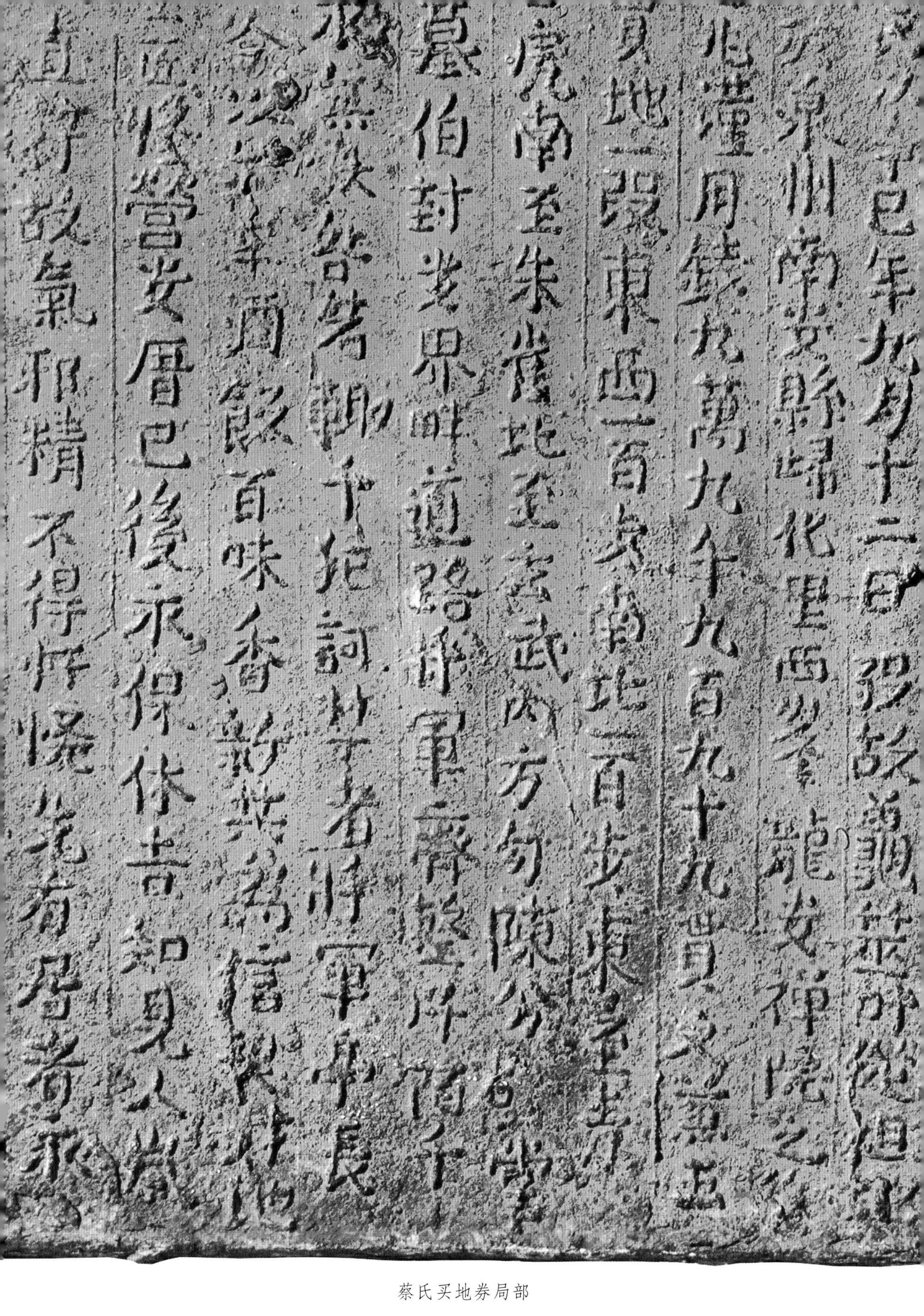

蔡氏买地券局部

【中国-11】

丘氏兄弟买地券

年　代　明正德十二年（1517）

出土地　江苏省南京市江宁区谷里街道周村社区大世凹村施家山

现藏地　江宁博物馆

材　质　砖

尺　寸　长31.5厘米，宽31.7厘米，厚3.5厘米

丘氏兄弟买地券正面

丘氏兄弟买地券

【释文】

〈正面〉

谓观易曰乾阳为天为父坤阴为地为
母人生之中命皆禀乎阴阳体悉属乎
父母郭璞云□[本？]骸得气遗受荫以铧镮
兄弟思父丘□字志泉母姚氏妙莲共
塚先葬冲西□□[不？]□[佳？隹？]是复凭于江右祖
居侄孙丘□[嵩？]□□升转择地于牛首山
名枣木抵□□□卯山辛向而迁[扦？]酉水
流坤而取□[年？]□□丑并癸丑日时甲申
□□寅卖山□□赵辅为中人名德姓
□[顾？]□银六两有令买卖四至明白刊立
□□一样□碑一片在墓一片存家与
□子孙绵□[绵？]是记谨序

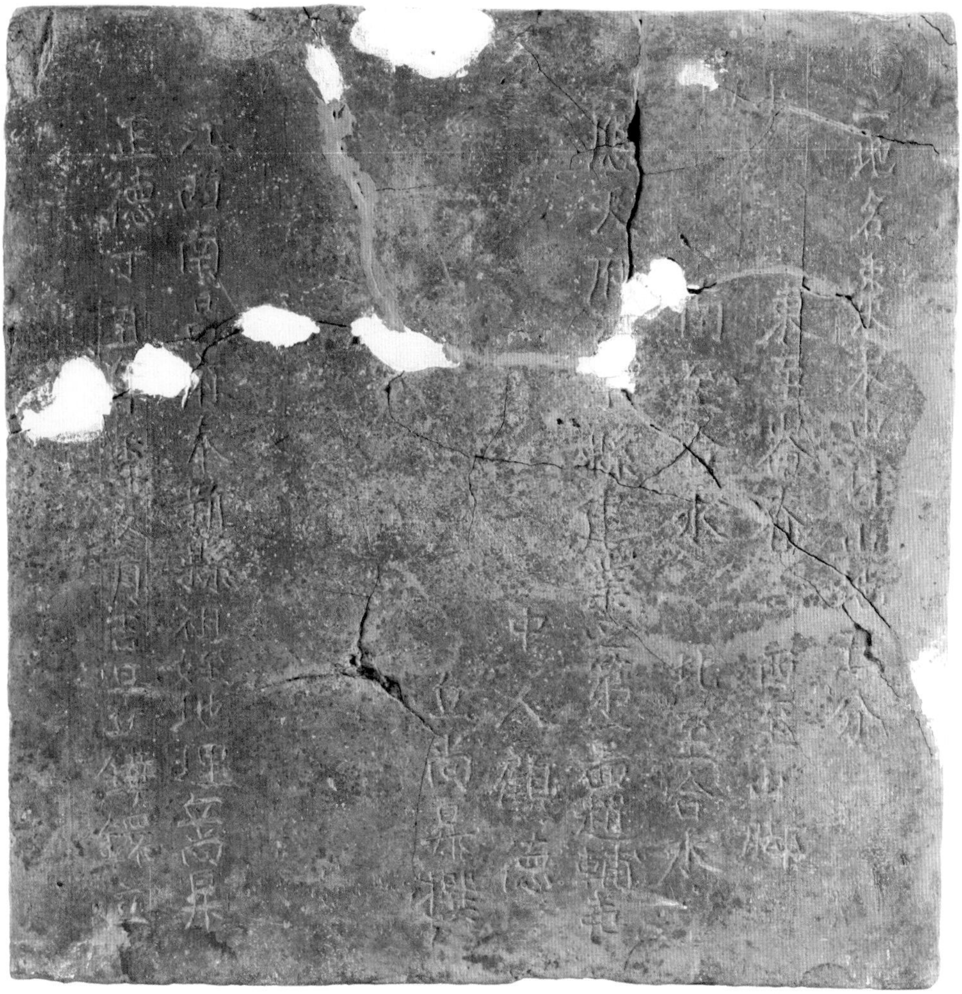

丘氏兄弟买地券背面

〈背面〉

一地名枣木山计山地五分

东至仑脊西至山脚

南至合水北至合水

应天府□□［江宁？］县建业之第一图赵辅卖

中人顾德

丘尚升撰

江西南昌府奉新县祖侄地理丘尚升

正德丁丑年季冬月吉旦丘铧镶立

【现代文翻译】

观易曰：『乾阳为天、为父，坤阴为地、为母。』人生之中，命皆由阴阳赋予，身体皆属于父母。郭璞云：『本骸得气，遗体受荫。』铧与镮兄弟怀念父亲丘□、字志泉，母姚氏妙莲，先前合葬于冲西……（风水）不佳。因此依托江右（江西）祖籍的侄孙丘□[嵩？]……（丘尚）升选择牛首山。取名枣木……卯山辛向（据东朝西）……西水流坤（自西向南水流）的地形。……丑日及癸丑日，甲申……寅之时，卖山（墓地）者是赵辅。中人名德，姓顾……银六两，买卖成立。四至明白，刻石二方，记录同样的契约内容，一方置于墓，一方存于家，祈祷子孙的繁荣。是记，谨序。

（墓地的）地名是枣木山，共占山地五分。东至山脊，西至山脚，南至合水（河），北至合水（河）。应天府□□[江宁？]县建业都第一图的赵辅卖。中人顾德。丘尚升撰文。江西南昌府奉新县祖籍的侄孙地理（地理师、风水师）丘尚升。正德丁丑年（十二年）十二月吉旦，丘铧、丘镮立碑。

【解说】

丘氏兄弟买地券发现于2012年，出土状况不详。目前关于该地券的名称有“丘氏夫妇砖地券”［许长生，2013］、“丘志泉夫妇买地券”［高庆辉、王志高，2020］，皆从被葬者视角命名。本书的方针是以墓地购买者命名，故称为“丘氏兄弟买地券”。买地券中，既有亡者自身买地类型，也存在子女、配偶等生者为亡者买地类型，丘氏兄弟买地券属于后者，丘铧、丘镮为其父母丘志泉、姚妙莲迁葬购买墓地。

丘氏兄弟买地券两面刻字，有残损。正面刻字12行，其中1—11行各行15字，第12行9字，共174字。背面刻字8行，各行4—15字不等，共79字。正面第12行最后4字为“是记谨序”，据此丘氏兄弟买地券主要由正面序文、背面墓地买卖契约两部分构成。

正面序文包括选墓过程、买主、卖主、中人、地价、四至等内容。第1—3行首先叙述父母为天地的观念，并借晋郭璞《葬书》之句强调父母葬地的生气可以荫佑子孙。郭璞的原句是“本骸得气，遗体受荫”（《葬书·内篇》），据此可补第3行第6字为“本”字，也可以看出第3行第10字“遗”字之后漏刻了“体”字。其后，第4—8行叙述迁葬缘由及风水选地，第9—10行明记了卖主名赵辅、中人名顾德以及地价银六两。墓地的选择由地理师（风水师）决定。买地券发现地在南京市的牛首山麓上，与券文的“牛首山”位置相一致。第5行第7字因券面残损只能辨识部分笔画，有学者结合第8字释读为“不佳”［高庆辉、王志高，2020］。第7行第13字“迁”是“扦”的异体字。“扦”的字义是“插”，在此是风水术语“扦穴”之意，《葬书》有“善葬者，必原其起以观势，乘其止以扦穴”之句。明代买地券文中，出现各种风水用语的事例比较常见。依据背面第6行可知，丘氏兄弟买地券的撰写者是地理师丘尚升，是被葬者丘志泉的侄子之子（即“侄孙”“祖侄”），正面第6行的丘□［嵩?］也是同一人物。券文的风水术语可以说是丘尚升的专业性表现。

明代买地券中，在言及买地券的件数时，比较多见的常用套句是“券立二本，一本奉付后土，一本乞付墓中”，该句被成书晚于《地理新书》的民间风水书《茔原总录》所记的买地券范式所收录（《茔原总录》卷三《卜立宅兆破土祭仪篇》）。“后土”是指土神或地神。即所谓的“券立二本”，是指制作两件相同的买地券，一件在祭祀后土神仪式（斩草）时埋入墓地预定地的土中，另一件在葬时随遗体一同埋入墓中。但是丘氏兄弟买地券的正面序文第11行刻记的是“一样□碑，一片在墓，一片存家”之句，制作两件同样的买地券，一件埋入地下世界的墓中，一件保管在地上世界的家中。

加之所记的契约内容也是现实世界的内容，显示出该契约被寄予的效力并不限于地下世界，而且延伸至现实社会。一般认为，宋代以后的买地券格式，如《地理新书》《茔原总录》等风水书所记的范式，作为与地下世界的架空契约书而定式化，但如丘氏兄弟买地券所示，即使至明代，依然存在期待现实性效力的事例，反映出买地券所具有的多样性。

“郭璞云□[本?]骸得气遗受荫”
（第3行第3—12字）

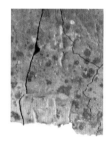

“冲西□□[不?]□[佳? 隹?]”
（第5行第4—8字）

【专栏-4】

多彩的买地券

与大多数郑重地刻记在正方形石材上的墓志相比，买地券无论是材质、形状还是内容，都可以用“自由奔放”一词来形容。本文关注明代相对饶有兴趣的买地券的“写法”。

马贵良买地券（1639年，石质，出土地不详〔山西省?〕），券文镌刻在龟趺驮碑的碑面上，而且如同墓志一样的正方形石碑的碑文最后，刻有道教性质的符箓。象征冥界契约书的符箓，在其他买地券中也多有所见。

郑山为先妣季氏买地券（1485年，石质，出土地不详〔江苏省?〕），由A、B两方构成。A券文从左至右刻写，B券文则从右至左刻写。A券文的末尾是“券立二本，一本乞付／墓中亡者季氏，收执准备付身，永为照用者”，B券文的末尾是“券立二本，一本奉／后土明神、永为照用者”。也就是说，A石与B石分别是买主被葬者季氏与卖主后土神各自所持的买卖契约书。A石右端与B石左端骑缝刻有“合同文券”4字，犹同剖符。如再现《地理新书》所记的斩草仪式（参照稻田：《买地券文化与朝鲜半岛、日本》）。

马贵良买地券

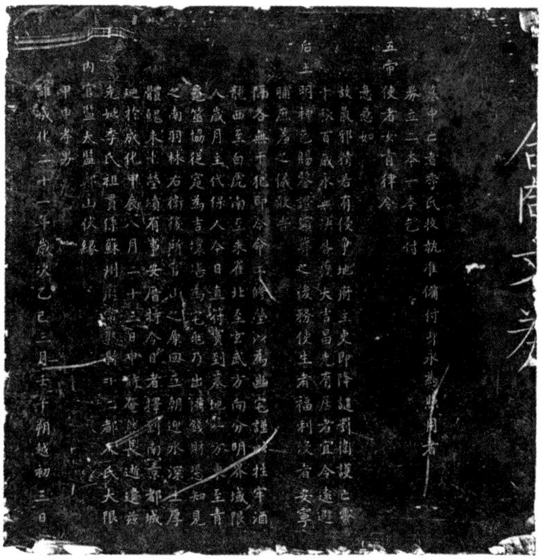

A

B

郑山为先妣季氏买地券

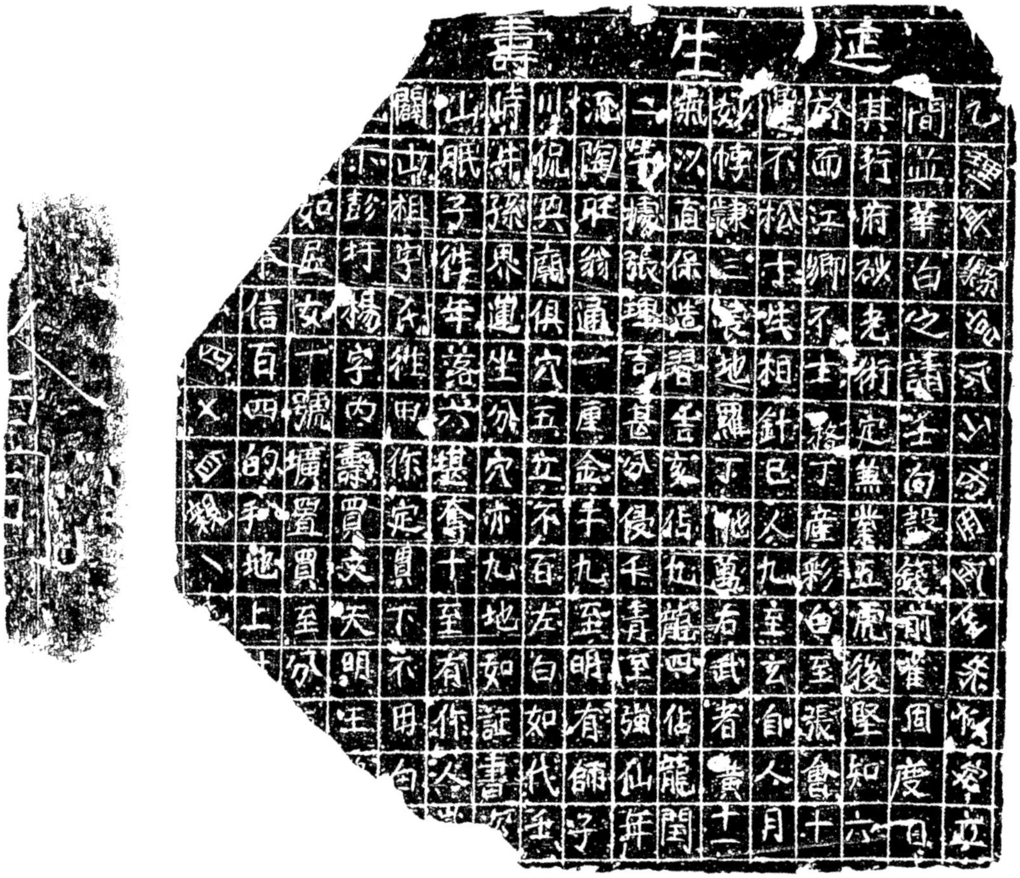

许潮妻张氏生圹买地券

许潮妻张氏生圹买地券（1612年，砖质，上海市出土），侧面也有“合同”二字的半字，尤其值得关注的是正面券文是记在方格中的。该买地券的券文始自有缺失的左上，自左向右横向刻写至右端折返，再自右向左刻写第二行，如此反复，即依锯齿形书写、阅读，左右端的文字似乎为了提示，没有端正刻写而是有所倾斜。

王玺、曹氏、蔡氏、田氏买地券（1464年，石质，四川省出土），画有河图，券文从圆心自内向外顺时针转圈刻写，文字内填朱。张世显买地券（1621年，石质，福建省出土），自右向左刻写，其中第2、4、6、8、10行文字及末尾的“阴（阳）交（泰）”都是反刻（镜像文字）。

王玺、曹氏、蔡氏、田氏买地券

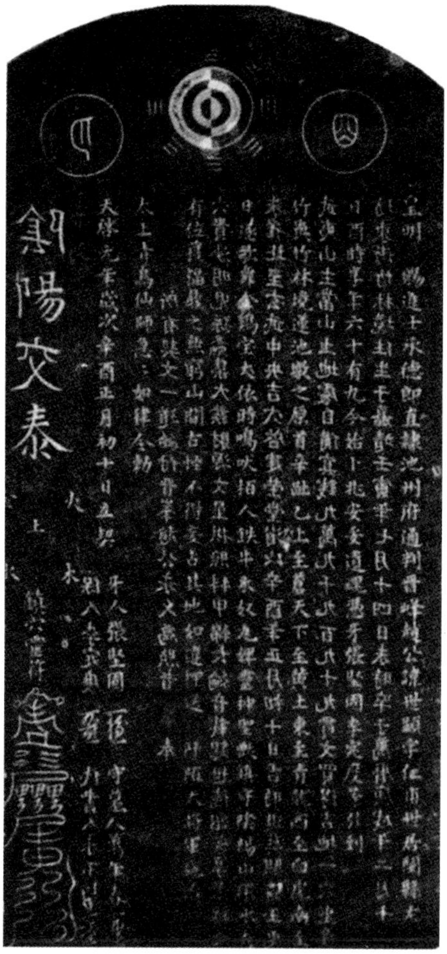

张世显买地券

以上买地券的特殊刻写排列法，“反映出赋予券文超自然灵力的咒术方法，逐渐形式化，陷入游戏性的习惯中”［池田，1981］。确如所言，上述买地券表面上看是具有游戏性趣味的遗物，但给人以如此强烈印象的存在，也说明买地券文化在广泛阶层中的渗透。

【朝鲜半岛-1】

武宁王买地券

年　代　百济乙巳年（525）

出土地　大韩民国忠清南道公州市宋山里古坟群

现藏地　韩国国立公州博物馆

材　质　角闪石岩

尺　寸　长35.2厘米、宽41.5厘米、厚4.7厘米（第二石）

长35.2厘米、宽41.5厘米、厚5.0厘米（第一石，参考）

武宁王买地券

武宁王买地券

〈第二石背面〉

【释文】

钱一万文　右一件

乙巳年八月十二日宁东大将军

百济斯麻王以前件钱询土王

土伯土父母上下众官二千石

买申地为墓故立券为明

不从律令

【现代文翻译】

钱一万文。以上一件。乙巳年八月十二日，宁东大将军百济斯麻王用此钱询问土王、土伯、土父母及（冥界的）上下二千石诸官，购买西南偏西方的土地为墓，故此立券为明证。不依从律令。

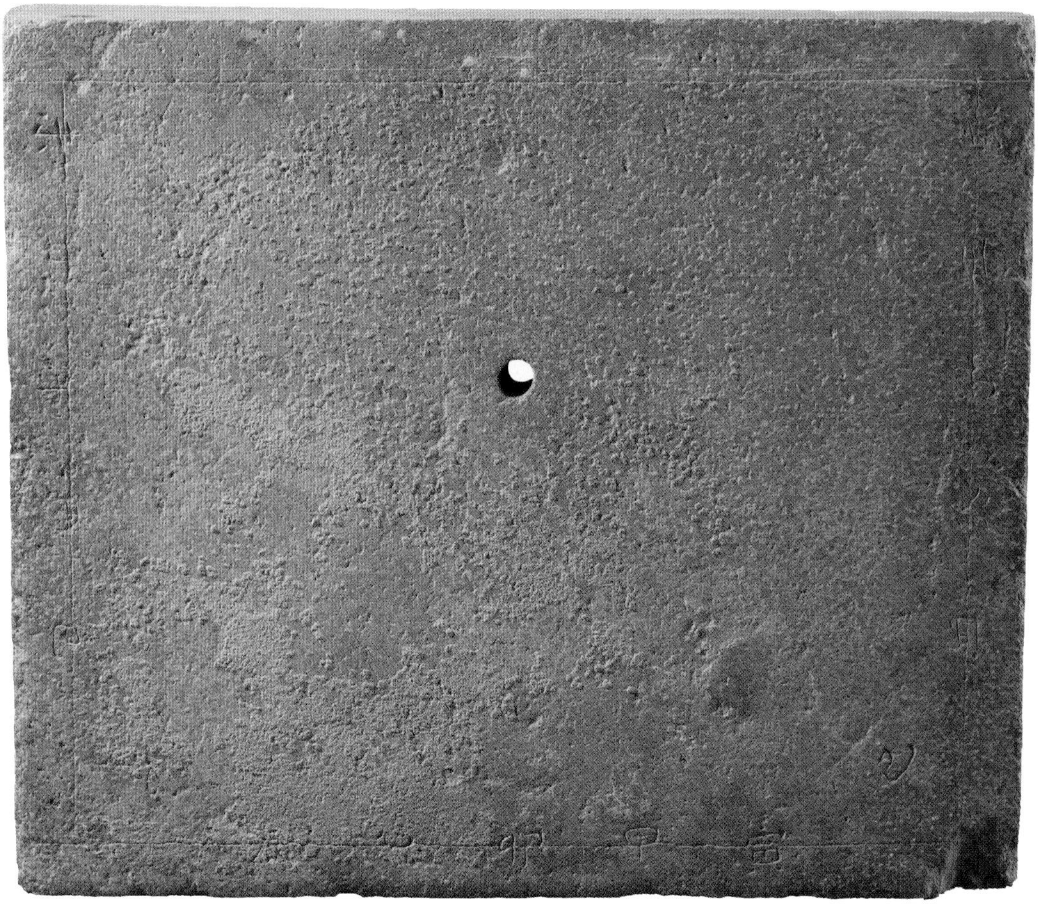

干支图

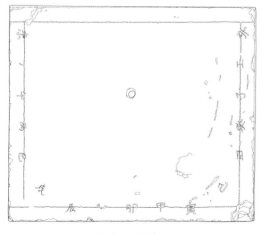

干支图示意图

【参考】干支图
〈第一石背面〉

【释文】

亥壬子癸丑己寅甲卯乙辰戊巳丙午丁未

【解说】

1971年，位于百济旧都公州的宋山里古坟群，发现了未曾被盗掘的古坟。多种多样的随葬品备受注目，尤其是墓道入口附近的镇墓兽前并排放置的两方志石。根据志石正背两面所刻的铭文可知，墓主是百济第25代王武宁王（501—523在位）及其王妃［大韩民国文化财管理局，1974；国立公州博物馆，2009、2011］

475年，推行南下政策的高句丽攻下了百济的首都汉城（今首尔），于是百济迁都熊津（公州），摆脱了灭亡的危机。其后，至武宁王时代，百济再度兴盛。根据《日本书纪》记载，武宁王出生于筑紫（日本九州地区）各罗岛，名为“岛君”。继承王位后，武宁王采取了积极的对外政策，向当时中国的南朝梁朝贡，受封“宁东大将军百济王”称号（《梁书》）；向倭国赠送了五经博士（《日本书纪》）。武宁王志石刻记的“斯麻”（日语、百济语中，“斯麻”与“岛”的读音是相同的）之讳与“宁东大将军”爵号，也是与文献记载相一致的。

两方志石可以说是“墓志与买地券的复合体”。其中，**第一石正面**为王的墓志，**背面**是干支图；**第二石正面**为王妃的墓志，**背面**是武宁王买地券。基于各面所记的内容，似可推测志石制作、埋置的经过如下：

癸卯年（523）五月七日，武宁王驾崩。

乙巳年（525）八月十二日，埋葬。

墓志［**第一石正面**］、买地券［**第二石背面**］、干支图［**第一石背面**］制成，置于墓室内

丙午年（526）十一月，王妃寿终。

己酉年（529）二月十二日，王妃合葬于王墓。

买地券背面镌刻王妃墓志，将墓志面朝上再置于墓室内［**第二石正面**］

干支图的左、右、下三边刻有十干十二支的文字。对此，学者们的解释不尽相同，但是随着中国甘肃省高台县黄氏墓券的卜宅图（前凉，373年）（参照123页）等若干相似之例的出土，干支图是附于买地券用以表示墓域之图的解释逐渐成为主流。［韦正，2011；郭永利，2019］。

武宁王买地券的“土王、土伯、土父母、上下众官二千石”表述，在中国买地券中也常有类似之例，但是“不从律令”之语则颇为特殊。中国的买地券，一般使用

“急急如律令”“如天帝律令”等表示契约遵从天帝法律的文句。因此“不从律令”被认为是一种变形。关于其含义，发掘报告书解释为“墓地不受任何法律约束”。该点也被认为是百济买地券的特征。但也有学者指出南朝梁存在类似之例［权五荣，2002］，似应考虑百济与中国南朝的紧密关系性。

两方志石被发现时，其上置有一串铁制五铢钱，象征买地券所记的墓地购买金（参照**中国-7**罗健夫妻买卖地券）。志石与镇墓兽使用的石材的产地是远离公州100公里以上的全罗北道长水一带［国立公州博物馆，2018］。

武宁王陵属于中国南朝系统的砖筑坟。在其周边的古坟中，也发现了“造此是建业人也”“梁官瓦为师矣”铭文砖，由此可知，武宁王陵墓的筑造与中国南朝的技术者有着直接的关联。许多随葬品也反映出百济与中国之间的活跃交流。另一方面，棺材使用了日本列岛特产的高野槙（日本金松），从中可以窥见百济与倭国同样有着密切的交流。

武宁王买地券是迄今发现的唯一一例朝鲜半岛的古代买地券，与砖筑坟营造同样，可以说是受到了中国南朝的直接影响。但是，买地券文化并没有在朝鲜半岛被广泛地传播。随着百济的灭亡（660年左右），买地券文化的踪影亦从朝鲜半岛一度消失［李宇泰，2012］。

墓道入口的遗物

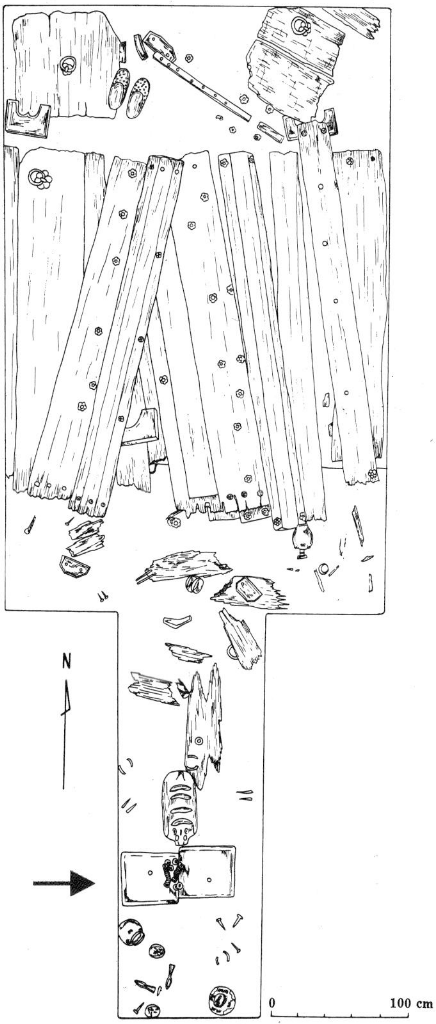

发现时的内部实测图

武宁王陵内部

镇墓兽前的志石

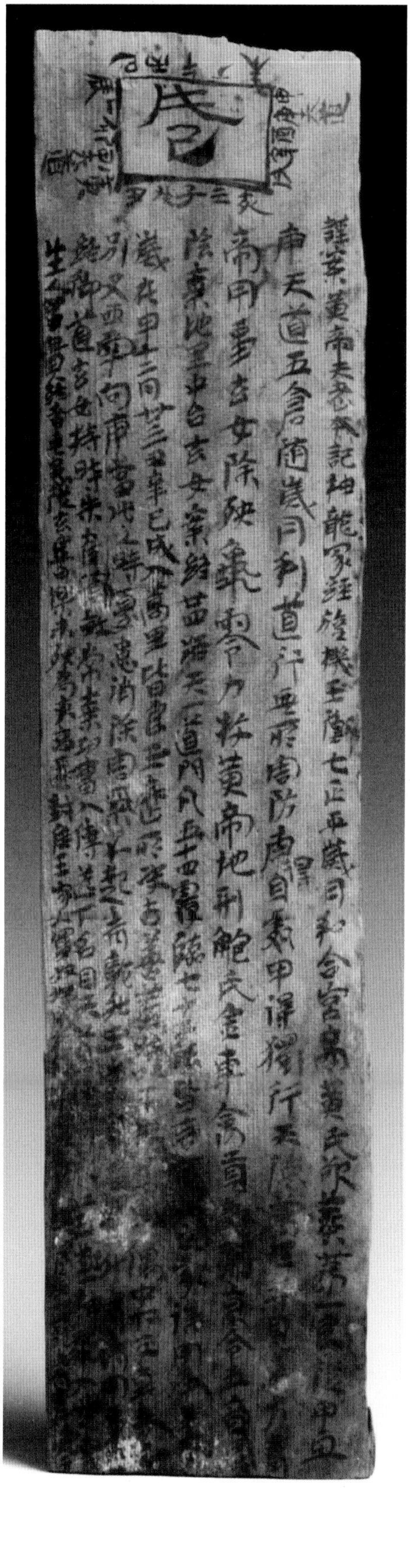

黄氏墓券

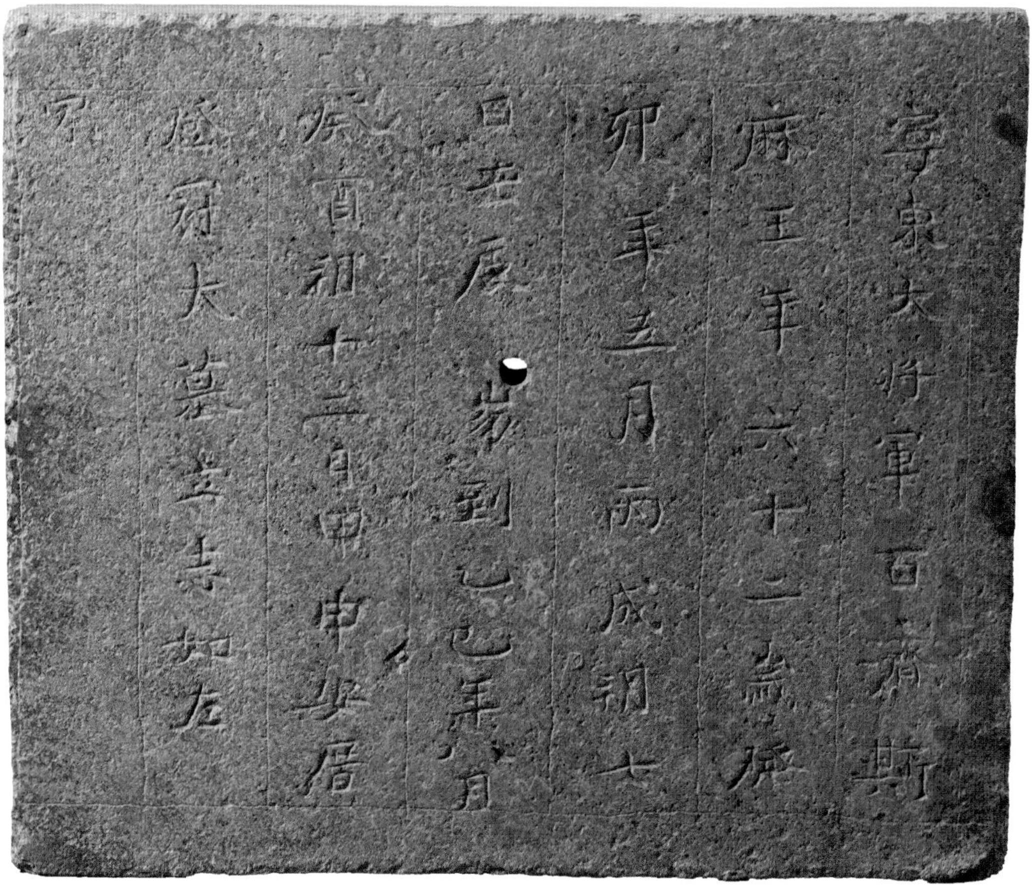

武宁王墓志

［参考］武宁王墓志

〈第一石正面〉

【释文】

宁东大将军百济斯
麻王年六十二岁癸
卯年五月丙戌朔七
日壬辰崩到乙巳年八月
癸酉朔十二日甲申安厝
登冠大墓立志如左
□

【现代文翻译】

宁东大将军百济斯麻王，于癸卯年五月丙戌朔日，七日壬辰驾崩，享年六十二岁。乙巳年八月癸酉朔日，十二日甲申安葬，埋入大墓。立墓志记。

武宁王妃墓志

〔参考〕 **武宁王妃墓志**

〈第二石正面〉

【释文】

丙午年十一月百济国王太妃寿
终居丧在酉地己酉年二月癸
未朔十二日甲午改葬还大墓立
志如左

【现代文翻译】

丙午年十一月，百济国王太妃寿终。在（王宫的）西侧之地（设置倚庐，遗属）服丧。（棺柩于王墓之旁假葬。）己酉年二月癸未朔日，十二日甲午，正式葬于王墓（与王合葬）。刻立墓志记。

宋山里古坟群

武宁王陵入口

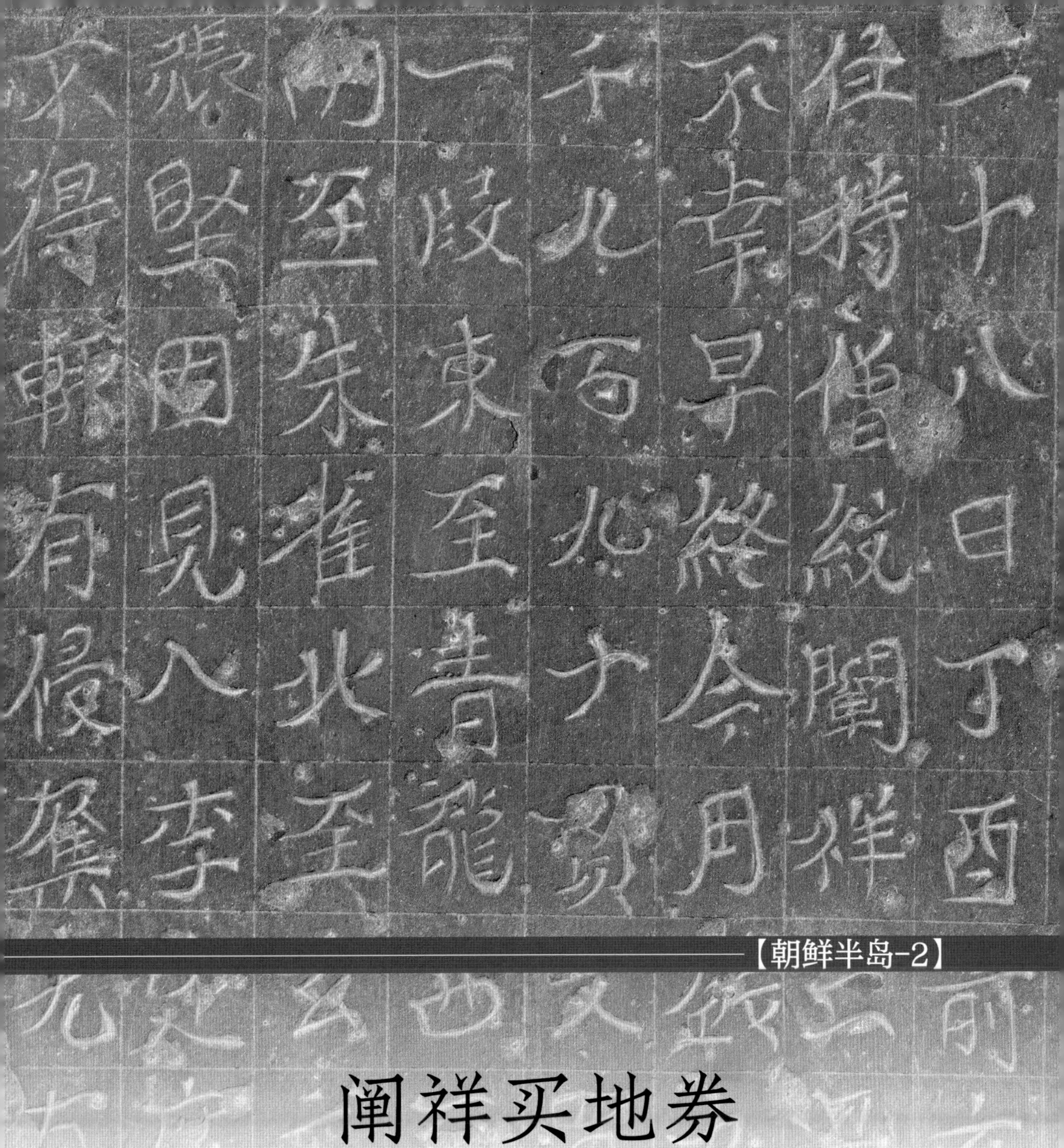

【朝鲜半岛-2】

阐祥买地券

年　代　高丽辛酉年（1141）

出土地　不详（朝鲜民主主义人民共和国黄海北道长丰郡月古里?）

现藏地　韩国国立中央博物馆

材　质　石

尺　寸　长20.8厘米，宽16.0厘米，厚2.0厘米

阐祥买地券拓本正面

阐祥买地券

【释文】

〈正面〉

维岁次辛酉二月朔庚
午二十八日丁酉前玄化
高寺住持僧统阐祥亡过人
乞不幸早终今用钱九万
丽九千九百九十贯文买墓
地一段东至青龙西至白
国虎南至朱雀北至玄武保
人张坚固见人李定度已
后不得辄有侵夺先有居
台远避千里之外

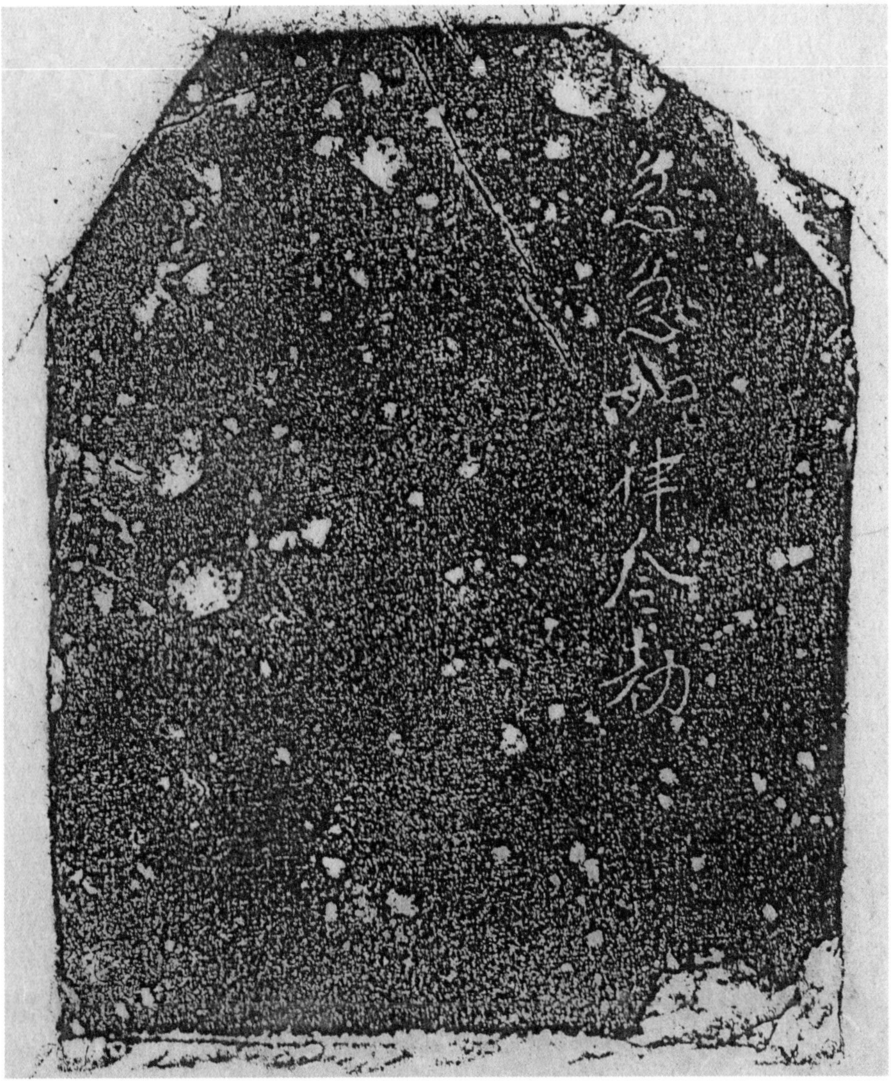

阐祥买地券拓本背面

〈背面〉

急急如律令敕

【现代文翻译】

高丽国

辛酉年二月朔日庚午，二十八日丁酉，前玄化寺住持僧统阐祥亡故。故人不幸早亡，今用钱九万九千九百九十贯文，依照故人的意愿，购入墓地一段。东至青龙，西至白虎，南至朱雀，北至玄武。保人为张坚固，见人（见证人）是李定度。以后不得妄为侵夺墓地。此前葬于此处者，远避至千里之外。即刻如同律令一样施行。敕令。

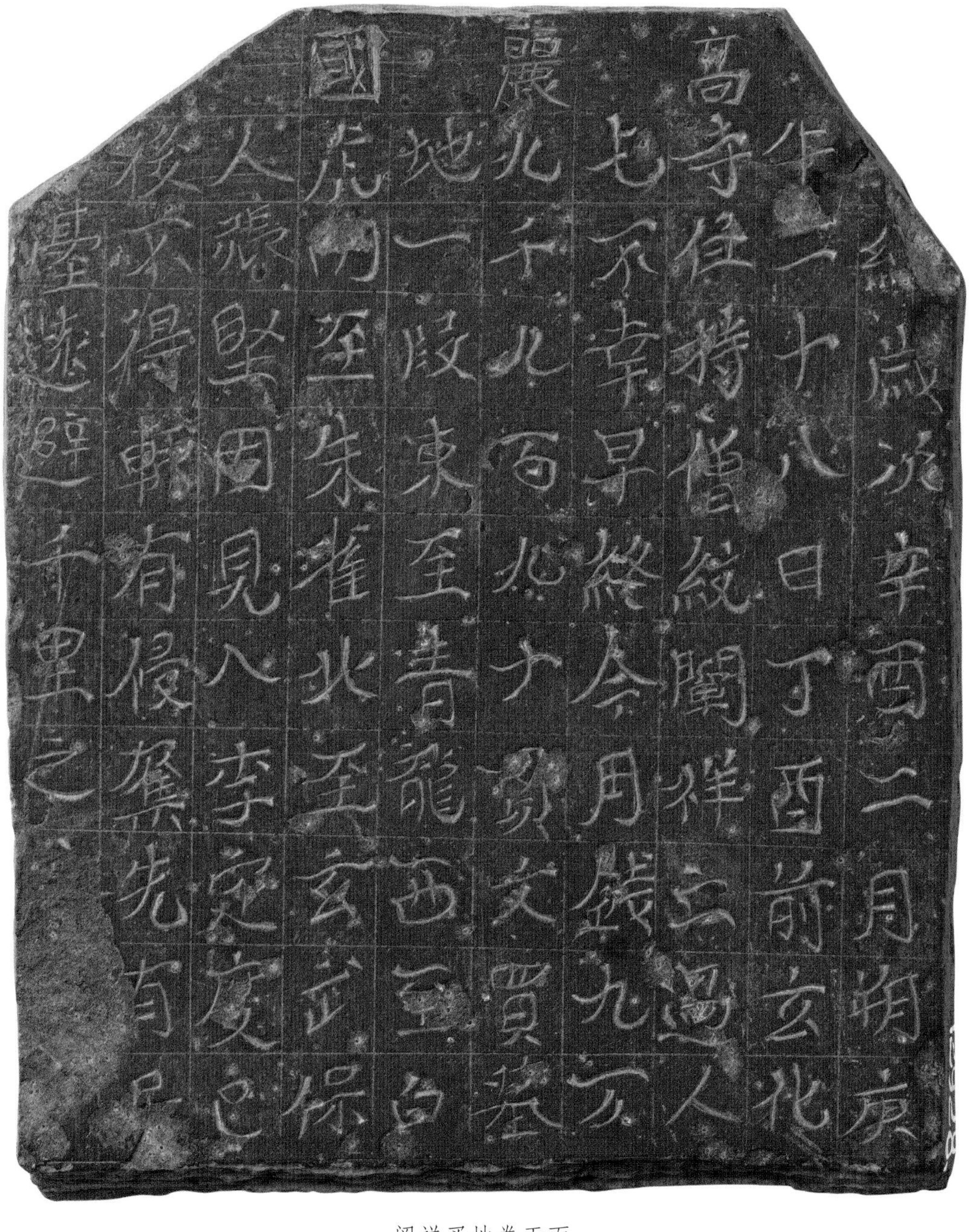

阐祥买地券正面

阐祥买地券背面

【解说】

阐祥买地券的发现经过不明，但其存在自日本殖民地时代以来就已被人所知。现在与**朝鲜半岛-3**世贤买地券一同被收藏于韩国国立中央博物馆［藤田，1963；李兰暎，1968；许兴植，1984；金龙善，2006、2012］。阐祥是玄化寺住持，且是位高至僧统的僧侣。玄化寺位于高丽国首都开京（今朝鲜国黄海北道开城市）的南门外，是高丽第8代王显宗（1009—1031在位）为祈父母冥福，于1018年创建的愿刹。显宗死后，该寺成为供奉显宗真影（肖像）的真殿寺院（供奉历代国王、妃肖像，举行王室祖先崇拜的寺院），忌日时，王也行幸寺院，举行佛事等，是王室祖先崇拜的场所，法相宗（瑜伽宗）的有力寺院［许兴植，1986］。

金山寺慧德王师真应塔碑

玄化寺的历代住持中，辈出佛教教团的最高指导者王师、国师。根据第5代住持惠德王师韶显（1038—1097）的浮屠碑“金山寺慧德王师真应塔碑”（1111年建立）可知，韶显有门下生数千名，其中重大师阐祥作为韶显的受教继业者（直接弟子），其名也被刻记在碑上。阐祥成为住持时，法相宗被天台宗、华严宗所压，势力趋弱，但即使如此，他凭借大寺院住持的身份依然可以就任僧统之高位［崔柄宪，1986；李万，1995；李宇泰，2012］。高丽时代，受具足戒后，参加僧科考试，如若合格，则可以获得人生的第一个僧阶。包括瑜伽宗、华严宗在内的教宗的僧阶晋升顺序依次为大德、大师、重大师、三重大师、首座、僧统。因此，阐祥的僧统是僧阶的最高位［许兴植，1986］。

阐祥买地券的主要内容包括：阐祥墓地一段的价钱是99990贯文；墓地的四至以四神表示；保人是张坚固，见证人是李定度；禁止他者侵夺墓地，勒令以前埋在此地的被葬者远迁等。由于相似内容在宋代买地券中也颇为常见，因此可以说阐祥买地券的内容是依照宋代买地券的典型文例书写的［高朋，2011；李宇泰，2012］。张坚固、李定度是中国六朝时代以来频频出现于买地券中的地下神仙名，与阐祥买地券同样，常常是作为土地买卖的保证人、见证人登场（参照**专栏-1**买地券中的诸神）。阐祥买地券没有明记卖主，似乎意味着卖主非具体人物，而是管理土地的土地神。关于正面

乞
（第4行第1字）

武
（第7行第10字）

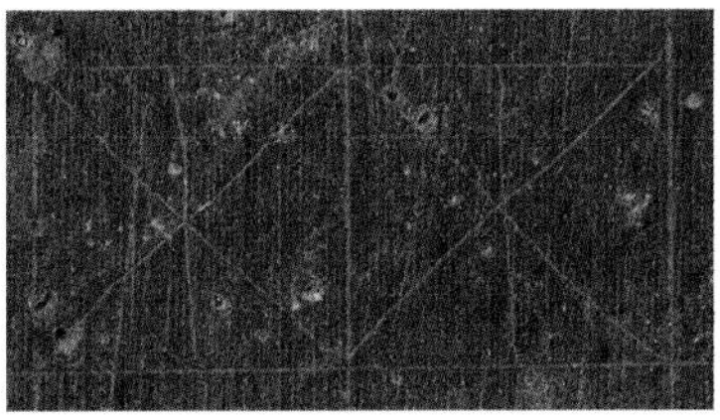

⋇部分
（背面中央上部）

次
（第1行第3字）

玄化寺遗址（上、下，1911年摄?）

第4行第1字的释读存在不同见解，但由于与世贤买地券第3行第5字的笔画相同，因此判读为“乞”字。第7行的“武”字，为避高丽第2代王惠宗（943—945在位）之讳而缺笔（即避讳缺笔）。值得注意的是最上段刻写的“高丽国”。对此，本书稻田执笔的《买地券文化与朝鲜半岛、日本》一文予以讨论。

阐祥买地券的石材，正背两面及侧面平整，左右上端部斜切。正背两面都划有纵横格线，其中正面的边线与四边吻合。背面的中央上部（从上第4行，从右第5、6列），方格中刻有⋇纹样。石材的正背两面表面都有薄薄的剥损部分，尤其是正面的左下方存在笔画损缺，但依然可以判断最后的两个方格原本就是空格。此外，可以确认正面有4字的笔画内尚存填朱（第1行第3字“次”，第6行第2字“一”，第7行第7字“北”，第9行第6字“侵”）。阐祥买地券制成当时，文字的阴刻部分填朱，从而使得全体文字都呈现为朱字。

阐禅买地券（左下视角）

【朝鲜半岛-3】

世贤买地券

年　代　高丽皇统三年（1143）

出土地　不详（朝鲜民主主义人民共和国黄海北道开丰郡?）

现藏地　韩国国立中央博物馆

材　质　石

尺　寸　长31.0厘米、宽27.0厘米、厚1.4厘米

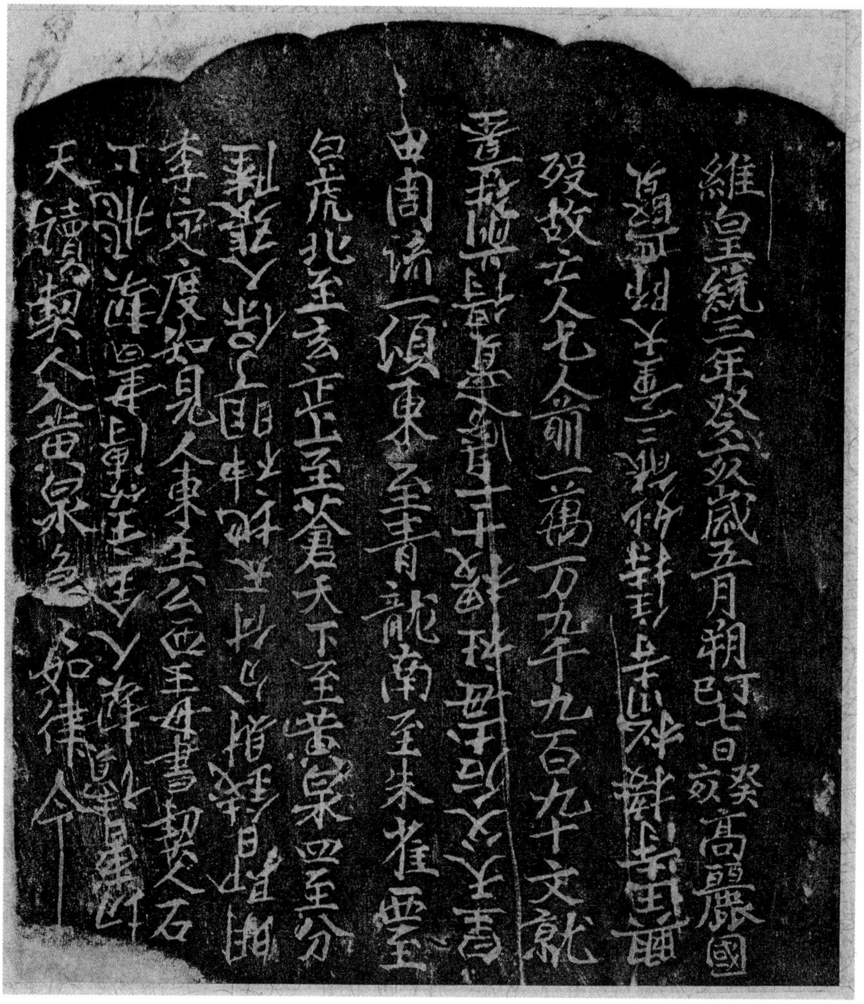

世贤买地券拓本正面

世贤买地券

【释文】

〈正面〉

维皇统三年癸亥岁五月朔丁巳七日癸亥高丽国

兴王寺接松川寺住持妙能三重大师世贤 ※

殁故亡人乞人前一萬万九千九百九十文就

皇天父后土母社稷十二边买得前件墓 ※

田周流一顷东至青龙南至朱雀西至

白虎北至玄武上至苍天下至黄泉四至分

明即日钱财分付天地神明了保人张陆 ※

李定度知见人东王公西王母书契人石

切〔功〕曹读契人金主簿书契飞上 ※

天读契人入黄泉急急如律令

（※行为倒书）

世贤买地券拓本背面

〈背面〉

维皇统三年癸亥岁五月朔丁巳七日癸亥高丽国

兴王寺接松川寺住持妙能三重大师世贤殁

故亡人乞人前一萬万九千九百九十文就皇天

父后土母

一顷

（背面的文字全部被擦抹）

【现代文翻译】

皇统三年癸亥之年，五月朔日丁巳，七日癸亥，起居（或邻接）于高丽国兴王寺的松川寺住持，谥号妙能，三重大师世贤亡故。依照故人的意愿，于人前，用一万九千九百九十文向皇天父、后土母、社稷十二边购买前述墓地，其面积一顷。（墓地）东至青龙，南至朱雀，西至白虎，北至玄武，上至苍天，下至黄泉，四至明了。即日钱财分付天地神明。保人为张陆、李定度，知见人（见证人）是东王公、西王母。书契人为石功曹，读契人是金主簿。书契人飞上天，读契人入黄泉。即刻如同律令一样施行。

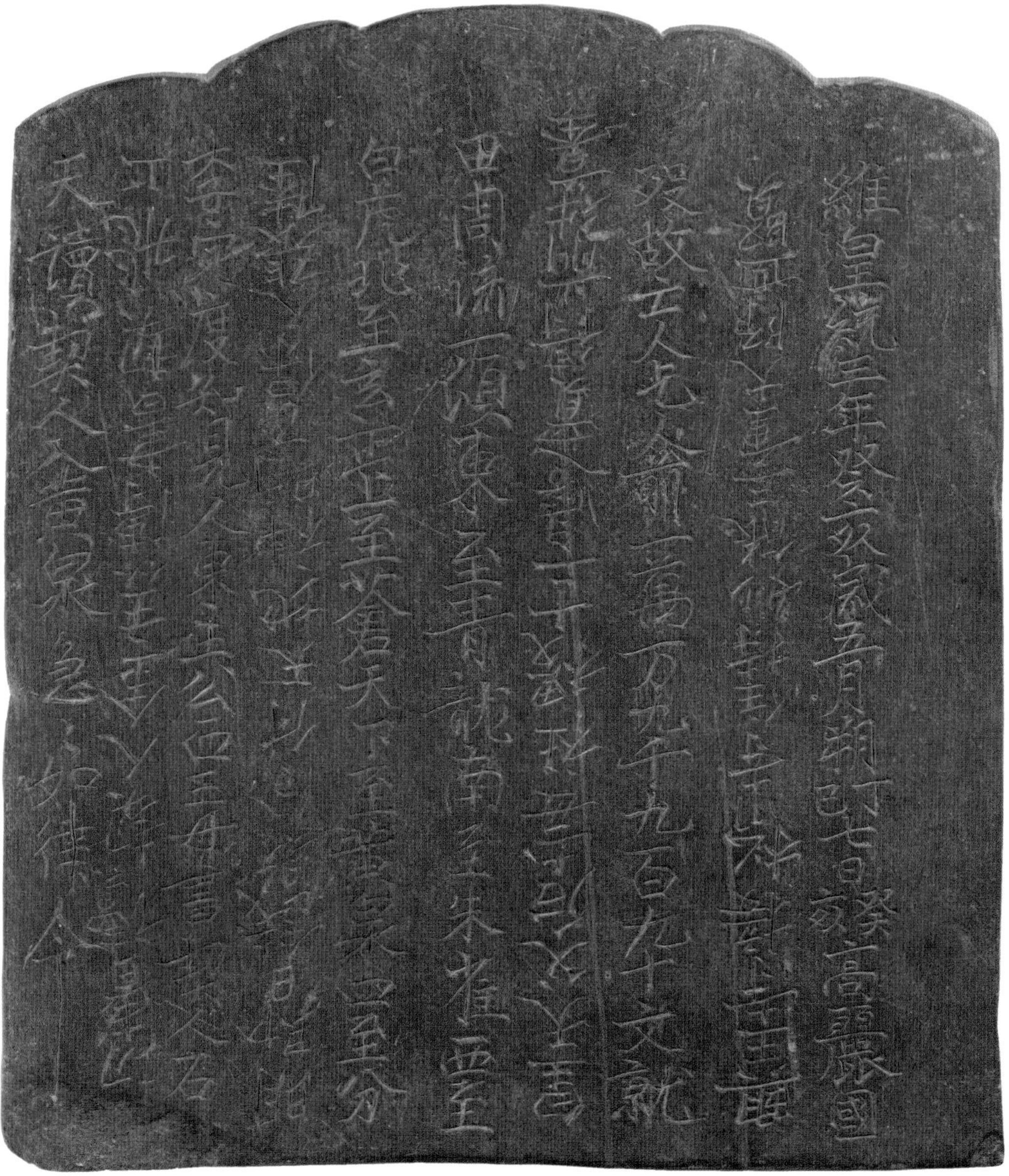

世贤买地券正面

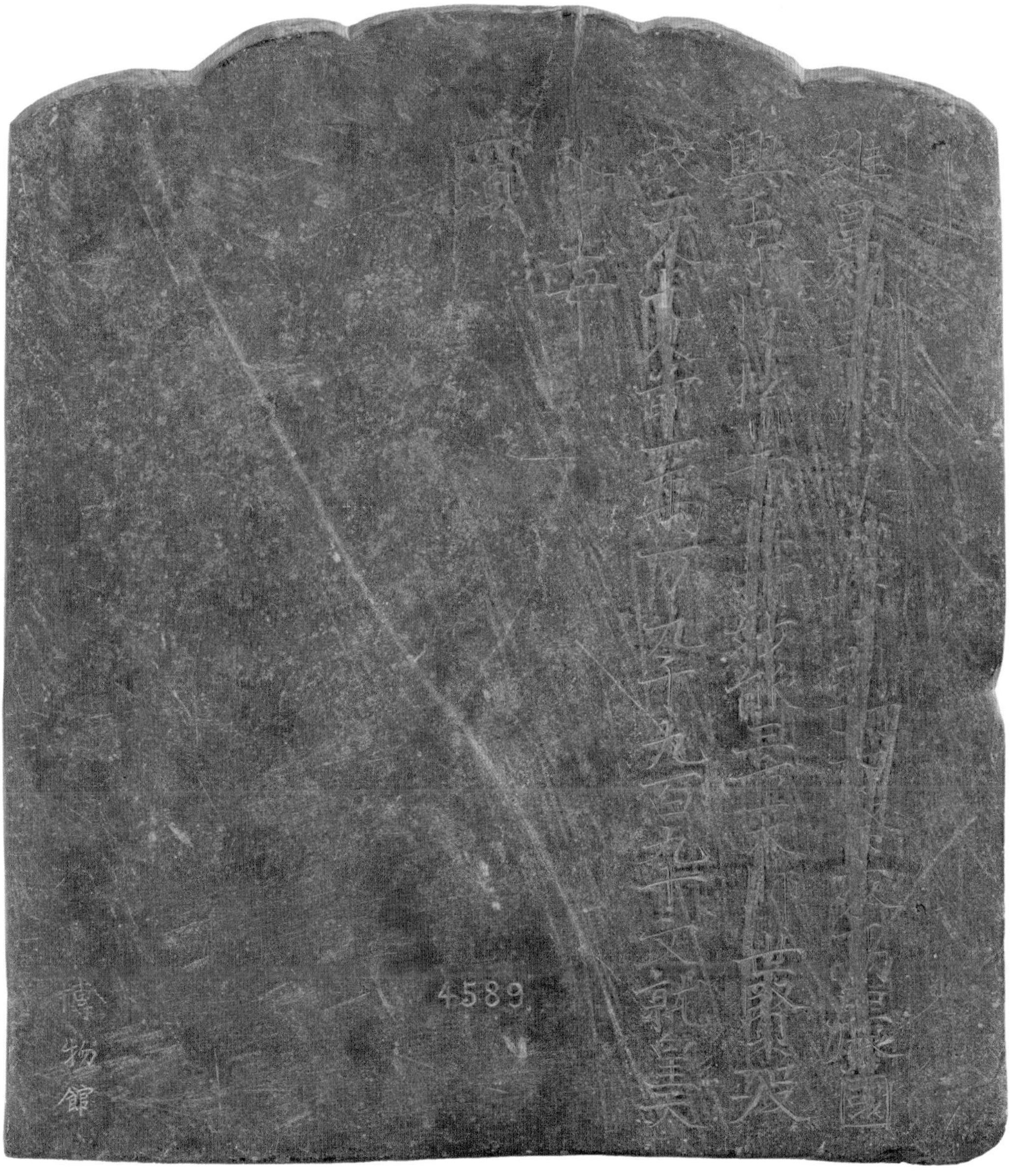

世贤买地券背面

【解说】

世贤买地券被《海东金石苑补遗》（1922年刊）收录，因此是很早就被世人知晓的资料［藤田，1963；李兰暎，1968；许兴植，1984；金龙善，2006、2012］。该买地券作成的1143年是高丽第17代王仁宗（1122—1146在位）的治世时代，由于此时的高丽臣属于金，接受金的册封，使用金的年号，因此券文刻记的纪年是“皇统三年”。世贤是松川寺住持，僧阶至三重大师（关于僧阶参照**朝鲜半岛-2**阐祥买地券解说）。兴王寺是高丽时代的代表性巨刹，位于距离首都开京较近的贞州德水县德积山（今开丰郡），是高丽第11代王文宗（1046—1083在位）的愿刹，1056年创建，1067年落成。文宗死后，该寺成为供奉其真影的华严宗的寺院［许兴植，1986；国立中央博物馆，2014］。

松川寺遗址（位于全罗南道光阳市）

世贤买地券最难解释的部分是“兴王寺接松川寺住持”文句。以往的研究解释其含义是“地理上邻接兴王寺的松川寺住持”，认为松川寺与兴王寺同样是开京周边的寺院［金龙善，2012；李宇泰，2012］。但是，目前尚没有可以佐证开京周边存在松川寺的史料或资料。此外，若松川寺仅是地理上邻接兴王寺，则似乎没有必要特别强调地写入买地券之中，并且从汉文的文法来看，“接”字的理解也尚存进一步探究的余地。

另一方面，在全罗南道光阳市曾存在名为松川寺的寺院。编纂于朝鲜王朝（李氏朝鲜）前期的《新增东国舆地胜览》“光阳县佛宇”条，记有白鸡山松川寺。又，朝鲜王朝后期的李宜显（1669—1745）所撰《白云山松川寺先觉国师碑铭并序》记载，该寺是为了供奉道诜（827—898）而创建的。道诜是新罗末期的禅僧，以风水地理说著称，主要在白鸡山玉龙寺活动，因预知高丽太祖出生等传说而被神格化，死后数度被追封，最终被高丽第17代王仁宗赠予“先觉国师”之号。依据碑铭内容，松川寺创建于高丽初期［李钟寿，2021］。有学者指出，随着对道诜的神格化不断加剧，出现了将寺院的创立假托于道诜的风潮［今西，1974］。但是从白鸡山玉龙寺周边的地理条件来看，与道诜的关系也不能一概否定。该寺于朝鲜王朝后期衰退，1855年被烧毁，现在只残存碑石与浮屠［顺天大学校博物馆、全罗南道光阳郡，1993］。

世贤买地券中的松川寺，若是指上述位于全罗南道的松川寺，则无法解释为地理上的“邻接”。但是高丽时代的王族出身僧侣或者位高僧侣，以患病或王命等为理由留在开京周边，同时任地方寺院住持职的“遥领”事例并不鲜见［金胤知，2021］。世贤的出身不详，但三重大师是出家的小君（庶出的王子）被赋予的起始僧阶［韩基汶，1998］，由此可以推测世贤或许出身于王族或有力门阀。“接”字的含义可能是指世贤任地方上的松川寺的住持，但却身居开京周边的兴王寺。不过，目前尚缺乏确定“接”字含义的决定性证据，因此本书在现代文翻译中并记两种解释。

世贤买地券的内容包括：世贤墓地购自皇天父、后土母、社稷十二边，价格19990文；墓地范围的六至境界分别以四神与苍天、黄泉表示，即日向天地神明交付了钱财；保证人是张陆、李定度，见证人东王公、西王母，书契人石功曹，读契人金主簿；书契人与读契人分别向天与黄泉报告买地契约事（参照**专栏-1**买地券中的诸神）。

世贤买地券所见的整体文章结构，在宋代买地券中有许多类似事例，因此与**朝鲜半岛-2**的共通点也很多，二者都是基于来自宋代的信息，沿循基本的范文而作成的［李宇泰，2012；高朋，2011］。宋代买地券中，“今有△△里（地名）殁故亡人○○（人名），……”句型的“殁故亡人”四字，其含义多指故人（参照**专栏-1**李才买地券），但世贤买地券中，世贤的人名出现在“殁故亡人”之前，因此在此释读为“世贤殁，故亡人”。

买地券石材的正背两面及侧面都经过细致的整形处理，上部呈云形。正面没有划界线，因此文字愈向左书，行与行的间距愈小，渐显拥挤。背面第1行的右侧可以确认有一条界线，背面刻文与正面同文，但没有刻完，亦无倒书且文字部分被抹擦，可能起初是从背面开始刻写的，但中途更改为一行顺书一行倒书的书写格式，再重新在正面刻写［李宇泰，2012］。正面也见数处细小的伤损，但皆为文字刻写后的痕迹，似是在土中或出土后所伤。正面的左下部分存在薄薄的剥损，但末尾的“令”字刻在倾斜部分之上，由此推测，在买地券制作时石材即有剥损。

兴王寺遗址（上、下，1942年摄）

世贤买地券（左下视角）

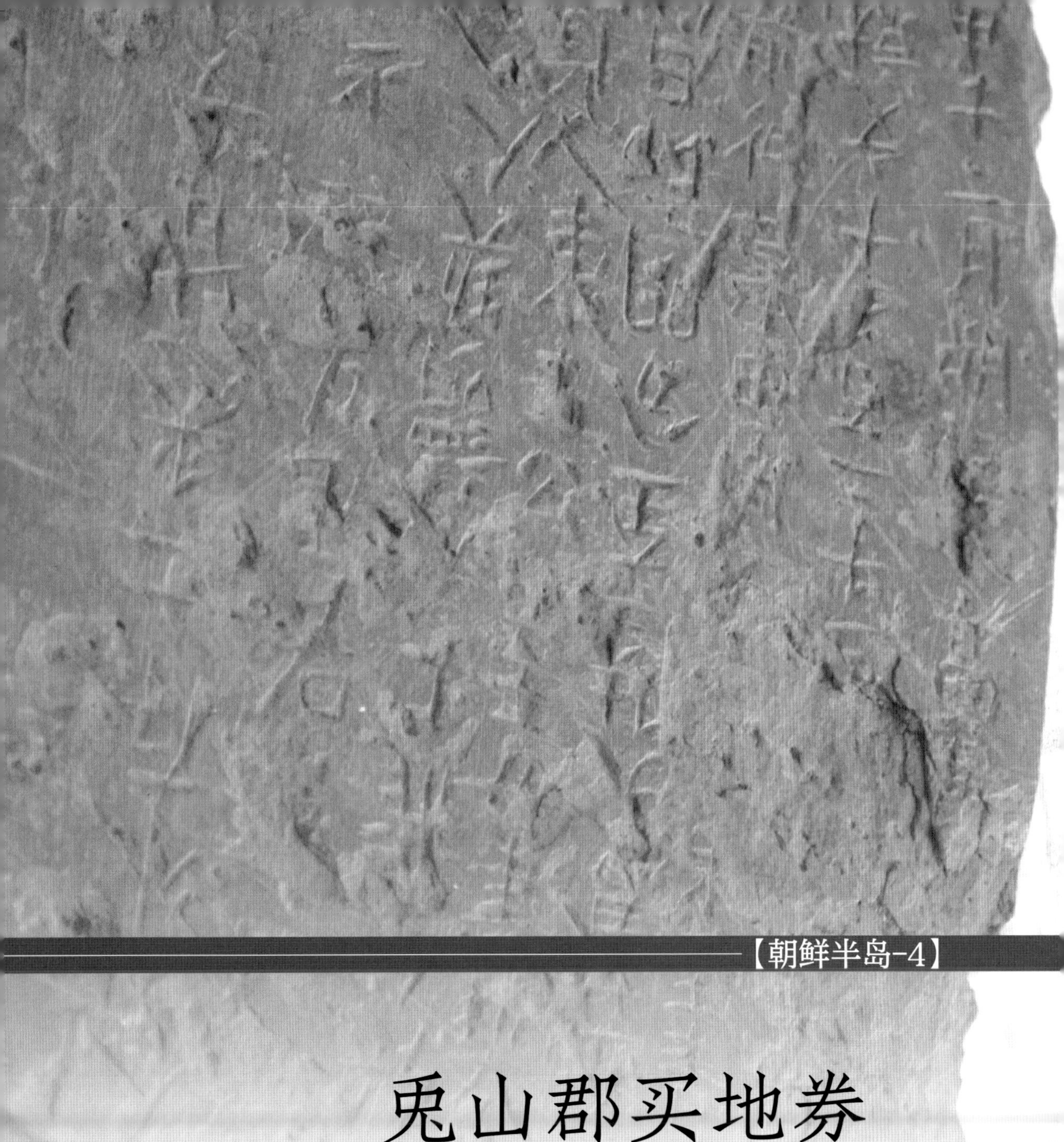

【朝鲜半岛-4】

兎山郡买地券

年　代　高丽甲子年（1204）

出土地　不详（朝鲜民主主义人民共和国黄海北道兎山郡?）

现藏地　东谷博物馆（韩国光州广域市）

材　质　石（粘板岩）

尺　寸　（现　状）长19.5厘米，宽14.0厘米，厚0.1—1.0厘米

　　　　（复原值）长约28厘米

兎山郡买地券

【释文】

×甲子二月朔己〔乙〕未高丽〔　　〕南面进×
×一所兎山郡□〔　　〕二千二百五十文就皇× ※
×买得前件墓田周流〔　　〕〔一顷？〕东至青龙西至白×
×□〔至？〕玄武上至苍天陆至分明即日钱财分付× ※
×陆李定度知见人东王公西王母书契人石功曹×
×簿书契人飞上天读契人入黄泉已后× ※
×先有居壹〔台〕者永避万里若违此约×
×人内外存亡悉皆安吉急急如五× ※
×青律令

（※行是倒书）

【复原释文】

〔　　〕甲子二月朔己〔乙〕未高丽〔　　〕南面进〔　　〕
〔　　〕一所兎山郡□〔　　〕二千二百五十文就皇天父后土母
社稷十二边买得前件墓田周流〔　　〕〔一顷？〕东至青龙西至白虎南至
朱雀北□〔至？〕玄武上至苍天陆至分明即日钱财分付天地神明
了保人张陆李定度知见人东王公西王母书契人石功曹读契
人金主簿书契人飞上天读契人入黄泉已后不得辄
有侵夺先有居壹〔台〕者永避万里若违此约地府主吏
自受〔或当〕其祸主〔或生〕人内外存亡悉皆安吉急急如五帝使
者女青律令

（绿色字为推测追补文字）

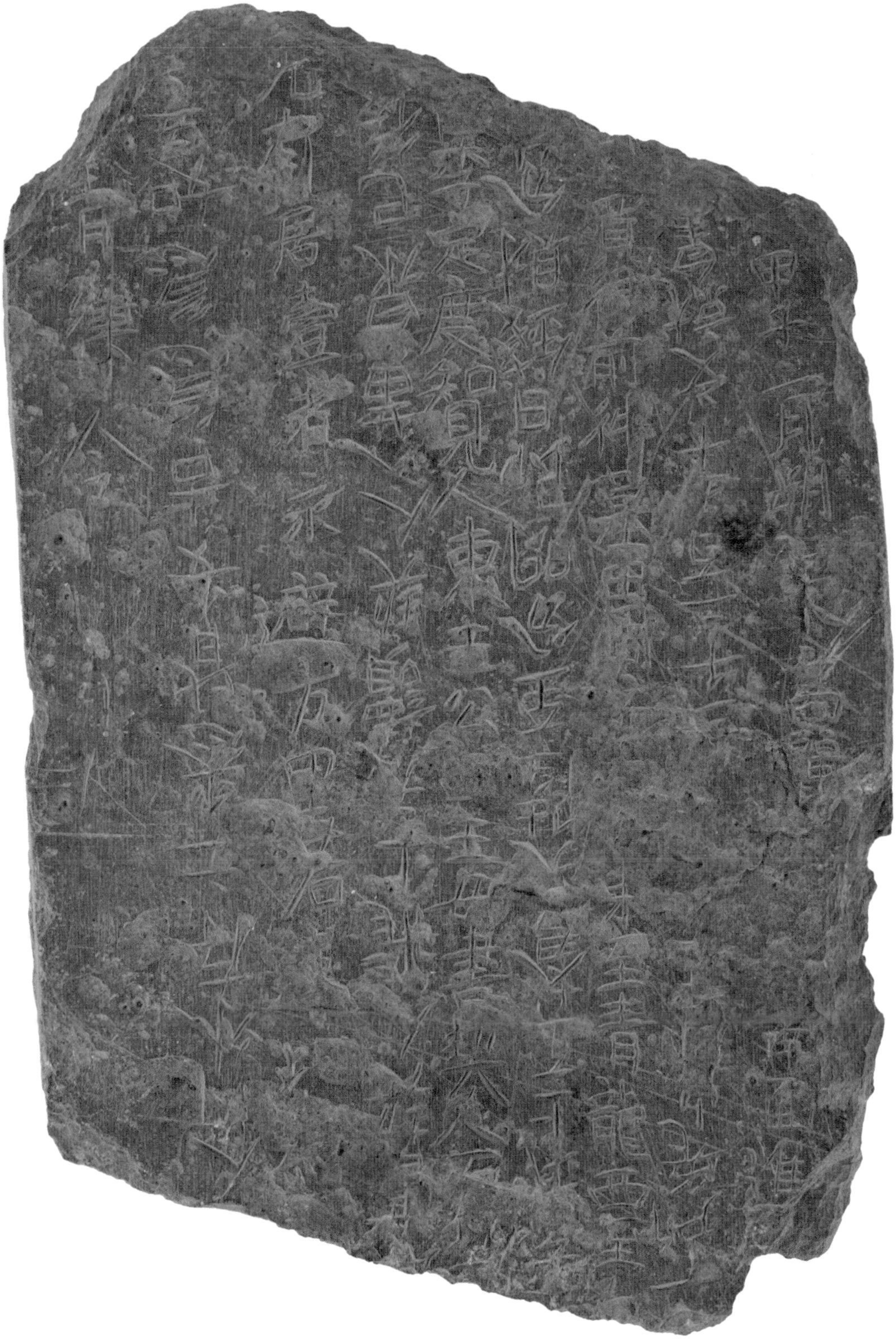

兎山郡买地券正面

【现代文翻译】

……甲子之年，二月朔日乙未，高丽……一所，兎山郡……以二千二百五十文向皇（天父与后土母、社稷十二边）购买前述墓地。其面积为一顷。（墓地）东至青龙，西至白（虎，南至朱雀，北）至玄武，上至苍天，六方境界明确。即日钱财分付（天地神明。保人张）陆与李定度，知见人（见证人）东王公与西王母，书契人石功曹，（读契人金主）簿。书契人与读契人分别前往天上与黄泉报告。以后（不得有妄为侵夺墓地者），此前葬于此处者，永远远避至千里之外。若违此约，（地府的冥官自受其祸，主）人及其相关之人，生者亡者皆安吉。即刻如同五（帝使者女）青律令一样施行。

兎山郡买地券（左下视角）

【解说】

兎山郡买地券是2010年介绍的新出资料［金龙善，2010、2016］，极有可能购买于朝鲜半岛南北分裂之前，目前捐赠给普文福祉财团经营的东谷博物馆，成为博物馆的藏品。由于内容与**朝鲜半岛-2**阐祥买地券（1141）和**朝鲜半岛-3**世贤买地券（1143）相近，因此第1行的“甲子”一直被解释为1144年，并且被葬者也被推测为僧侣，进而该券被命名为“（僧）某氏墓志铭”。但是，铭文中并没有确证被葬者为僧侣的内容，而有具体的地名，据此本书将该券称为“兎山郡买地券”。关于制成年代，由于二月一日为“乙未”的年应是1204年，而非1144年（1144年的二月一日是壬午），因此可推断买地券制作于高丽第21代王熙宗（1204—1211在位）即位的1204年（金的年号是泰和四年）。

东谷博物馆

买地券实物考察

根据《三国史记》卷三十五《地理志·新罗》的“兎山郡，本高句丽乌斯含达县，景德王改名，今因之。领县三”记载可知，兎山郡原本是高句丽的乌斯含达县，在统一新罗的景德王时代（742—765在位）改名为兎山郡，领辖安峡、朔邑（后改名为朔宁县）、伊川三县，现今是位于朝鲜民主主义人民共和国黄海北道东南部的兎山郡。

兎山郡买地券纵向长度的最长之处是在第2行附近，为19.5厘米，但若计算第7—

8行间的现存最上端与第2行的现存最下端延长线的长度，则有21.0厘米。推测买地券的原长大约为28厘米，是宽度的2倍。买地券的原材料是粘板岩，由于可剥离成薄片，高丽时代称之为青石，多用于制作墓志、棺椁、石塔等（承蒙东谷博物馆馆长金大焕赐教）。兎山郡买地券也是利用粘板岩剥离、加工而成的。相对于正面的细致平整，背面则因没有充分平整而残留着凹凸不平的部分，使得买地券在制成之时就厚度不均。

该买地券仅有正面镌刻文字，阴刻，不见朱墨痕迹及界线等。石面的上下存在较大的损缺，只有左边与右边的中央部残存着原有的侧面。由于粘板岩的剥离，表面有多处削损，造成文字无法辨识、释读。文字的书写格式与世贤买地券相同，为一行顺书、一行逆书，但文字的大小、字的排列不均，显示出镌刻的底稿比较随意。

关于上下损缺部分的文字，可以确定第3行末尾至第4行冒头有“虎南至朱雀北”6字缺损，由此推测各行的上下各欠缺2—5字。由于该券文不少内容与前述的**朝鲜半岛-2、3**或者中国宋代买地券中常用的典型文句表现相近，因此可以相当程度地复原出损缺部分的记述内容。例如，第2行后半至第6行中间的券文，几乎与**朝鲜半岛-3**的内容相同；第6行末尾至第7行前半，与**朝鲜半岛-2**相近。而第7—8行，则可以参考中国宋代买地券中的“先有居住，永避万里。若违此约分付，地府主吏自其祸。主人内外存亡安吉。急急如律令”［房庶买地券，1066］；“先有居者，万里避去。不得忏悋。若违此约，地府主吏自受其祸。主人内外存亡家安墓吉。急急一如九地使者律令”［仲昌言买地券，1171］；“今直符，故气邪精，不得忏悋。如有此色，永避万里。若违此约，地府主者自当其祸。生人内外存亡安乐吉昌。急急如五帝女青律令”［宋故萧公陈氏地券，1124］等事例。

关于第4行的“陆至”，中国宋代买地券中，如“买得前件墓田一所。东至青龙，西至白虎，南至朱雀，北至玄武，上至苍天，下至黄泉，四至分明。即日钱财付与地神了”［杨氏买地券，1133］等事例，一般使用“四至分明”之句［成都文物考古研究所等，2012］，但也有如“买到前件墓田。六至如后。东至青龙，西至白虎，南至朱雀，北至玄武，上至苍天，下至黄泉，六至分明。钱财即日分付了足”［戚安买地券，1127］等数例事例，使用“六至”用词［李明晓，2020］。因此，尽管兎山郡买地券缺少“下至黄泉”之句，但依然可以将“陆至”解释为表现东、西、南、北、上、下六方的用词。北宋马德元买地券，是与兎山郡买地券用语具有极高共通性的事例，本书附以图版作为参考之例加以介绍（参照152页）［程义、李郁宏，2008］。

经过复原可知兎山郡买地券的内容包括：作为甲子年二月朔日乙未亡故的被葬者的葬地，从皇天父（与后土母、社稷十二边）处购买了兎山郡的土地，保人张陆、李定度，见证人东王父、西王母，书契人石功曹，恐也有读契人金主簿之名（参照**专栏-1 买地券中的诸神**）；禁止侵夺墓地，驱逐先前的埋葬者等，若有违约，则由冥府官吏承担责任；券文的末尾命令遵循“五帝使者女青律令”施行。

自5世纪以来，女青就是出现于买地券中的神仙名。道教经典中常见“女青鬼律”用语，女青被视为天帝的使者，传达天帝之法，其法具有除去疾病、诅咒、灾害等效果，买地券书写女青的目的也是期待有镇墓的功效［黄景春，2003a；高朋，2011］。总之，可以说兎山郡买地券是记述与神仙契约的宋代以后的定式买地券事例。值得注意的是，墓地的价格为“二千二百五十文”。这与多数买地券事例使用多重“九”来表现非现实的金额数不同，或许也存在反映现实性金额的可能性。买地券第1—2行似是记载了被葬者名、墓地所在位置，但遗憾的是因缺损太多而无法知晓。高丽买地券现仅存3件，从时间上看，兎山郡买地券与**朝鲜半岛-2、3**相隔60年以上，因此买地券文化并不是限于极短时期的时效性文化，而是具有一定程度习俗性、普及性的文化。

买地券展示状况

兎山郡买地券背面

兎山郡买地券侧面（天、右、地、左）

〔参考〕马德元买地券

年　代　北宋政和七年(1117)
出土地　陕西省宝鸡市
现藏地　宝鸡青铜器博物院
材　质　砖
尺　寸　长31.5厘米，宽31厘米，厚4.9厘米

【释文】

维南瞻部州大宋国修罗管界陇州吴山县仁
丰乡泉项社殁故亡人马德元于政和七年　※
岁次丁酉先于姓斩草讫十月二十五日己卯破
土于村东后掌房亲马继卒地内草坟一所　※
十一月乙酉朔十八日壬寅葬今用行钱九万九
千九百九文就比皇天父后土社稷十二边处　※
买得前件墓田周流一顷东至青龙西至白虎
南至朱雀北至玄武上至天仓〔苍〕下至皇〔黄〕泉六至　※
分明即日钱财分付与天地神大〔明？〕保人张坚李定杜
知见人东王翁西王母书功曹伏契人金主　※
行契人飞上天读契人入皇〔黄〕泉急急如律令
马翁墓志　※

（※行是倒书）

【现代文翻译】

南瞻部州大宋国修罗管界陇州吴山县仁丰乡泉项社故人马德元于政和七年丁酉，先依五音五姓法斩草完毕。十月二十五日己卯，在位于村东后山的宗亲马继卒的土地内，掘土造墓一座。十一月乙酉朔日，十八日壬寅埋葬。今用钱九万九千九百九文从皇天父、后土、社稷十二边处购买前述墓地。面积一顷。（墓地）东至青龙，西至白虎，南至朱雀，北至玄武，上至苍天，下至黄泉，六方境界分明。即日钱财分付天地神明。保人张坚、李定杜。知见人（见证人）东王翁与西王母。书（契人）功曹，伏契人金主。行契人飞上天，读契人入黄泉。即刻如同律令一样施行。马翁墓志。

马德元买地券（上：正面；下：背面）

【专栏-5】

金柱臣墓域的埋志

李宇泰（首尔市立大学校 名誉教授）

朝鲜王朝时代，没有买地券，但为了明确墓域的所有，存在与一般墓志不同的埋志。（韩国）国立中央博物馆刊《朝鲜墓志铭Ⅰ》［历史资料丛书11，2011］中介绍的金一振与金柱臣的墓志，就是与一般墓志不同的事例，其内容是要求子孙及其他人保护墓域，禁止侵犯。

虽然《朝鲜墓志铭Ⅰ》仍然称之为“墓志”，但是“金柱臣墓志”是金柱臣死前13年的埋入之物，内容是叙述金柱臣自身要求其死后葬于此地。又，“金一振墓志”的其中1方，首题是“先墓茔域后埋志”。因此这些金石文不能称为墓志，但也与买地券的性质不同，故不知应如何称呼为好。正因如此，这些金石文的作者、埋者金柱臣以“葬山铭”或“埋志”冠名。“葬山铭”的含义是“埋于山的文章”，“埋志”也是“埋的文章”之意。因此本文取“埋于墓所的文章”之意，称之为“墓域埋志”。

* * *

应称为“墓域埋志”的资料有5方，全部是金柱臣所埋的金石资料。其中4方发现于其父金一振墓的周边，1方被埋在金柱臣本人的墓所。以年代顺序列举如下：

A 寿谷散人葬山铭（1708）

B 先墓茔域后埋志（1709）

C 埋志（1714）

D 埋志（1717）

E 龙尾后埋志（年代未详）

A 寿谷散人葬山铭是金柱臣埋入自身墓所之物。首题的“寿谷”是其雅号，“散人”是雅号之下常见的谦逊用语。时间上，该葬山铭最早，埋入时间是金柱臣48岁之时，内容表达了他要将自身的墓建在位于父亲墓前的此地，言明“此地即大慈洞金氏先垅也。不葬余此山而葬余他山者，非吾子孙也”。

B 先墓茔域后埋志　埋入时间是在A的翌年，其内容最为丰富。首题“先墓茔域后

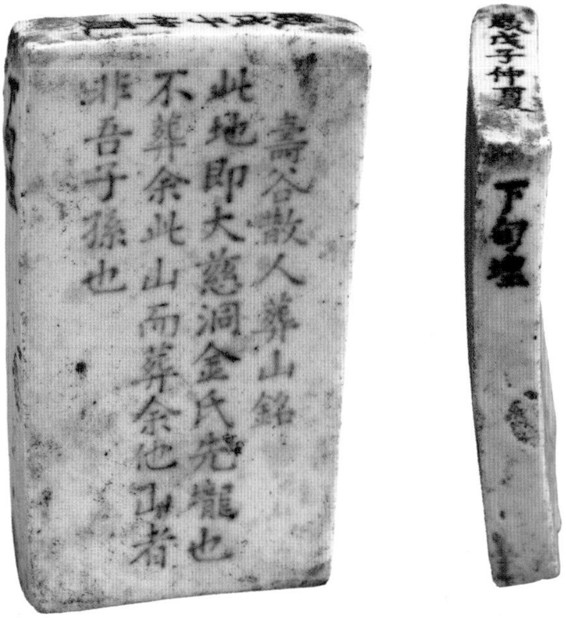

A 寿谷散人葬山铭（1708，左：正面；右：侧面）

埋志”的含义是“埋于先考（亡父）墓域后方的志”。其内容如下：

> 呜呼，此地之下的第一位大墓是我亡父赠领议政府君与亡母赠贞敬夫人所在之地。今世，倒葬（子孙墓地位于祖先墓地的上方）之风颇盛。此山地形急峻，若葬于此地则有居高压下的忧患。百世之后，若子孙中有人葬于此，则不是我的子孙。若非我子孙者葬于此，就是原本我憎恨的人。一定有未散的精魄，给其人带来祸灾。后世之人中，若有读到此文者，希望将此志埋得更深，远远地避退，不冒犯此地。己丑年（1709）十月下旬，孤哀子辅国崇禄大夫、领敦宁府事、庆恩府院君金柱臣拭血泪谨记。
>
> （呜呼，此下第一位大葬之地，即我先考赠领议政府君及先妣赠贞敬夫人，衣冠之藏也。今世多有倒葬之规，而此山地形峻急，若葬于此地则有压临之患。百世之后，吾子孙中有葬于此者，则非吾子孙也。非吾子孙而有葬于此者，则吾本抱恨之人也。必有未散之精魄，酿祸于其人。后之人见此一片志者，其尚深埋而远避，毋犯兹土焉。岁己丑十月下旬，孤哀子辅国崇禄大夫领敦宁府事庆恩府院君金柱臣，抆血谨书。）

在此值得注意的内容是，金柱臣要求自己的墓不能建在其父之墓的后方（墓是面向山谷方向而建，因此其后就是山）。即警惕所谓的“倒葬”。“倒葬”就是子孙的墓建在比先祖墓高的地方，即位于接近主峰的地方，是儒家禁忌的行为。同时埋志文也包含警戒非其子孙者在此造墓即“偷葬”的内容。“偷葬”也被称为“暗葬”，是“避人眼目，在他人墓地或山林埋葬的行为”。朝鲜王朝时代后期，偷葬是常见的犯罪行为，也是造成山讼（有关墓地的诉讼）的主要原因。以上记载内容在其后的埋志中反复被强调。

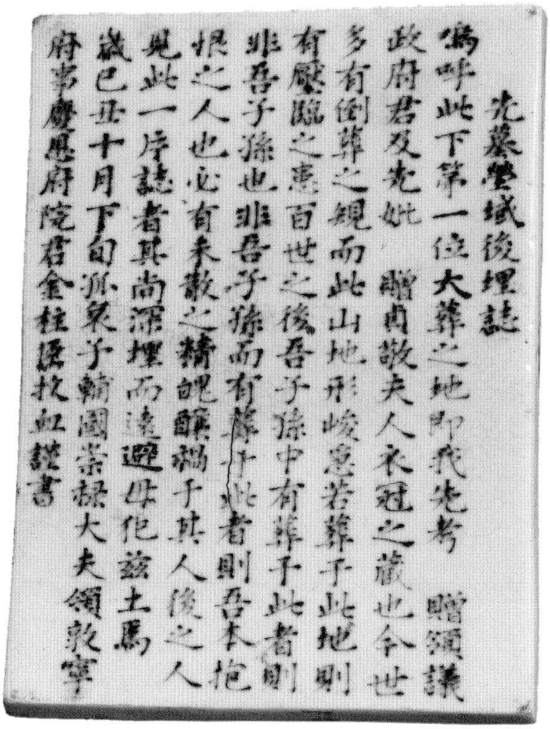
先墓塋域後埋誌
嗚呼此下第一位大葬之地即我先考　贈領議
政府君及先妣　贈貞敬夫人衣冠之藏也今世
多有倒葬之規而此山地形峻急若葬于此地則
有壓臨之患百世之後吾子孫中有葬于此者則
非吾子孫也非吾子孫而有葬于此者則吾本抱
恨之人也必有未散之精魄醻禍于其人後之人
見此一片誌者其尚深埋而遠避毋犯茲土焉
歲己丑十月下旬孤哀子輔國崇祿大夫領敦寧
府事慶恩府院君金柱臣拭血謹書

B先墓茔域后埋志（1709）

C埋志（1714）

C埋志和D埋志的内容与B非常相似，其具体内容如下：

C　呜呼，此下约十数步的大墓是我亡父赠领议政府君与亡母赠贞敬夫人的墓所。今世，倒葬之风颇盛。此山地形急峻，若葬于此地则有居高压下的忧患。百世之后，若我的子孙中有人被风水地理家之言所迷惑而葬于此，则其就不是我的子孙。后世之人中，若有读到此文者，希望将此志埋得更深，而不冒犯此地。甲午年（1714）夏，孤哀子辅国崇禄大夫、领敦宁府事、庆恩府院君金柱臣拭血泪谨记。

（呜呼，此下十数步许大葬之地，即我先考赠领议政府君及先妣赠贞敬夫人衣冠之藏也。今世有倒葬之规，而此山地形峻急，若葬于此地，则有压临之患。百世之后，吾子孙中有惑于堪舆家说，而葬于此者，则非吾子孙也。后之人见此一片志者，其尚深埋而毋犯兹土焉。岁甲午夏，孤哀子辅国崇禄大夫领敦宁府事庆恩府院君金柱臣，抆血谨书）

D　呜呼，此下约十数步的大墓是我亡父与亡母的墓所。今世，倒葬之风颇盛。此山地形急峻，若葬于此地则有居高压下的忧患。百世之后，若有葬于此者，就是原本我憎恨的人。一定有未散的精魄，给其人带来祸灾。后世之人中，若有读到此文者，将此志埋得更深，而不冒犯此地。孤哀子庆恩府院君金柱臣拭血泪记。丁酉年（1717）八月上旬埋。

（呜呼，此下十余步许大葬之地，即我先考先妣衣冠之藏也。今世有倒葬之规，而此山地势峻急，若葬于此地，则有压临之患。百世之后，有葬于此者，则吾本抱恨之人也。必有未散之精魄，酿祸于其人。后之人见此一片志者，其尚深埋而毋犯兹土焉。孤哀子庆恩府院君金柱臣，抆血书。岁丁酉八月上旬埋。）

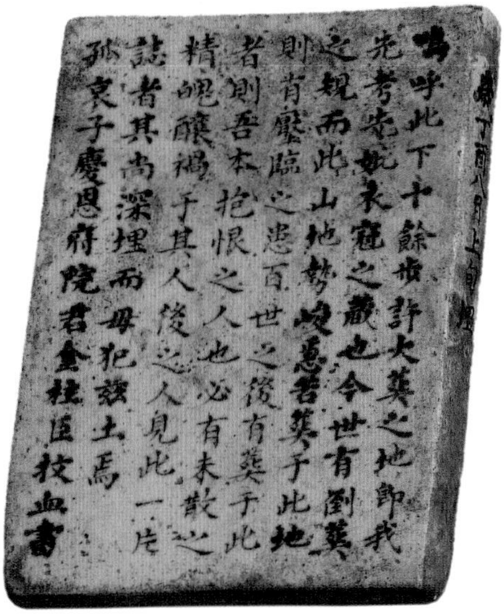

D埋志（1717）

最后，年代不详的E**龙尾后埋志**的内容非常简略：

呜呼，此处为我亡父赠领议政金公的墓域。儿子庆恩府院君柱臣谨记，埋于龙尾（封坟背后如尾部分）后。

（呜呼，此吾先考赠领议政金公茔域也。男庆恩府院君柱臣谨志，埋于龙尾后。）

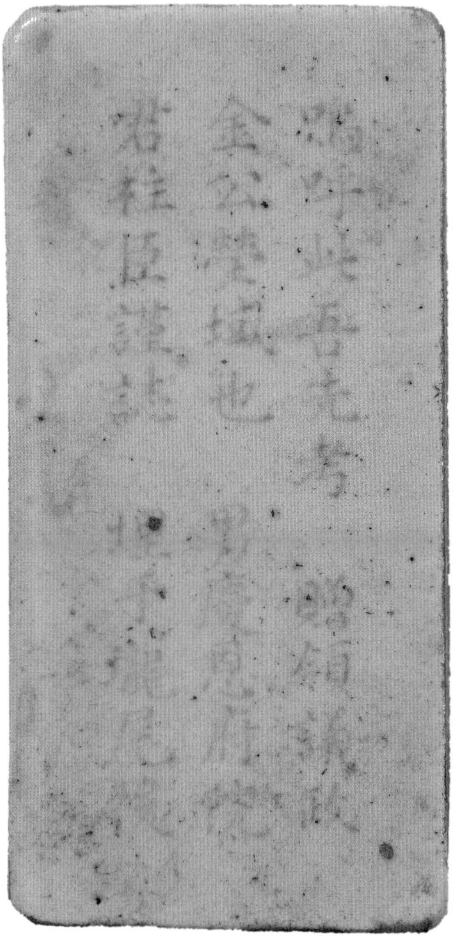

E龙尾后埋志（年代未详）

* * *

金柱臣（1661—1721）的原籍是庆州，号寿谷。祖父是礼曹判书金南重，父亲是生员（科举考试的一种即生员试的合格者）金一振。金柱臣于1686年（肃宗十二年）生员试合格，1702年其女作为肃宗的继妃（王的后妻）成为仁元王后，由此他被封领敦宁府事、庆恩府院君，兼任扈卫大将。其父金一振（1633—1665）很年轻时就已是成均馆的生员，但在金柱臣5岁时，年仅33岁的金一

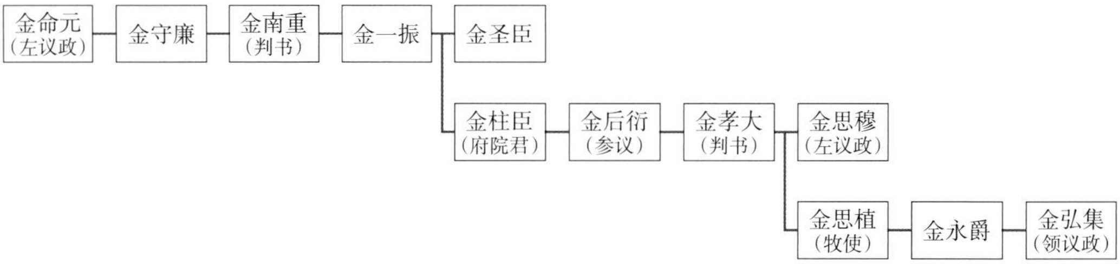

庆州金氏金柱臣家系图

振去世，后被追赠为领议政。

金柱臣对父亲怀有无比至上的孝行心，每月前去扫墓一次，1709年为了向父亲金一振墓地祭祀，在墓域入口建造了“永思亭”的斋舍，现今该建筑依然很好地被保存。又，根据金柱臣神道碑的记述，他时常向子孙表达死后须埋葬于亡父墓前的愿望。这与前述的禁止倒葬的埋志内容一致。由于金柱臣至极的孝行心，其死后，被赐“孝简”谥号。

上述埋志的发现地点位于京畿道高阳市德阳区大慈洞山26-1的“庆州金氏墓域”。现今以金一振、金柱臣墓为首的庆州金氏一族墓的保存状态很好。其五代孙朝鲜王朝最后的领议政金弘集的墓也在金柱臣墓的旁边。这些墓的保存或许是得益于埋志的存在。

永思亭

金弘集墓

金柱臣墓

金柱臣神道碑

【日本-1】

矢田部益足买地券

年　代　奈良时代天平宝字七年（763）

出土地　日本冈山县仓敷市真备町尾崎

现藏地　个人藏，仓敷考古馆寄存代管

材　质　砖（2方）

尺　寸　A：长41.8厘米，宽19.9厘米，厚1.6—2.1厘米

　　　　B：长41.8厘米，宽21.6厘米，厚1.6—2.0厘米

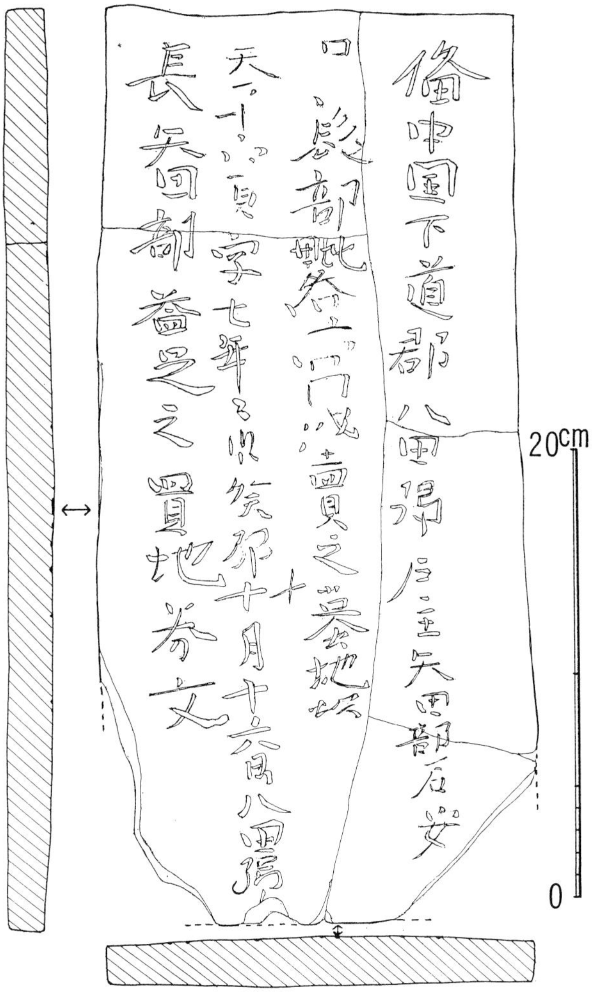

矢田部益足买地券A示意图

矢田部益足买地券A

【释文】

备中国下道郡八田乡户主矢田部石安
口白发部毗登富比卖之墓地以
天平宝字七年年次癸卯十月十六日八田乡
长矢田部益足之买地券文

【现代文翻译】

备中国下道郡八田乡的户主矢田部石安的户口白发部毗登富比卖的墓地。天平宝字七年癸卯十月十六日，八田乡长矢田部益足买地券文。

矢田部益足买地券A正面

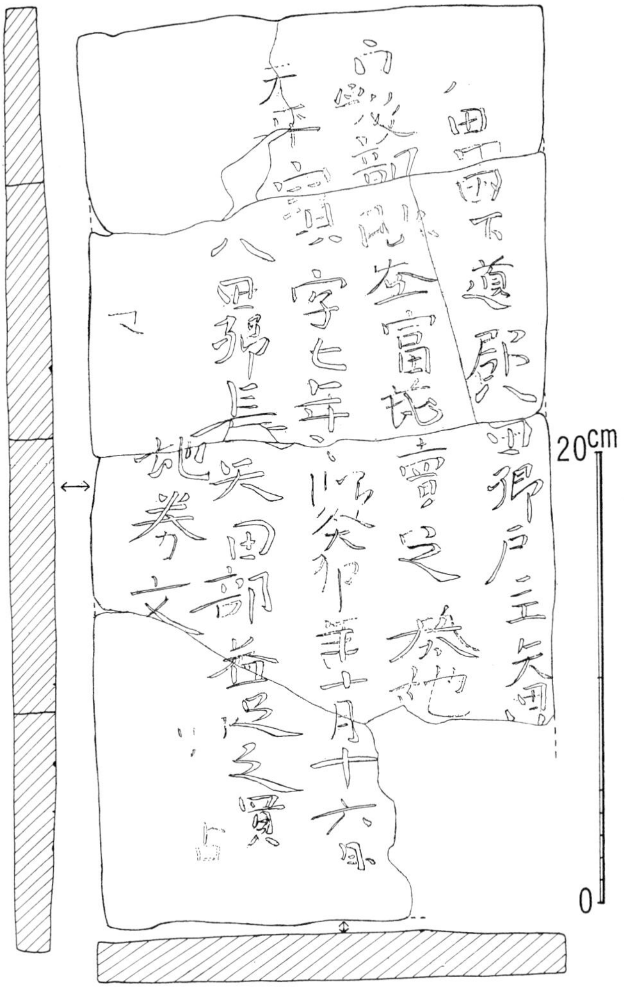

矢田部益足买地券B示意图

矢田部益足买地券B

【释文】

备中国下道郡八田乡户主矢田□[部]×

白□[发]部□[毗]登富□[比]卖之墓×

天平宝字七年年次癸卯年十月十六日

八田乡长矢田部益足之买

地券文

【现代文翻译】

同A。

矢田部益足买地券B正面

【解说】

两方砖（以A、B区别）所记载的内容几乎相同，笔迹也是源自同一人物。依据江户时代以来的记录，矢田部益足买地券的两方砖似是同时出土的文物，发现于文政年间（1818—1830），由土地所有者之家代代保管。在相传为出土地点的山谷周边，日本古坟时代后期至终末期（5世纪末至7世纪）的坟墓集中，显示出该地是当时的墓域［间壁，1980］。

在江户末期（1839）的记录中，与买地券同时，还发现了装有小金银块的铜器瓶以及古镞。但是这些物品现都已不存，因此无法判断是否是伴随买地券之物。矢田部益足买地券的现状，A裂为5片，B裂为6片，两方买地券的下端均存在缺损的部分。断口是旧痕，并不是人为所致，推测是土压等原因而造成的破裂［间壁，1980］。或许是砖成型时所用的黏土块的接缝断裂。关于出现A、B两方买地券，有见解认为，字排列随意的B为底稿或备品，而A是誊写。但是，也存在买地券制作初始就是制作、埋入两方买地券的可能性。如同后述，A砖的加工也比B砖更为细致。

买地券的出土地点相当于古代备中国下道郡八田乡，是矢田部氏的根据地。相邻的窪屋郡有白发部乡（后改名为真壁乡），根据“备中国天平十一年（739）大税负死亡人帐”［《大日本古文书》（编年文书）第2卷，第247—252页］，白发部乡存在名为“白发部首智麻吕”之人。“首”是姓（kabane）的一种，附在氏族名（白发部）之后，是表示家系的称号。天平胜宝九岁（757）至宝龟元年（770），圣武天皇之讳“首”字被禁止用于姓名，天平宝字七年（763）制成的矢田部益足买地券也以“毗登”（hito）二字替代“首”（obito）字。关于该时期的“首”与“毗登”的改写，史书等没有直接的记述，因此可以说“毗登”二字是对认为矢田部益足买地券为后世伪作之说的有力反证［岸，1980b］。释文中“年次”的表记也是相同的，在多使用“岁次”用语的奈良时代，“年次”的事例并不太多，因此“年次”用法一直被怀疑是伪作，但是和歌山县小川八幡神社大般若经中的天平写经跋记有“天平十四年年次癸[壬?]午三月中旬”（卷二四一）等文句［山口，2022］，可以说“年次”用法并

买地券出土地现状

不能成为伪作说的根据。

根据券文内容可知，矢田部石安是居住于八田乡的户主（最末端行政单位户的家长），因其户口（户的组成人员）白发部毗登富比卖死亡而购买墓地，但购买者是八田乡乡长（管理乡内行政事务之长）的矢田部益足。富比卖，依据名字判断是女性，与户主石安的关系不详。在前近代日本，结婚后的女性，其姓氏也是不变的，因此可能是石安的母亲或妻子。富比卖与乡长益足的关系也是不详的，但益足与石安同为矢田部氏，由此可以推测可能是亲属关系。此外，基于中国的买地券大多是被葬者为墓地的买主，以及益足的“乡长”头衔，有学者认为益足相当于保人或见证人，而买主是被葬者富比卖［岸，1980b］。尽管在当时的土地卖券史料中，乡长作为证人署名的事例不少见，但是能否如此解释明记“益足之买地券文”的买地券，实存有疑问（参照稻田：《买地券文化与朝鲜半岛、日本》）。

关于相同内容的A、B两方的存在，中国的买地券中也有为卖主与买主制作两件买地券的事例，而且若将A、B两砖左右并排放在一起，则是边长约42厘米的正方形，因此也有见解认为，矢田部益足买地券继承了中国的剖符“箣”传统［岸，1980b］。然而，A砖表面因磨平处理细致而平滑，与此相对，B砖表面的磨平处理却不充分，残留凹凸，正面左端中央有手指的压痕。虽然A与B的胎土及烧制皆是共通的，但由于最后的加工处理存在细致程度相异，因此很难认为A、B是一分为二的结果，二者原本就是两方各自制成的砖。

在下道郡相邻的小田郡，自矢田部益足买地券出土地点直线距离4千米左右的地方，元禄十二年（1699）发现了下道圀胜圀依母夫人墓志，在收藏火葬骨的铜制藏骨器的盖上，镌刻着包含和铜元年（708）纪年的墓志铭文，根据内容可知被葬者是吉备真备的祖母（参照169页）［奈良国立文化财研究所飞鸟资料馆，1979］。吉备真备出身于下道氏，留学唐朝17年后归国，从唐朝带回了许多书籍、器物，也是东宫阿倍内亲王的学士，最终官至右大臣。在日本古代，确认的墓志只有16件，其中地方出土的墓志仅为2件，一件就是吉备真备的祖母墓志，由此可以推测，正是辈出真备这样人才的氏族，才有接受中国墓志文化的机会。

与下道圀胜圀依母夫人不同，矢田部益足买地券中的白发部毗登富比卖是庶民阶层的女性，为何能为这样的人物制作买地券，依然是疑问［间壁，2019］。铭文记载的天平宝字七年（763），当时的吉备真备正在大宰大贰官职的任上，虽不在中央政界的第一线，但作为有力官僚依然担负着连接故乡与朝廷的作用。在此社会背景下，买地券文化传至此地，进而出现了矢田部益足买地券的制成与埋入。

矢田部益足买地券A背面

矢田部益足买地券B背面

墓志出土地（史迹下道氏墓）现状

买地券实物考察

下道圀胜圀依母夫人墓志（复制）

[参考]

下道圀胜圀依母夫人墓志

年　代　奈良时代和铜元年(708)

出土地　日本冈山县小田郡矢挂町东三成

现藏地　神游山圀胜寺

材　质　铜

尺　寸　盖最大径23.7厘米，全高23.1厘米

【释文】

〈中圈〉

铭　下道圀胜弟圀依朝臣右二人母夫人之骨藏器故知后人明不可移破

〈外圈〉

以和铜元年岁次戊申十一月廿七日己［乙］酉成

【现代文翻译】

（在此刻）记。（此是）下道圀胜与弟圀依朝臣二人的母亲夫人藏骨器。因此，告知后人，决不可以（将此器）移至他处或加以破坏。和铜元年戊申十一月二十七日己［乙］酉制成（此器）。

矢田部益足买地券A、B

【日本-2】

宫之本遗址出土买地券

年　代　奈良—平安时代（8世纪中叶至9世纪）

出土地　日本福冈县太宰府市大字向佐野　宫之本遗址

现藏地　太宰府市教育委员会

材　质　铅 · 墨书

尺　寸　（现　状）长35.2厘米，宽9.5厘米，厚0.2厘米

（复原值）长35.8厘米，宽10厘米以上

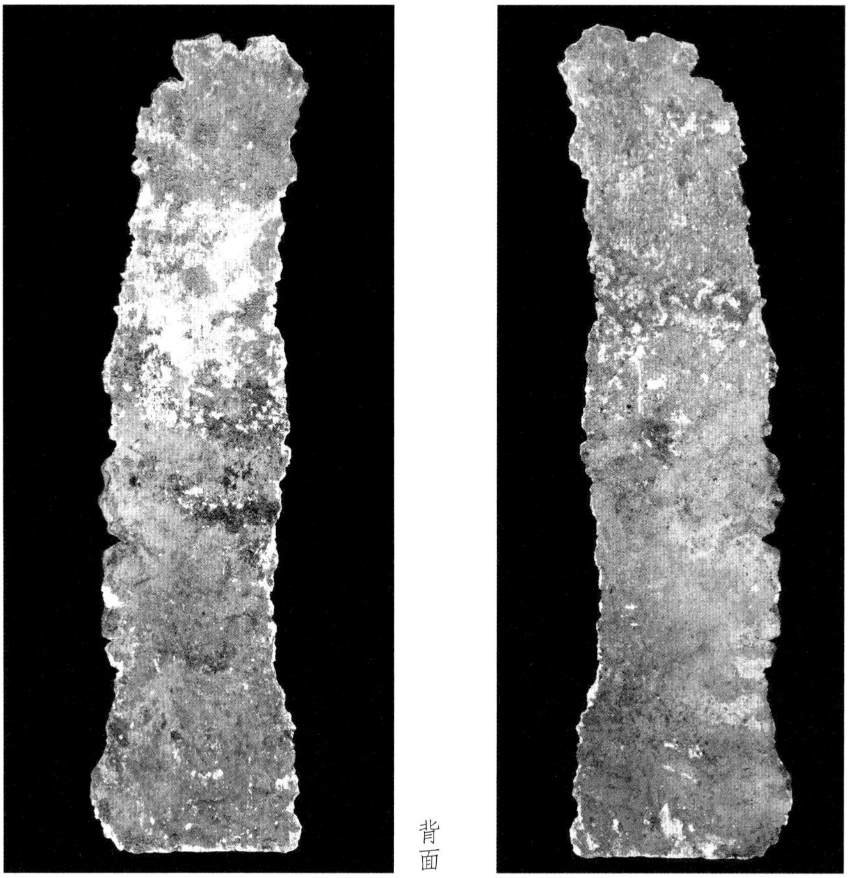

背面　正面

宫之本遗址出土买地券（1979年摄）

宫之本遗址出土买地券

【释文】

□　□　□□

□□成□死去为其□坐男好雄父母之地自宅得□方有
其地之寂静四方□□□可故买给方丈地其直钱贰拾
伍文锹一口绢伍尺调布伍□白绵一目此吾也[地？]给故灵平
安静坐子子孙孙□□□全官冠封禄不绝入[令？]有位七珎
敬白

【现代文翻译】

……死去。为其……，儿子好雄在自宅的□方向得父母之墓地，其地静寂，四周□□□可。故买一丈见方之地。其价格是钱二十五文、锹一把、绢五尺、调布五□、白绵一斤。此地使亡灵平安静坐，祈愿子子孙孙……高位高官永世不绝。敬白。

宫之本遗址出土买地券红外照片（左：1980年摄；右：2022年摄）

【解说】

买地券的出土地宫之本遗址，位于距离大宰府政厅遗址西南大约2.3公里的丘陵上。古代，大宰府统辖西海道（九州地区），同时也是担负着接待唐、新罗外交使节的窗口作用的重要官厅。9世纪后，抵达日本的新罗商人或者唐朝商人，在大宰府的管理下进行交易等，因此大宰府也是接受外国文化的最前线。大宰府以政厅为中心，建有王都式的条坊（棋盘格状的城市布局）等，是充溢着王都文化的空间，被称为“远之朝廷”。大宰府的长官多为皇族或大臣级别的人物，与王都的人员交流也非常活跃，但同时也有不少像菅原道真一样的高级官僚从王都被左迁、流放至大宰府。

买地券出土地现状（上、下）

1979年10月30日，在小学建设的事前调查过程中，发现了买地券［太宰府町教育委员会，1980；岸，1980a］。宫之本遗址中还确认了古坟、窑址等，在南陡坡的中部发现了4座墓，其中，叠压在8世纪中叶的4号墓之上的1号墓出土了买地券。1号墓建在地基平整过的斜面上，为长方形土圹墓，长1.0米、宽0.8米、深0.5米，似是埋入装有火葬骨的木匣及买地券后，使用木炭与土回填。考古调查中，除了买地券以外，1号墓没有发现其他遗物，装有火葬骨的木匣被认为已经腐朽。买地券被发现时，文字面朝南，直立，推测埋入时是有意识地直立置放的。此外，土圹的上部还建有边长2米的正方形石坛。

东邻的2号墓是木棺墓，建在与1号墓同时期的平整地基上，同样有方形的石坛。根据出土物判断，2号墓筑造于9世纪初叶。关于1号墓的建造时间，推测介于下层4号墓与东邻2号墓之间，即8世纪末叶至9世纪初叶。如前所述，没有发现木匣等遗物，因此有学者认为，1号墓可能是伴随着2号墓的建造，专门为了埋入买地券而筑造的设施。或者是在山脊线建造一族墓时，具有宣言土地确保的含义。然而，虽然在2号墓的东邻发现了3号墓（木棺墓），但其后在同一山脊线上没有其他墓的营造形迹，似乎作为一族的埋葬地并没有长久地持续［井上，2018］。目前，在小学用地内，只保存着包含1号墓与2号墓遗构的斜面的一部分。但在地表上可见的方形石坛是复原物，而非原物。

被葬者（1号墓若为墓，则是1号墓的被葬者；若是伴随2号墓的设施，则是2号墓的被葬者）是知晓买地券文化的人物（的父母），因此推测是熟悉外国文化的知识阶层人士，也可能是被流放至大宰府的中央官人，或者受过中央文化熏陶的大宰府的高级官人［山本，1997］。此外，也应考虑大宰府作为外交窗口，接触外国文化机会丰富的地理上的特性。

买地券为铅质，现状是前后左右都有很大的弯曲。由于表面的风化，肉眼几乎无法辨读出文字，但依据发掘当初的红外线摄像观察，可以确认75个字的墨痕。文字面刻有纵向界行线，初设5行，随着文字数的增多，后改为6行。界线长33.1厘米，行距，初时2.1厘米×5行，后改为1.75厘米×6行。在画有界行线的面上的墨书书写方法，仿如制作纸质文书时的做法［国立历史民俗博物馆，1997；酒井，2017］。

买地券的内容是叙述好雄（氏姓不明）为了死去的父母，购买了一丈见方（边长约3米的正方形）墓地，依此祈愿死者的安宁与一族的繁荣。有学者注意到1

买地券出土状况（1979年摄）

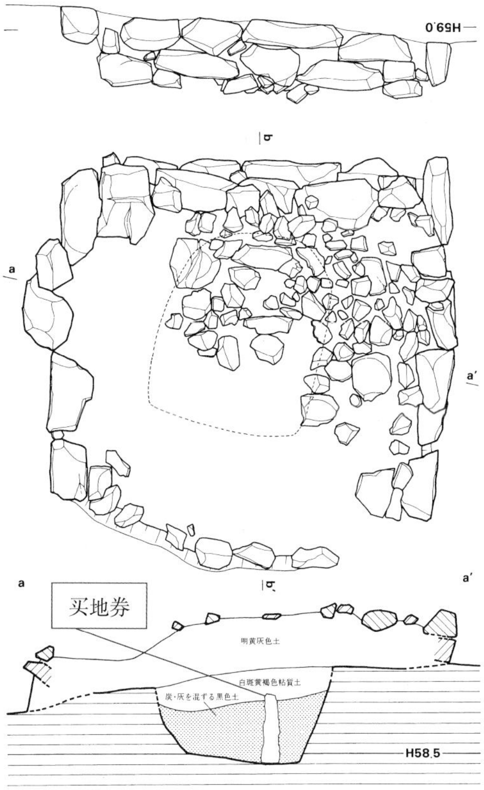

宫之本遗址1号墓遗构实测图

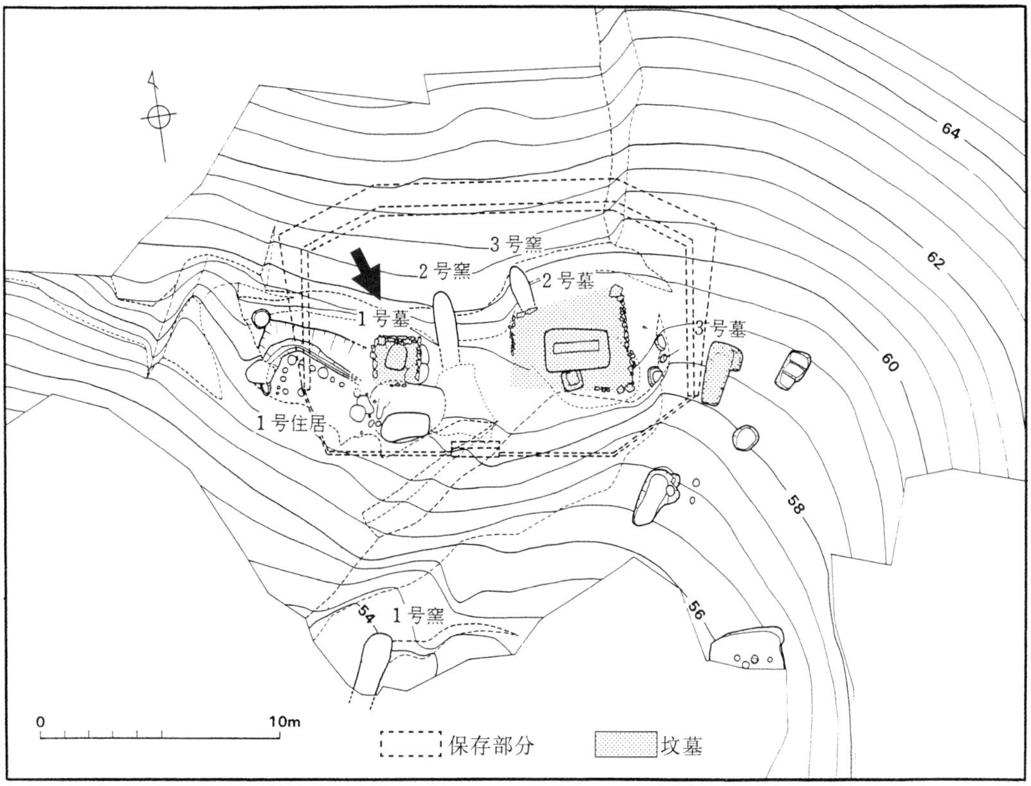

宫之本遗址坟墓群周边地形图

号墓的建造破坏了下层既有的4号墓，由此提出向先葬者（4号墓之主）购买土地之说［高仓，1986］。但是参照中国的买地券，与其说向已埋葬在此处的人物购买，不如说向土地神购买更为妥当。

考察买地券的年代时，可以依据的参考是人名“好雄”。该名在奈良时代以前是不太见的名字，但承和八年至贞观九年（841—867），六国史中就有三位“好雄”出现。又，关于土地的购入价款，值得关注的是《续日本后纪》承和七年五月癸未条有“以绢五百匹、细布百端、调布千端、商布二千段、钱五百贯、铁八十廷、锹二百口、白米百斛、黑米百斛奉充御葬料”的记事。该史料列举的物品是此日亡故的淳和太上天皇的“御葬料”，其中绢、调布、钱、锹与买地券的记述相一致［岸，1980a］。御葬料是为了使葬仪顺利地完成，朝廷支付给葬家的费用，虽然不是为了购入墓地的资金，但是必须注意到替代钱币的实物货币的相似性。根据此事例，买地券的年代被认为是在9世纪中叶至后半叶。

以铅为材质的出土文字资料，在日本仅此一例，与中国早期的较多铅质买地券之间的共通性值得关注。

宫之本遗址发掘状况（1979年摄）

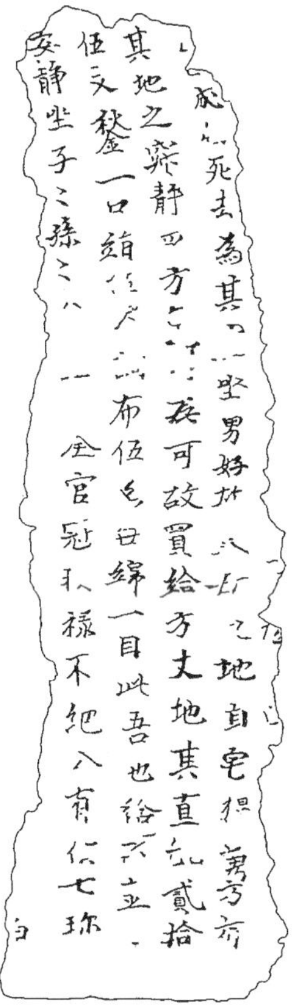

文字摹本

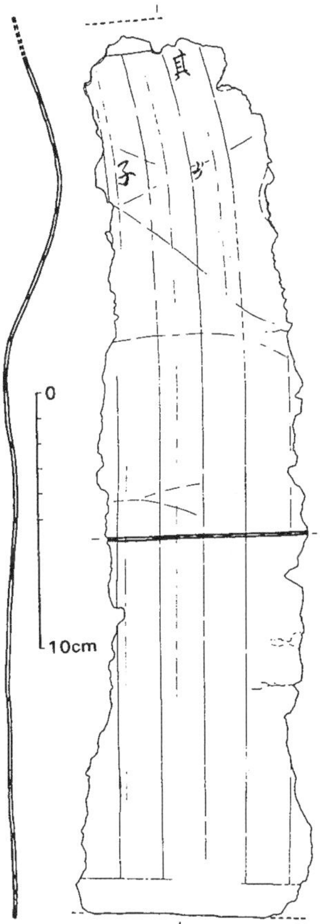

买地券遗物实测图
（左：剖面图；右：正面图）

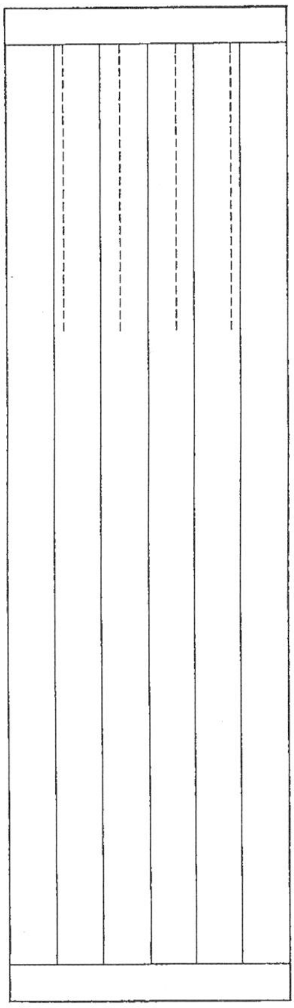

买地券铅板复原

残存的界行线与文字

弯曲状况

买地券实物考察

【专栏-6】

采女氏茔域碑与墓域占有

日本古代存在有别于买地券的宣告墓域占有的金石文，即采女氏茔域碑。该碑的发现经过不详，仅知18世纪前半叶藏于河内国石川郡春日村（今大阪府南河内郡太子町春日）的妙见寺。现在原碑也已经佚失，只有江户时代的记录及拓本尚存。依据记录与拓本推测，碑的形状是日本稀见的圭首形（上部是尖顶的三角形）石碑，原高53厘米、宽24.8厘米。[近江，1984；国立历史民俗博物馆，1997]。拓本大多为模刻本，一直以来，静冈县立美术馆所藏的小杉榲村旧藏本被认为是现存的唯一原碑拓本，但最近1件被认为是三浦兰阪的手拓本确认、发表［磐下，2022］。

碑文所记的内容是禁止侵犯建造于形浦山的采女竹良墓地。竹良（竹罗、筑罗）也是出现于《日本书纪》中的人物，天武天皇十年（681），作为遣新罗大使前往新罗；天武十三年受命前往信浓寻找适合建造王都之地；同年获得朝臣之姓，冠位是小锦下（相当于从五位）；在朱鸟元年（686）的天武天皇葬仪时，担当诔内命妇事，即虽身为男性，但代表地位高的女官组织致吊辞，他此时的冠位是直大肆（相当于从五位上）。竹良的殁年不明，但依据本碑可以推定为持统天皇三年（689）以前。根据碑文记载的冠位，竹良殁时已升至直大贰（相当于从四位上），抑或是死后的追赠。

竹良葬地所在的形浦山，被推定是邻接妙见寺旧境内西南的海拔140米、高15—20米的小丘片原山［近江，1984、1997］。涵盖妙见寺旧境内的今太子町周边地区，是自古坟时代后期（5世纪末至7世纪）以来陵墓密集的矶长谷。竹良墓被推测是独立于采女氏本据地的氏族墓而建造的。表示墓所面积的“四十代”相当于令制的0.8段，几乎相当于片原山小丘的小规模范围，显示出这是竹良一人的墓域。与之相对，也有见解将碑文释读为“四千代”，相当于令制8町的范围广大的土地，认为是采女氏一族的墓域。但由于在陵墓密集的矶长谷之地，难以想象给予中级官人可以匹敌天皇陵的大墓域，因此依然应将竹良个人的墓域理解为“四十代”［三谷，1997］。

与个人墓或一族墓的论点相关，同时期墓志的记述受到注目。日本古代的墓志，目前可以确认有16件［奈良国立文化财研究所飞鸟资料馆，1979］，其中，与采女氏茔域碑同样，可以发现以保护墓域为目的的文句。例如，与采女氏茔域碑几乎同时期作成的船王后墓志，文末有“即为安保万代之灵基，牢固永劫之宝地也”之句。此外，下道圀胜圀依母夫人墓志（708）也有“故知后人明不可移破”（参照**日本-1**矢田部益

《河内名所图会》妙见寺

足买地券解说）。又，伊福吉部德足比买墓志（710）也有“故末代君等不应崩坏”之句。上述事例都是禁止侵犯墓志主人公（被葬者）的个人墓（船王后墓是与夫人的合葬墓）的内容。与之年代相近的采女氏茔域碑也是同样目的，为了保护竹良的个人墓。

从碑形立于地上，以及有关墓地获得始末仅记“请”字而没有具体叙述等点来看，采女氏茔域碑与买地券存在许多相异点，但是保护墓及其被葬者的制作意图却是共通的。虽然日本对于买地券的接受被认为是有限的，但从本碑或者墓志记载的文句可以推测，由于在日本其他种类的金石文实现了买地券的功能，因此买地券可能没有被广泛接受。

船王后墓志（左：背面；右：正面）

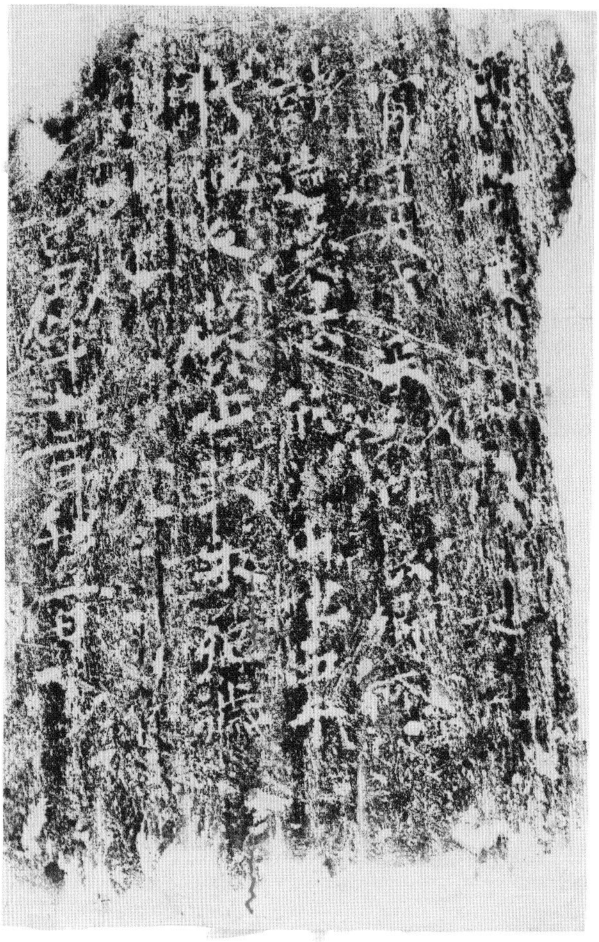

采女氏茔域碑原碑拓本

采女氏茔域碑

年　代　飞鸟时代持统三年(689)

所在地　相传日本河内国石川郡春日村妙见寺（今大阪府南河内郡太子町春日），目前所在地不明

材　质　石

尺　寸　长53厘米以上，宽24.8厘米以上（依据拓本）

【释文】

飞鸟净原大朝廷大辨
官直大贰采女竹良卿所
请造墓所形浦山地四十
代他人莫上毁木犯秽
傍地也
　己丑年十二月廿五日

【现代文翻译】

飞鸟净原大朝廷（天武朝）的大辨官、冠位是直大贰的采女竹良卿，请得形浦山之地四十代，建造墓所。他人不得进入此地伐木、侵犯及污秽周边之地。己丑年十二月二十五日。

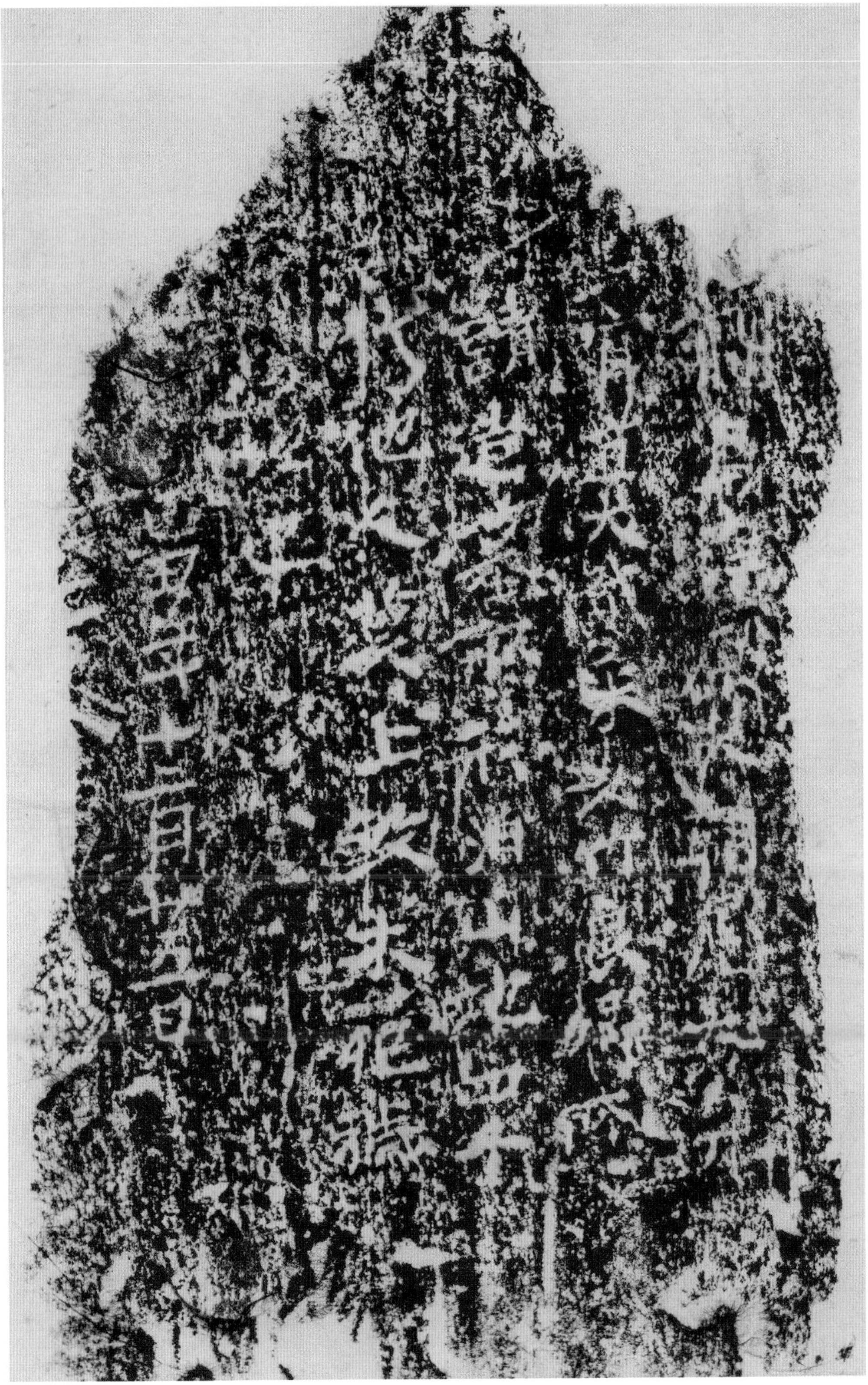

采女氏茔域碑原碑拓本

总　论

虚实交错的古代中国买地券

王海燕

墓地是墓葬的必要条件。在古代中国，身份不同，获取墓地的方式亦各不同，既有帝赐墓地、世袭墓地，也有购买墓地等等，呈现多种多样。其中，对于政治上没有特权，但拥有财力的人家而言，购买是获得墓地的重要手段之一。另一方面，某些墓葬的随葬品中，存在记述墓地买卖及其所有权的文字资料，一般称之为“买地券”，也有学者称之为“墓券”“地券”等。

作为墓葬的民间习俗，中国的买地券自古代延续至近代，某些地域甚至在21世纪仍然保持[①]。不同时代、不同地域的买地券呈现不同的特点，但其核心目的都是确保墓地的所有权及祈求死者安稳、生者安宁[②]。

与墓志同样，买地券始终受到学者们的关注，研究硕果累累。随着考古学的成果，出土的买地券数量逐渐增多，但由于不少买地券的信息没有公开，因此实际上是无法把握所有的出土买地券的，这也是目前研究买地券的难点之一。本文拟以考古发现的买地券为基本，通过梳理买地券的演变，探究买地券的多样性。

一、东汉买地券——初始中原

目前考古发现的最早的买地券是出土于河南省洛阳市偃师的永平十六年（73）的姚孝经买地券（亦称姚孝经砖铭）。1990年，考古学者发掘河南偃师东汉墓时，发现陶

---

① 黄景春：《各地买地券、镇墓文使用现状调查》，《中国宗教性随葬文书研究——以买地券、镇墓文、衣物疏为主》，上海人民出版社2018年版，第599—683页。

② 池田温「中国歴代墓券略考」（『東洋文化研究所紀要』第86冊，1981年），第193—278頁。

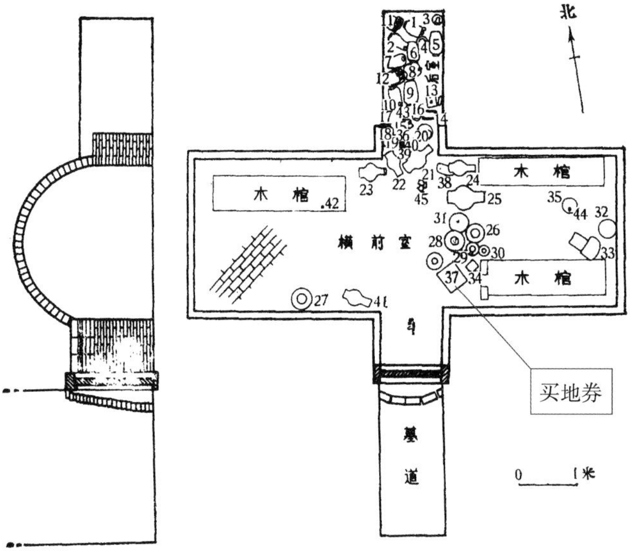

姚孝经买地券出土状况图

姚孝经买地券拓本

仓、陶罐等随葬品多置于墓的后室，但在墓的前室入口，放置了方形状（边长40厘米，厚5厘米）的刻字砖1方，自右至左刻有文字6行38字①：

> 永平十六年四月廿／二日，姚孝经买槁[桥?]／伟冢地，约□，出／地有名者，以卷[券]／书从事，□／中弟□周文功□。／

该砖铭被发现伊始，曾一时被定性为墓志，但依据土地买卖的内容，后被确认属于买地券的范畴。姚孝经买地券字数不多，但清晰地记录了买主姚孝经向卖主槁[桥?]伟购买墓地的事由，而“出地有名者，以卷[券]书从事”一句，意为当遇到墓地所有权被质疑时，墓地买卖契券具有绝对的合法性和权威性。由于买地券文字的漫漶，周文功所起的作用不明，但似乎可以推测其为

① 偃师商城博物馆：《河南偃师东汉姚孝经墓》，《考古》1992年第3期，第227—231页。涂白奎：《“姚孝经砖文”性质简说》，《华夏考古》2005年第1期，第87—88页。

墓地买卖的见证人或保证人。可以看出，姚孝经买地券的重点是强调墓地的所有权。

值得注意的是，出土姚孝经买地券的墓室，内置三木棺。虽然三棺的关系不明，但家族数人同葬一砖室墓是东汉中原地区流行的葬法，墓室可能数次被打开入葬①。由此推测，置于墓室入口的姚孝经买地券，具有墓的标识的作用，以防错葬。与姚孝经买地券同时期的**中国-1**建初元年买山题记也同样具有墓地标识的作用，因此埋入地下的买地券，或许是表示墓地境界的地上标识的演变。

目前已知的东汉时期买地券，多发现于北方地区，尤其是中原地区。2019年，南阳市发现了15座汉代墓葬，其中M13墓出土了周世雅买地券（铅质，长39厘米，宽4厘米，厚0.2厘米），正背两面皆有字，正面自右至左3行，背面1行，共计174字，释文如下②：

〈正面〉

建宁四年三月三日中乡男子周世雅买顺阳郭元辅所有宛襄门亭部儿氏丘陵田世[卅]五取[亩?]，晻町瓦宅一区。根生／地著中有伏财宝物，上至天，下至皇湶[黄泉?]，一钱以上悉并行。贳钱十三万五千，钱即日毕。若田为人所仞赌，元辅当为諟政，市如／故。田东比王季盛，南尽佰，西比陈土、刘平，北比尹儒。车路水写如古。故即日相可這，对共为卷[券]书。时彭人虞文方、／

〈背面〉

尹孝德、梁真、王□迈、李藏明、刘佃农、谢威平书皆知卷[券]约。□车道当与陈土共路。沽酒各半，钱千少世[卅]。／

券文由立券日期、买主、卖主、墓地地点及规模、地价、四至、见证人等要项组成，其大意是：建宁四年（171）三月三日，买主周世雅向卖主郭元辅购买墓地，墓地内的所有物质皆归买主；成交价是钱十三万五千；如若有人主张拥有田地的所有权，则卖主郭元辅应当主事，保证买主周世雅的田地所有权的有效性；田的四至是，东与王季盛为邻，南至道路，西与陈土、刘平为邻，北与尹儒为邻；即日信约，共同制成券书，其时的彭人（见证人、保证人）是虞文方、尹孝德、梁真、王□迈、李藏明、

① 赵超：《中国古代丧葬制度的演变概况》，《古代墓志通论》，紫禁城出版社2003年版，第1—31页。

② 南阳市文物考古研究所：《南阳东汉建宁四年周世雅墓发掘简报》，《中原文物》2020年第3期，第28—32页。翟京襄：《东汉建宁四年南阳周世雅买地和瓦宅券考》，《南都学坛（人文社会科学学报）》第40卷第6期，2020年，第14—19页。

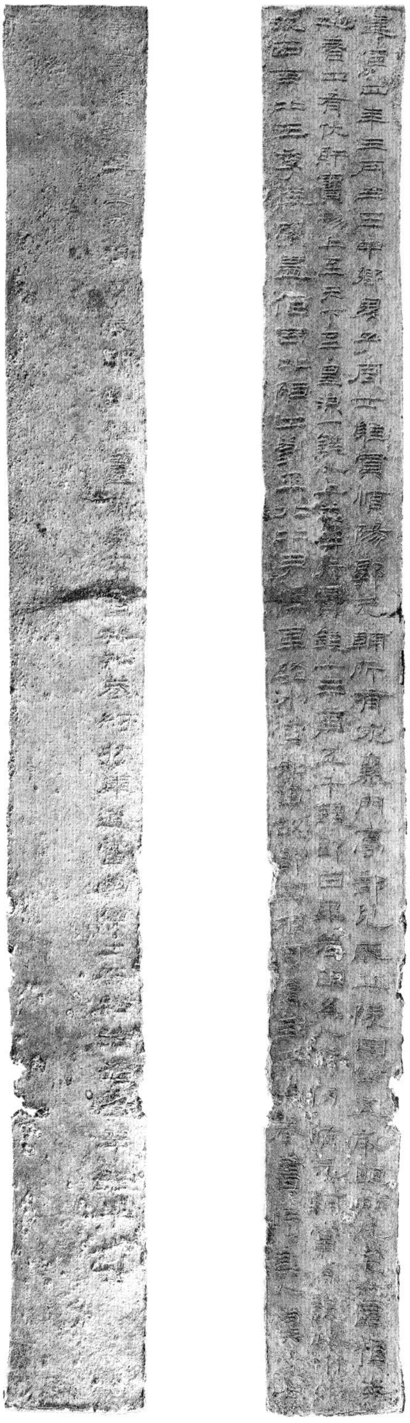

周世雅买地券（左：背面；右：正面）

刘佃农、谢威平；契约后的共饮仪礼所用的酒饮费用，买卖双方各自承担一半，钱九百七十。从“上至天，下至皇湶［黄泉?］”的叙述可知，周世雅买地券包含了虚构性元素，钱十三万五千也可能是虚高的金额数。但是券文中的卖主、见证人甚至四至邻里，皆是现实的人名，尽管这些人名不一定都是生者之名，却也是非虚构之名。此外，根据券文内容可知，交易的田地位于宛襄门亭部之内（十里一亭，亭管辖的区域称为“亭部”），卖主郭元辅所有之前，归儿氏所有。有关田地所有权变迁的记述，似乎基于现实的土地买卖契约。

现实与虚构结合的特点，在同时期的王当等买地券中反映得更为明显。1974年，在河南省洛阳的一座东汉墓中，出土了王当等买地券（铅质，长40.5厘米，宽4厘米，厚0.2厘米），自右至左刻字5行，共261字，释文如下①：

> 光和二年十月辛未朔三日癸酉，告墓上、墓下、中央主土，敢告墓伯、魂门亭长、墓主、墓皇、墓臽，青骨死人王当，弟□［伎］、偷及父元兴／□［等?］，从河南□□□□□［左仲敬?］子孙等，买谷郏亭部三佰西袁田十亩，以为宅。贾直钱万，钱即日毕。田有丈尺，卷［券］书明白。故立四角封界。界至九天上、九地下。死人／归蒿里，地下□□［不得?］何□［止?］，他姓□□［不得?］名佑。富贵利子孙，王当，当弟伎、偷及父

① 洛阳博物馆：《洛阳东汉光和二年王当墓发掘简报》，《文物》1980年第6期，第52—56页。池田温：「中国歴代墓券略考」。

> 元兴等，当来人臧无得劳苦，苛止易勿繇使。无责生人父母兄弟妻子家室，生人无／□[责?]，各令死者无适负。即欲有所为，待焦大豆生，铅卷[券]华荣、鸡子之鸣、乃与□[诸?]神相听。何以为真？铅券尺六为真。千秋万岁，后无死者。如律令。／卷[券]成。田本曹奉祖田，卖与左仲敬等，仲敬转卖□□□[王当?]弟伎、偷、父元兴，约文□□，时知黄唯、留登胜。／

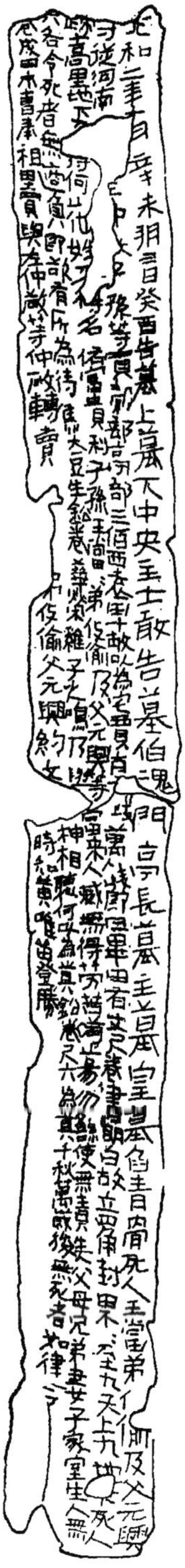

王当等买地券

王当等买地券的内容包括立券时间、买主、卖主、墓地地点及规模、地价、见证人等要项，一开始阐述的向墓上、墓下、中央主土、墓伯、魂门亭长等地下诸神通告墓地买卖部分就具非现实性。地下世界诸神的出现，反映出买地券结合了传统告地策（向地下世界的冥府官吏通告死者的姓名、身份及随葬品单）或死后世界信仰的要素①。由于券文存在虚构性内容，因此难以判断买主王当兄弟及其父从卖主左仲敬处购买的墓地规模10亩与地价钱万的虚实。但是，“富贵利子孙”“无责生人”等句可以说是生者现实性祈望的表现。尤其是在“如律令”一句之后，券文补充了卖主左仲敬所有墓地的经过，即从曹奉处购买。左仲敬的购买与转卖，似非虚构内容，结合前述的周世雅买地券也存在有关田地所有权变化的内容推测，当时流通于现实的土地买卖中的田地，需要明确所有权的来由，并写入土地买卖文书。

随着中原地区的砖石墓及模仿地上建筑的多室墓逐渐影响周边地区的墓葬，各地的随葬品中，尽管数量不多，但也时有买地券发现，例如**中国-2**刘元台买地券等。仅以浙江省的东汉买地券为例，除了传世的兄弟九人买山券［建宁元年（168），砖质，日本东京都台东区立书道博物馆藏］以外，1978年，奉化县（今宁波市奉化区）白杜发现的一座熹平四年（175）墓，为券顶多室合葬墓，属于受中原影响的墓葬形制，被认为是地方有力者的墓，其中前室近中央处放置1方买地券（砖质，长25厘米，宽9.2厘米，厚3.2厘米），刻有4行文字，但由于文字漫漶，只能辨读“熹平四年六月［　　］一直二万

① 鲁西奇：《汉代买地券的实质、渊源与意义》，《中国古代买地券研究》，厦门大学出版社2014年版，第45—66页。（初发表2006年）

熹平四年买地券展示状况

[　　]西[　　]人[　　]"①。从所放的位置来看，熹平四年买地券似乎也具有墓的标识的作用。

另一方面，不同地区的买地券存在相似的书写格式。例如，1954年出土于河北省保定市望都二号汉墓的刘公买地券［光和五年（182），砖质，长38厘米，宽20厘米］，有"□帝神师，敢告墓上、墓下［　　］土□、主土、墓□永□、地下二千石、墓主、墓皇、墓臽、东仟西仟、南佰北佰、丘丞墓伯、东［　　］南成北□魂□□□□□中游徼、佰门卒史""得待焦大豆生叶，段鸡子雏□［鸣］，□券毕华□［荣］"等句②。又，1970年出土于安徽省亳县（今亳州市）的戴子起买地券［光和六年，铅质，长41.5厘米，宽4厘米］有"申告冢皇、丘丞墓伯、□□、□伯""何以为信，尺六桃券丹□□为信"等句③。无论是刘公买地券的文句，还是戴子起买地券的文句，与前述的王当等买地券存在相同或相似的表现，因此三者似乎是基于同一范式而作成的买地券。买地券范文的传播，也意味着中原地区的死后世界信仰渗入不同区域的文化之中。

二、南朝的买地券——来自南方的变化

三国时期，曹魏自建安十年（205）就出台"以天下雕弊，下令不得厚葬，又禁立碑"的政策④，禁止东汉曾盛行的厚葬之风，推行薄葬，改变了北方地区的丧葬习俗。

① 王利华、林士民：《奉化白杜汉熹平四年墓清理简报》，《浙江省文物考古研究所学刊》，文物出版社1981年版，第208—211页。

② 河北省文化局文物工作队：《望都二号汉墓》，文物出版社1959年版，第20页。池田温：「中国歴代墓券略考」。

③张勋燎、白彬：《安徽亳县出土灵帝光和六年（183）戴子起铅券》，《中国道教考古》第1卷，线装书局2006年版，第205—206页。

④ 《宋书·礼志二》。

另一方面，立国于长江中下游及其以南地区的孙吴，与魏、蜀抗衡，为了增强实力，发展社会经济，大规模开发土地，形成繁荣的庄园经济，同时制瓷等手工业也得到发展。与此相应，孙吴时期江南地区的墓葬与东汉时期相比，无论是墓葬建筑，还是随葬品，都发生了较大的变化①。同时，神仙信仰、佛教等对墓葬的影响也在不断加深，例如江南地区墓葬中独具特色的随葬品——陶瓷堆塑罐，时有贴塑神兽仙人、模印佛像、胡人等造型。如此历史背景下，买地券的券文也出现了新的特点。

三国时期的买地券中，以江南地区的买地券最为丰富，主要集中分布于南京地区，偶有武昌、安徽等地的事例。依据卖主及证人的虚实性，孙吴时期的买地券可以分为三大类：一是现实型买地券；二是土主型买地券；三是天地神型买地券。现实型的事例，如出土于安徽省当涂县的孟壹买地券［凤凰三年（274），锡质，长35.8厘米，宽4.3厘米］，释文如下②：

> 吴故夷道督、奋威将军、诸暨都乡侯、会稽孟䞓息男壹，为䞓买男／子周寿所有丹杨无湖马头山冢地一丘。东出大道，西极山、南北左右各广／五十丈，直钱五十万，即日交毕。关连桥剌奸、齐谨破券。以解、是为明。／凤皇三季八月十九日对共破券。

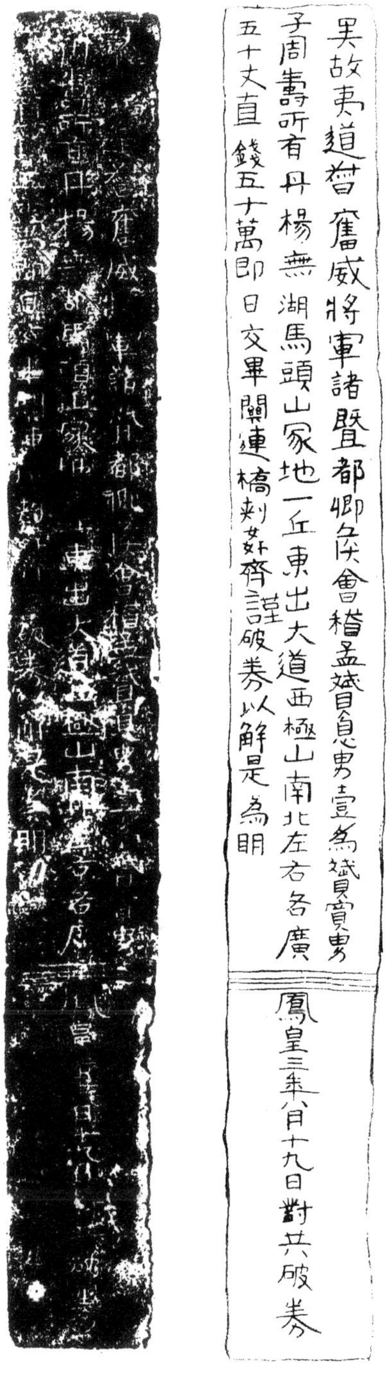

孟壹买地券

① 韩国河、朱津：《三国时期墓葬特征述论》，《中原文物》2010年第6期，第53—61页。

② 当涂县文物管理所：《当涂县发现东吴晚期地券》，《文物》1987年第4期，第92页。鲁西奇：《凤凰三年（274）孟䞓买地券》，《中国古代买地券研究》，第94—96页。

该买地券记述了孟壹为其父孟赟购买墓地，虽然墓地的规模及价格可能存在虚高，但卖主周寿、证人关连桥与齐谨，皆为普通人名，可以认为源自现实的墓地买卖契约。

土主型买地券的事例，有本书介绍的**中国-4**缪承买地券、萧整买地券（参照**中国-4**解说）等，在此不再赘述。该类型买地券以墓地的旧主作为卖主，并以土主、地主等地神名称呼（参照**专栏-1**买地券中的诸神），属于面向地下世界的虚构性契约，但买卖双方及证人都有具体的人名，显示出对现实土地买卖文书的模仿。

天地神型买地券为孙吴时期以后买地券变化的重要体现，是将墓地放入天地时空中叙述的虚构性契约。本书介绍的**中国-5**天册元年买地券、**中国-6**朱曼妻薛氏买地券等皆是此类型买地券的事例。其中，最具代表特征的范文是“从天买地，从地买宅”与“若有争地，当诣天帝。若有争宅，当诣土伯”之句。长江中下游及其以南地区地广人稀，以天与地为土地卖主的叙述，似乎说明墓地原本是无主的自然之地。而购买地、宅的顺序，反映出当时人们以墓地（地上）、墓穴（地下）两个不同空间认识构筑墓葬空间。此外，从买地券的材质来看，东晋以后，铅或铅锡质买地券逐渐减少，砖、石、陶、木等成为买地券的主要材质。

孙吴时期的买地券中，也存在不属于上述三类型的事例，例如2017年出土于江西省南昌市象南中心古墓群2号墓的颜黄买地券［赤乌四年（241），石质］，其释文如下[①]：

> 赤乌四季九月三日，女子广陵江都都乡里颜黄从土公买／地一丘，直钱二万，其界东西南北，广长自极，以为冢椁。／后若有白衣吏民男女识有黄地者，黄鹄能入渊，鲤鱼能／上天，乌能反白，马即能生角，白衣男女吏民乃得识有黄／地，丹书石券为明。时知者东海小僮。他如律令。／

券文由立券日期、买主、卖主、地价、见证人等要项组成。其中，卖主土公是管理不动土的神，也见于**中国-3**会稽亭侯买地券。见证人“东海小僮”的具体含义不明。1955年出土于湖南省长沙晋墓的周芳命妻衣物疏［升平五年（361），石质，长23.5厘米，宽12.3厘米］，写有“升平五年六月丙寅朔廿九日甲午，不禄。公国典卫令荆州长沙郡临湘县都乡吉阳里周芳命妻潘氏，年五十八，以即日醉酒不禄，其随身衣物，皆

---

① 李明晓：《东吴赤乌四年（241）颜黄买地券》，《新见魏晋至元买地券整理与研究》，人民出版社2020年版，第75—76页。

潘生存所服饰，他人不得忘[妄]志诋债。东海僮子书，书迄还海去，如律令”之文[①]。在南方的丧葬文化中，东海被认为是地下神灵所居之地，“东海僮子”是东海的神灵[②]。据此，“东海小僮”是类同“东海僮子”的虚构性人物或神。颜黄买地券无疑是属于虚构性质的契约，但是其阐述墓地所有权绝对性的部分比较独特，强调除非黄鹄能入渊泉，鲤鱼能上天，乌鸦能变白，马能头生角，否则“白衣吏民男女”任何人都不能占有颜黄的墓地。“白衣”一词在古代文献以及秦简、汉简等出土资料中常常可见，本指白色衣服，后多用于引申指代，但关于其具体的指代，自古以来就有不同的解释，以取庶人、庶民之意者较多，也有指代丧事的看法[③]。由于“吏民男女”已有指代所有人之意，似乎没有必要再以“白衣”强调庶民之意，考虑到买地券涉及的是墓地，因此颜黄买地券的“白衣”之意似是指代丧事，也就是说，“白衣吏民男女”是指与丧葬有关的人，而且“吏民男女”也存在是生者的可能性。

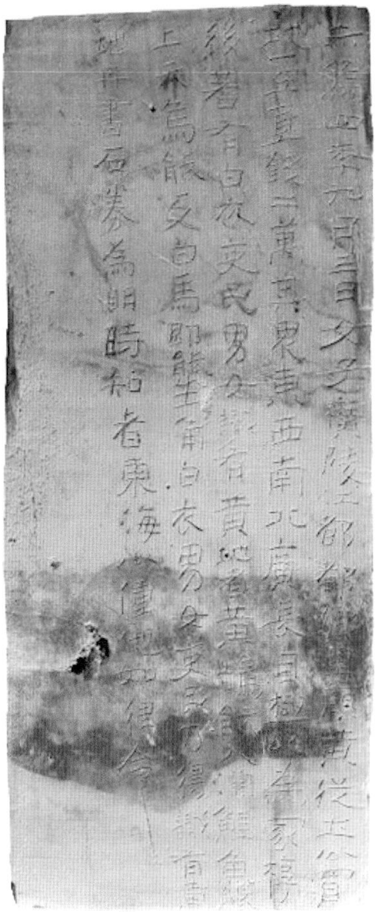

颜黄买地券

三国时期之后，经过短暂统一的西晋时代，南北分治。南北朝时期的买地券于南北方都有发现，但从数量上看，南朝压倒性多于北朝。从内容上看，受道教影响的买地券增多。例如，1977年出土于湖南省长沙市长沙县的徐副买地券［元嘉十年（433），青石质，长33厘米，宽26厘米，厚约2厘米］，有如下释文[④]：

① 李正光：《长沙北门桂花园发现晋墓》，《文物参考资料》1955年第11期，第134—136页。史树青：《晋周芳命妻潘氏衣物券考释》，《考古通讯》1956年第2期，第95—99页。

② 刘安志：《吐鲁番所出衣物疏研究二题》，《魏晋南北朝隋唐史资料》第22辑，2005年，第146—160页；《从泰山到东海——中国中古时期民众冥世观念转变之一个侧面》，《新资料与中古文史论稿》，上海古籍出版社2014年版，第87—117页。（初发表2007年）

③ 王风、张世超：《“白衣”溯源》，《古籍整理研究学刊》2014年第3期，第92—97页。

④ 长沙市文物工作队：《长沙出土南朝徐副买地券》，《湖南考古辑刊》第1辑，1982年，第127—128页。王育成：《徐福地券中天师道史料考释》，《考古》1993年第6期，第571—575页。

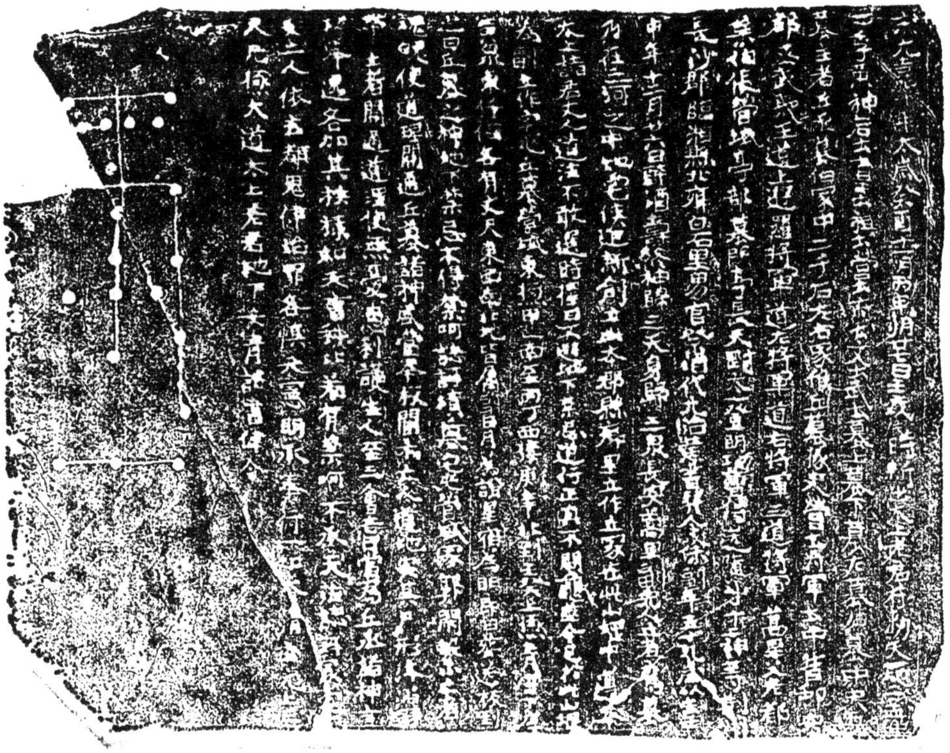

徐副买地券

宋元嘉十年太岁癸酉十一月丙申朔廿七日壬戌辰时，新出太上老君符敕，天一地二、孟仲／四季、黄神后土、土皇土祖、土营土府、土文土武、土墓上、墓下、墓左、墓右、墓中央五／墓主者、丘丞墓伯、冢中二千石、左右冢侯、丘墓椽史、营土将军、土中督邮、安／都丞、武夷王、道上游逻将军、道左将军、道右将军、三道将军、蒿里父老、都／集伯伥、营域亭部、墓门亭长、天罡、太一、登明、功曹、传送随斗十二神等，荆州／长沙郡临湘县北乡白石里界官祭酒代元治黄书契令徐副，年五十九岁，以去壬／申年十二月廿六日，醉酒寿终，神归三天，身归三泉，长安蒿里。副先人立者□[旧?]墓／乃在三河之中，地宅侠迮，新创立此。本郡县乡里立作丘冢，在此山堽中。遵奉／太上诸君丈人道法，不敢选时择日，不避地下禁忌，道行正真，不问龟筮，今已于此山堽／为副立作宅兆。丘墓营域，东极甲乙，南至丙丁，西接庚辛，北到壬癸，上极青天，下座／黄泉。东仟佰，各有丈尺，东西南北地皆属副。日月为证，星宿为明，即日葬送。板到／之日，丘墓之神，地下禁忌，不得禁呵志讶，坟墓宅兆，营域冢郭，闭系亡者／魂魄，使道理开通，丘墓诸神，咸当奉板，开示亡人道地，安其尸形，沐浴冠／带。亡者开通道理，使无忧患，利护生人。至三会吉日，当为丘丞诸神言／功举迁，各加其秩禄，如天曹科比。若有禁呵，不承天法，志讶冢宅，不/安亡人，依玄都鬼律治罪。各慎天宪，明承奉行。一如太清玄元上三/天无极大道太上老君地下女青诏书律令。/

券文共495字，除了亡者徐副的亡日、年龄等具体信息以外，主要由虚构性的定式文句组成，其中不乏“新出太上老君”“三天”“三会吉日”等天师道用语。徐副买地券以道教的太上老君名义发令，向天地四时及天神地祇，告知亡者徐副埋葬事，其中第2行“黄神后土”至第5行“传送随斗十二神等”皆是神祇之名；第8—9行有“遵奉太上诸君丈人道法，不敢选时择日，不避地下禁忌，道行正真，不问龟筮”之句，显示出当时的天师道存在不择吉凶日、不避禁忌、不考虑风水的葬送观念；第11—16行“板到之日，（中略）不安亡人，依玄都鬼律治罪”则是阐述对诸神的要求即保证亡者安宁、佑护生者，表现了生者的现实性愿望。买地券的券尾还刻有星象图，象征北斗七星图案及文昌宫、房心诸星①。

道教性质的文句表现以外，徐副买地券书写的墓地四至及证人也是非现实性的，“东极甲乙，南至丙丁，西接庚辛，北至壬癸，上极青天，下座黄泉”，“日月为证，星宿为明”，泛盖天地时空。而且，券文没有买地或卖地的叙述，也没有言及卖主与墓地价格的内容，契约性较弱。有学者认为徐副买地券型范式侧重“镇墓”②，但单方面地要求诸神履行义务，似乎与土地买卖契约中的卖方应承担责任有相通之处。

在湖北、湖南、广东、广西等地出土的南朝买地券中，都有与徐副买地券内容相似的事例，反映出徐副买地券的书写格式是南朝买地券流行的一种范文书式。其中，1956年出土于湖北省武汉市武昌区的刘觊买地券［永明三年（485），陶质，长50厘米，宽23厘米，厚约8厘米］，年代晚于徐副买地券，在徐副买地券型范文书式的基础上，增加了有关卖主与地价的内容，即“从此土神买地，雇钱八［九］万九千九百九十九文，毕了”③，天神退出了卖主的角色。

南朝买地券的道教性质书写中，还存在如**中国-7**罗健夫妻买卖地券等所见的另一种范式，包含“玄都鬼律地下女青诏书，从军乱以来，普天死人听得随生人所在”之句。自西汉中期以来，就有北方人口南迁，但规模都不大，随着西晋末战乱，东晋立

① 王育成：《徐副地券中天师道史料考释》。

② 鲁西奇：《元嘉十六年（439）蔄谦买地券》，《中国古代买地券研究》，第112—116页。

③ 湖北省博物馆：《武汉地区四座南朝纪年墓》，《考古》1965年第4期，第176—214页。池田温：「中国歴代墓券略考」。

国江南，大规模的北方移民南下，形成了移民群体。对于南下的移民而言，死后埋葬在现居地就成为无法避免的现实，因此买地券以“玄都鬼律、地下女青诏书”名义叙述的文句，实际上是内含了北方移民对归葬故土的断念以及对新茔安稳的祈望①。这种买地券范式言及的神名与徐副买地券型范式相比，前者限于地下世界之神，以张坚固、李定度为保人，后者涵盖天地之神，以日月星宿为证。从分布来看，除了南京以外，在湖北、广东、广西等地都有发现，存在以南京及其周边地区为中心，向南传播的态势②。其中，湖北省鄂州郭家细湾六朝墓出土的蔺谦买地券3方（参照**中国-7**解说），1方（M8右：9-1）属于徐副买地券型范式，2方采用了**中国-7**罗健夫妻买卖地券型范文，反映出两种道教性质买地券范式并用的状况。

尽管南朝买地券的主流是虚构性契约，但买地券叙述的亡者信息、墓地所在、买地券所放位置等依然是真实性的，还存在如**中国-8**罗道训卖地券书写亡者任官经历的兼具墓志性质的个例。因此可以说，虚实结合是买地券书写的基本。

买地券的考古发现具有偶然性，加之资料未发表、未整理等因素，仅以现知的买地券无法概全各地的买地券状况，但也能窥见一二。如前所述，魏晋南北朝时期，相比较北方地区，南方地区是买地券流行的主要地区，而且寥寥可数的北朝买地券也存在南朝买地券影响的事例，显示出南朝买地券文化向北方地区的传播③。不过，南朝齐（479—502）、梁（502—557）的买地券事例却大多发现于广西地区，鲜有政治中心建康（今南京）及其周边地区之例④，而关于南朝陈（557—589）的买地券，尚不知其例，反映出南朝的买地券文化在从中心向外传播的同时，于中心地区似乎已趋向衰弱。

三、隋唐时期的买地券

隋朝买地券的出土极为稀少，或许与隋代承袭北朝文化有关。目前所知的隋代买地券的唯一例，是1972年在湖南省临湘县（今临湘市）的一座隋代墓的墓道内发现的陶智洪买地券［大业六年（610），陶质，长34厘米，宽16.1厘米，厚2.3厘米］，属于

① 刘屹：《移民与信仰——南朝道教墓券的历史背景研究》，《中国史研究》2017年第3期，第101—120页。

② 鲁西奇：《魏晋南北朝买地券的意义与史料价值》，《中国古代买地券研究》，第145—162页。

③ 鲁西奇：《魏晋南北朝买地券的意义与史料价值》。

④ 南京地区的南朝墓中，常有方形或长方形石板出土，字迹漫漶，无法辨识，多被认为是墓志，但也有学者认为，其中有一部分可能属于买地券。章湾、力子：《南京西善桥南朝墓志质疑——兼述六朝买地券》，《东南文化》1997年第1期，第66—67页。

南方地区之例。该券正面刻有9行文字，释文如下①：

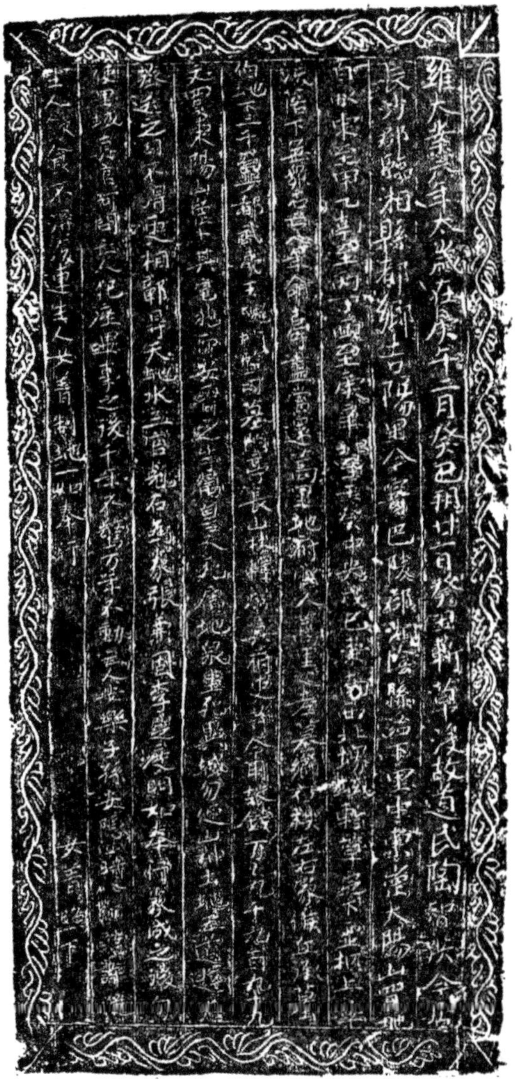

陶智洪买地券

维大业六年太岁在庚午二月癸巳朔廿一日癸丑，斩草。没故道民陶智洪今居／长沙郡临湘县都乡吉阳里，今寄巴陵郡湘阴县治下里中东崽大阳山买地／百亩，东至甲乙，南至丙丁，西至庚辛，北至壬癸，中央戊己。东南西北堺域，斩草定。下灵柩。上□／泪落，下无罪名。亡人年命寿尽，当还蒿里。地府官人、蒿里父老、墓乡右秩、左右冢侯、丘承[丞]墓／伯、地下二千石、安都、武夷王、魂门监司、墓门亭长、山林将军、冥府吏等，今用□[雇]钱万万九千九百九十九文，买东阳山崽，卜其宅兆而安厝之。生属皇天，死属地泉。生死异域，勿使山神土地、五道游走。／葬送之日，不得更相郭寻[碍]。天地水三官刋石为券。张兼固、李定度明如奉行。券成之后，勿／使里域真官呵问。亡人祀瘗毕事之后，千年不惊，万年不动。亡人安乐，子孙安隐[稳]。四时□□，□□从／生人饮食，不得复连生人。女青制地[诏书?]，一如奉行。　　女青照下。／

陶智洪买地券叙述的四至、地下冥官、地价、张兼（坚）固、李定度及女青等虚构要项，皆可以追溯至南朝买地券，因此可以认为，该券文是南朝买地券文化的延续。

---

① 张传玺编：《隋大业六年（610）临湘县陶智洪买地陶券》，《中国历代契约粹编》（上册），北京大学出版社2014年版，第231—232页。鲁西奇：《隋代买地券》，《中国古代买地券研究》，第179—183页。

但是，以往买地券记述的日期都是葬日、亡日，而陶智洪买地券却记载了“斩草”日的日期。所谓“斩草”是指墓地的破土动工。由于前无先例，因此无法判断陶智洪买地券叙述的斩草习俗起于何时，也无从知晓该习俗在当时是否具有普遍性。但后世的唐代出土文献中，时见有关斩草之俗记载，例如1986年出土于陕西省礼泉县昭陵随葬墓的墓志“大唐故亡宫三品人金氏之柩”［永昌元年（689）］中，就有“亡宫三品婕妤，十一月廿六日亡，十二月廿二日斩草，一月十三日葬”的记述[①]。由此可知，隋唐时期南北方地区都存在“斩草”之俗。至宋代的《地理新书》时，“斩草”作为一个环节被纳入营墓仪式中。

至唐代买地券，出土的数量有所增多，从时间上看，唐代前期的买地券不多，主要集中于9世纪以后；从地域分布上看，南北方地区皆有发现。关于唐代买地券的时代分布不均的原因，一般认为与唐代土地买卖的变化有着密切的关联，即唐代前期实行均田制，土地买卖受到一定的限制，故买地券数量少，至中晚唐时期，均田制崩溃，民间土地买卖趋向活跃，因此买地券数量也随之增多[②]。不过，也需要注意到虽然唐代政治文化承袭隋制，但安史之乱后，经济、社会趋向南方化的特点，这一历史大背景或许也使南朝丧葬文化中的买地券习俗更为广泛地传播。

伍松超买地券（左：买地券；右：盖）

唐代买地券中，1964年在江苏省镇江市发现的伍松超买地券［延载元年（694），砖质，长38.5厘米，宽18.5厘米，厚5.8厘米］是7世纪的事例，一合二块，字内向对合，上置六系青瓷

① 胡元超：《昭陵墓志通释》第36号，三秦出版社2010年版，第655—657页。

② 鲁西奇：《隋唐五代买地券的意义与史料价值》，《中国古代买地券研究》，第240—259页。（初发表2007年）

瓶，释文如下①：

〈盖〉丰乐乡伍松超

〈券〉维大周延载元年八月壬子朔九日庚申，润州丹徒县丰□□／丰乐里居住新安坊，故人伍松□，身谢天地，今葬宅心乡界□／□西丙向地，地下先人、蒿里□[父]老、左右承[丞]墓伯、土下二千石、□□／□、武夷王，买此冢地，纵广五十亩，于中掘土，葬埋松超□[尸?]／□□钱万万九千九百九十□钱，即日使了。皆先语人立契／□□[不得]使左右侵犯分界。时人任见丙送、张坚固、李定度／□□[酤酒?]□□□[各?]伴[半]，共为券莂。／

"天""地""日"等字使用武周新字书写。该券文的书式与内容承袭隋朝以前的买地券，以地下世界的诸神、冥官为卖主，墓地规模、地价及证人等皆为虚构性质。但是，"皆先语人立契"一句为初见，含义不明确，似是以现实土地买卖契约过程为蓝本，指在见证人、保证人参加的缔结券约仪式（"共为券莂"）之前，先将立契之事广而告之②。

9世纪以后，除了与地下世界契约的买地券以外，还出现了不少墓志与买地券要素相结合的事例③。墓志与买地券结合的事例，在南朝墓志或买地券中就已出现，例如本书介绍的**中国-8**罗道训买地券等，其出现原因可能与南朝寒族逐渐兴起，阶层发生变动有关④。墓志是记述亡者姓名、官职、出身、功绩等的随葬品。魏晋南北朝时期，墓志的使用与身份等级密切相关，虽也存在平民墓志，但主流是用于官员及其家属的墓葬之中。然而，至唐代，墓志在社会各阶层的墓葬中普及，为原本使用阶层不同的墓志与买地券的结合提供了可能性。例如，出土于河南省洛阳市的"唐故夫人王氏墓志铭并序"[元和元年（806）]，刻有18行文字，第1—16行由志文与铭辞组成，包括王氏生平、家庭及亡日、葬日、墓地所在等信息，其中亡日是元和元年二月二十四日，

① 刘兴：《武周延载伍松超地券》，《文物》1965年第8期，第53—54页。鲁西奇：《武周延载元年（694）伍松超买地券》，《中国古代买地券研究》，第183—185页。

② 鲁西奇：《武周延载元年（694）伍松超买地券》。

③ 近年已有学者开始关注墓志与买地券结合的事例，例如游自勇：《墓志所见唐代的茔域及其意义》（《唐研究》第23卷，2017年，第441—468页），赵元元：《唐代墓志所见买地信息刍释》（《唐史论丛》第29辑，2019年，第326—344页）等。

④ 淡雅：《试论南朝墓志与买地券的结合现象》，《故宫博物院院刊》2022年第9期，第43—50页。

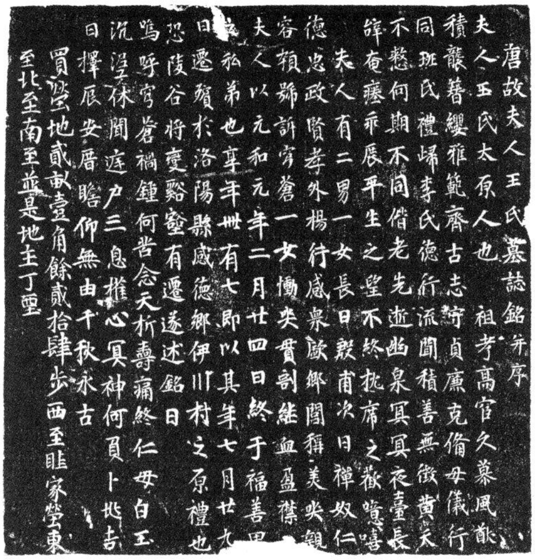

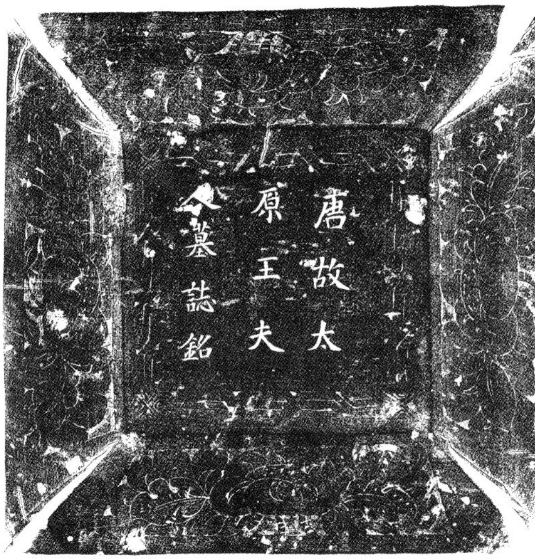

唐故夫人王氏墓志铭并序（左：墓志；右：墓志盖）

葬日为同年的七月二十九日，墓地位于“洛阳县感德乡伊川村之原”；第17—18行记载了墓地的规模及四至①：

> 买茔地贰亩壹角余贰拾肆步，西至睦家茔，东／至、北至、南至并是地主丁亜。／

依据“地主丁亜”的表述，推测墓地本是丁亜或丁家墓地的一部分。“贰亩壹角余贰拾肆步”的墓地规模并不小，但数字具体至“步”，似乎可以认为是墓地真实规模的反映。

又如，出土于江苏省扬州市郊区的“清河郡张府君墓志铭并序”［大中十三年（859）］，由“乡贡进士李元度”撰写，共19行文字，第1—17行由志文与铭辞组成，包括张君的生平、亡日、家庭、葬日、墓地所在等内容，其中亡日是大中十三年五月二十二日，葬日是同年七月二十日，墓地位于“江都县兴宁乡赵墅村”；第18—19行是买地信息②：

> 元买地一段，东西壹拾步，南北壹拾伍步，当价钱肆贯文。／地主李知权，同卖

① 胡海帆、汤燕、陶诚编：《北京大学图书馆藏历代墓志拓片目录》（上）第5256号，上海古籍出版社2013年版，第613页。赵文成、赵君平编：《秦晋豫新出墓志蒐佚续编》第739号，国家图书馆出版2015年版，第1014—1015页。

② 周绍良、赵超编：《唐代墓志汇编续集》大中038号，上海古籍出版社2001年版，第996页。

人李知柔，同卖人母许七娘，保人孙满、夏达。/

清河郡张府君墓志铭并序

东西10步、南北15步的墓地规模，以及钱4贯文的地价都在现实性范畴之内，是真实性的墓地规模与地价的写照。虽然依据“地主”二字，无法排除卖地人是亡者的可能性，但在现实的买卖契约中，卖主的兄弟、母亲等作为共同卖主出现并不鲜见，因此可以认为墓志所记的买地信息与现实的墓地买卖契约存在密切的关联①。

上述的墓志·买地券结合型二例中，买地信息都刻在铭辞之后，但是本书介绍的**中国-9**马氏夫人墓志及（任）琏墓志（**中国-9**参考）二例的墓地与买地的相关信息都放在铭辞之前，成为墓志的一部分，显示出墓志与买地券的结合呈现多样性。此外，值得注意的是，墓志·买地券结合型事例中，墓地四至大多是真实的信息。唐故朝散大夫守太仆少卿上柱国袭彭城县开国男兰陵萧公（萧遇）墓志铭并序［贞元十三年（797）］，叙述了萧遇欲迁葬生母陆氏，但因“松柏则拱，铭志皆非”，不知陆氏之墓所在，历经辛苦，最终在方士的帮助下，才完成心愿②。该叙事的目的是赞颂萧遇的孝，但由于“松柏”为墓上的墓地标识，因此与其对偶的“铭志”就意味着是墓下的标识。据此可以认为，墓志·买地券结合型所记述的真实的墓地四至是地下标识的组成部分。

① 游自勇：《墓志所见唐代的茔域及其意义》。
② 赵力光编：《西安碑林博物馆新藏墓志续编》第138号，陕西师范大学出版社2014年版，第424—427页。

结 语

作为反映死后世界信仰的买地券，随着时代、地域及使用者阶层等各要素的不同，买地券的书式与传播呈现多样化[①]。然而至北宋，随着官方的《地理新书》的编修，买地券习俗被吸纳为丧葬仪式的内容，从民间习俗转身为官方礼仪，不仅券文的用语、书式被统一，而且买地券埋入墓中的时间、位置等也被规定（参照稻田：《买地券文化与朝鲜半岛、日本》）。《宋史》记载勋戚大臣的葬仪规定中，包含“当圹、当野、祖思、祖明、地轴、十二时神、志石、券石、铁券各一”埋入坟墓等环节[②]，券石或者铁券或许就是指买地券。官方对买地券使用的推广，必然促进民间买地券的广泛传播，因此宋代以后买地券的民间流行甚至达到造墓必用买地券的程度[③]。考古发现的宋代以后的买地券也是数量很多，从一个侧面佐证了买地券文化的盛行。可以说，买地券习俗经过东汉的从北向南，魏晋南北朝及隋唐的从南向北的漫长时期的传播，在吸纳神灵信仰、道教等面向地下世界的虚构性内容的同时，也被赋予墓地标识及祈愿护佑生者等面向地上世界的现实性意义，换句话说，买地券是古代中国墓葬的地上—地下、生者—死者二元观念的反映。

---

① 鲁西奇：《隋唐五代买地券的意义与史料价值》。

② 《宋史·礼志·凶礼·诸臣丧葬等仪》所引《会要》。

③ （南宋）周密：《癸辛杂识·别集下·买地券》。

买地券文化与朝鲜半岛、日本

稻田奈津子

前言——何为买地券

墓的出土文字资料中，墓志是人们所熟知的，除此以外，还存在被称为买地券（亦称为地券、墓券、买田券、买地莂、地契、幽契等）的资料群。墓志是记载故人的出身、经历、死亡经过、哀悼铭等内容的资料。也有见解认为，买地券是墓志的一种，但本书主要关注买地券不同于墓志的特殊性，对二者加以区别。在实际中，同时具有墓志与买地券双重性质而无法完全区别的事例也不鲜见［**中国-9**马氏夫人墓志、（任）琏墓志，**朝鲜半岛-1**武宁王买地券等］。

如本书所收录的各事例所示，很难用一两句话定义买地券，一般而言，买地券是“证明由正当交易购入墓地的文书”，“祈愿死者长久安眠”。此外，也存在祈愿内容言及子子孙孙繁荣的事例。

若考察具体的事例，从墓地买自谁、谁是妨碍死者长眠的存在等点来看，既有现实世界的人的事例，也有神仙等架空存在的事例，还有人与神仙并存的事例。记载买地券文书的介质材料也是各种各样，除了本书所举的摩崖、砖、石、铁、铅等之外，还有玉、木、纸等，与之相应，实际的形状、大小也呈现丰富的多样性。买地券大多发现于墓内，但**中国-1**建初元年买山地题记等是摩崖，因此不能说所有的买地券都是墓内葬品。在中国，买地券自1世纪（东汉）至21世纪的现代持续存在，如此长久的历史中，买地券可以说是不断变化的连续的墓葬文化。变化不仅体现在外形、铭文内容方面，也包括买地券背后的思想。

一提起买地券，一般会被理解为是道教思想的遗物。若看券文的内容，也确有许多道教的神仙名登场（参照**专栏-1**），但是也存在通常的道教经典里几乎看不到的，仅在买地券频出的神仙名，可以窥见买地券特有的神仙名广泛流传的状况。基本上，买地券产生于中国各地的当地习俗信仰。但是，如后所述，也散见使用“南赡部洲”用语的事例，由此可知买地券文化也受佛教思想的影响。此外，后文亦有叙述，在埋买地券仪式上，须祭祀后土神。而墓葬之际的祭后土仪，《大唐开元礼》等许多礼典也都有记述[①]，被儒教式礼仪所吸纳，显示出买地券文化也与儒教存在关联。可以说，买地券是在非常复杂的多样的思想背景下诞生的文化。

一、文献记录中的买地券——南宋《地理新书》的斩草仪礼

买地券难以理解的要因，是相关的文献记录相当有限。南宋·周密《癸辛杂识》记载，宋人造墓时，必用买地券。使用梓木，朱书写“用钱九万九千九百九十九文买到某地”等。（“今人造墓，必用买地券，以梓木为之。朱书云，用钱九万九千九百九十九文，买到某地，云云。此村巫风俗如此殊为可笑。”）（《别集下·买地券》）如周密将买地券视为不足取的民间咒术，买地券始终是庶民文化。实际上，尽管中国的出土事例很多，但几乎不见高位高官的买地券事例。另一方面，墓志是在王族、高级官僚阶层流行后，逐渐地向庶民阶层传播的文化。上述的《大唐开元礼》等礼典类、正史、文集等也多有墓志的记录。有关买地券的文献记录几乎没有留存的原因，在于买地券的文化担当者与书写文献记录的阶层不同。

如此状况下，北宋的官修风水书，王洙《地理新书》的记录就非常珍贵[②]。该书卷十四“斩草忌龙虎符入墓年月”，记述了埋葬前在墓地预定地举行的斩草仪式步骤。斩草仪式，祭祀土地神的后土，祈愿被葬死者的安宁。以下介绍相关部分[③]。

> 所谓的斩草，断恶鬼，安亡灵。鬼律记载：“如若葬不斩草，买地不立券，则称为盗葬，大凶。”
>
> （斩草者，断恶鬼，安亡魂也。鬼律云“葬不斩草，买地不立券者，名曰盗葬，大凶”。）

---

① 高朋：《宋代买地券的仪式功能》，《人神之契——宋代买地券研究》，中国社会科学出版社2011年版，第111页。

② 《续修四库全书·子部·术数类》第1054册，上海古籍出版社1997年版，第112—113页。

③ 现代文翻译参照宫崎顺子「風水地理書『地理新書』『塋原総録』にみられる葬送儀礼について—后土神の信仰を中心に—」（『関西大学中国文学会紀要』36、2015年），但一部分依己见加以更改。

此处的“立券”是指证明土地买卖契约的契约书，即买地券。如若不制作买地券，则被视为“盗葬”。

斩草日不宜与葬月重合。斩草日必须将丹书铁券埋入地心。

（凡斩草日不宜与葬月同。凡斩草日必丹书铁券埋地心。）

斩草需要在埋葬的前月以前完成，当日埋“丹书铁券”。“丹书铁券”是指朱地（或朱字）的铁制（实际上也包括铅制）文书，该用语在东汉时代的买地券中也可见①。

斩草，割茅草或秆草（稻等的茎）时，取九茎即三三之数。斩三下，断三（许多）殃害。更有诸子各加三茎，用五色线三道捆扎，置于黄帝位前。先王用誓板，其长一尺，宽七寸。公侯以下用祭板，长一尺，宽七寸。位板十九件，各边长五寸以上，各书写神位。公侯以下皆须用铁券二。〈长宽如祭板，朱字书写，置于黄帝位前。其一埋于明堂位的中央，其一置于穴中的柩前埋之。〉

（凡斩草，取茅或秆草九茎，三三之数也。斩三下者，断三殃害也。更有众子各加三茎，用五色线三道束之，置于黄帝位前。先王用誓板，长一尺，阔七寸。公侯已下用祭板，长一尺，阔七寸。位板十九，各方五寸已上，各书神位。公侯已下皆须铁券二。〈长阔如祭板，朱书其文，置于黄帝位前。其一埋于明堂位心，其一置穴中柩前埋之。〉）

如“斩草”之名，仪式包含割茅草环节，象征开辟荒野、平整墓地的过程。依据故人的身份、地位，使用誓板或祭板。宫崎顺子氏认为，誓板、祭板是地心砖。根据出土事例，地心砖画有茔地图（墓的区划图），与买地券叠放埋入地下②。设置位板（神位板）19件，包括后述的明堂坛上的五方上帝（五行）、十二辰以及坛外西南隅的阡陌将军、墓道入口的幽堂亭长，共计19个神位。

在此看一下仪式的空间。《地理新书》的前段有关于明堂设置的记述。据此，墓地

---

① 仁井田陞「漢魏六朝の土地売買文書」（『中国法制史研究—土地法・取引法—』東京大学東洋文化研究所、1960年、初発表1938年），第404頁。

② 宮崎顺子「風水地理書『地理新書』『塋原総録』にみられる葬送儀礼について—后土神の信仰を中心に—」，第73頁。

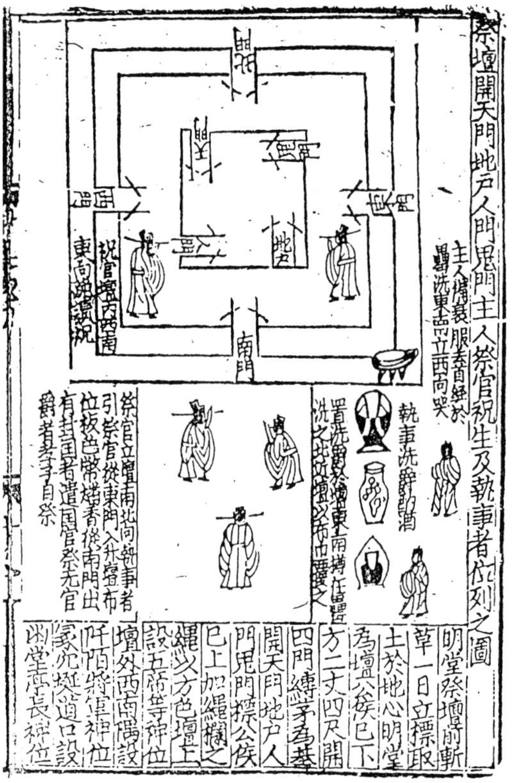

祭坛开天门地户人门鬼门主人祭官祝生及执事者位列之图

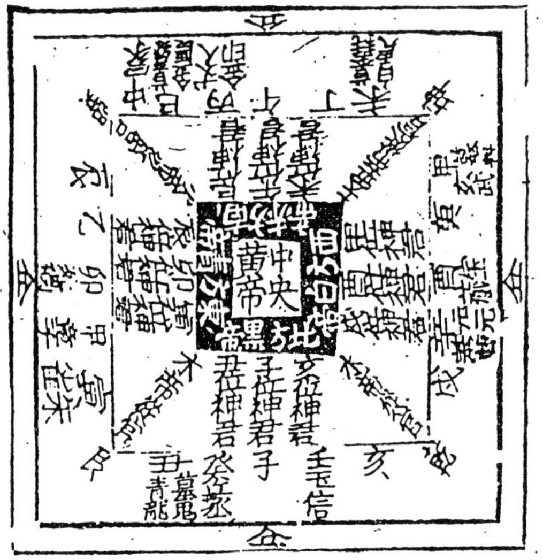

商姓壬穴

预定地的中央（地心）设置被称为明堂的祭坛，是边长2丈4尺的土坛，开四门，使用捆扎的茅草为坛基。坛外的西南隅设置阡陌将军之位，通向墓室的墓道入口设置幽堂亭长的神位。坛上放置五方上帝位、十二辰位，中心放置黄帝位①。

回到《地理新书》的本文中，“铁券二”登场。两件铁券的大小与祭板相同，文字朱书，置于明堂坛中央的黄帝位前。一件在斩草仪式时埋入于明堂的中心，另一件在埋葬时埋于墓室内的棺柩前。这就是买地券，作为故人与诸神的买卖契约书，制成两份，卖主（诸神）的一份埋入明堂，买主（故人）的一份埋入墓室。如此，双方均持有证明材料，契约作为正当的文书成立。

之后，《地理新书》本文继续解说坛上的设置及准备的供物、物品。在此省略。下面看当日的仪式程序。

祭官沐浴宿斋。有封国者派遣国官祭祀。无官爵者，孝子自己祭祀。祭祀时刻，坛的东南放置洗爵之器，罇（酒器）在罍洗（酒樽）之北，近坛。皆用布巾覆盖。主人穿着衰服（缞服，丧时之服），摘除首绖（丧时戴在头部的麻带），立在罍洗

① 宫崎顺子「風水地理書『地理新書』『塋原総録』にみられる葬送儀礼について—后土神の信仰を中心に—」，第76—80頁。

东南，朝西哭（号哭礼法）。祭官整衣装，立于坛南，朝北再拜（两次拜礼）。执事者引领祭官从东门登坛。布置位板与五色綵币完毕，烧香。祭官从南门出，朝北立。执事（向神）进献祭品，依位数进上。执事洗爵斟酒，与祭官从南门入，奠献诸座。其后，祭官出至坛南，朝北而立，再拜。其后，祝生在坛内的西南朝东跪，读祝。祭官、执事及祝生皆衣着吉服。

（祭官沐浴宿斋。有封国者，遣国官祭。无官爵者，孝子自祭。时至，置洗爵之器于坛东南，罇在罍洗之北，近坛。皆以布巾覆之。主人备衰服，去首绖，于罍洗东南立，西向哭。祭官整容服，立于坛南，北向再拜。执事者引祭官，从东门入升坛。布位板及五色綵币等、讫燔香。祭官从南门出，面北向立。执事进食，随位取下之。讫执事洗爵酌酒，与祭官从南门入，奠于诸座。讫祭官出于坛南，北向立，再拜。讫祝生于坛内西南东跪，读祝。其祭官、执事及祝生並吉服。）

斩祭仪式，以身着缞服的主人（孝子，即故人之子）为中心，祭官、祝生等主导祭祀仪式，执事者辅助的形式进行。向神座供奉酒，诵读祝（告神之辞）。

祝曰，“某年月日，祭主某乙敬告五方五帝、山川百灵、后土阴官、丘丞墓伯、阡陌诸神，某亲某年月日歿。伏惟永别故人，如五脏分裂之痛苦，但礼制有葬期。龟筮卜占为吉，宜于某州某县某乡某山之原造墓，某年月日埋葬。今，吉日举行斩草。谨以信币、柔毛、酒礼之仪，敬告山川百灵，敬献供物于后土神。埋葬之后，永无灾苦。希望享用供物”。再拜，献酒。

（祝曰，“维年月日，祭主某乙致告于五方五帝、山川百灵、后土阴官、丘丞墓伯、阡陌诸神、某亲以某年月日奄逝。伏惟永往，五内分割，礼制有期。龟筮袭吉，宜于某州某县某乡某山之原宅兆，以某年月日迁坐幽室。用今吉辰斩草。谨以信币、柔毛、酒礼之仪，致告于山川百灵，主恭奠于后土神。既葬之后，永无咎艰。尚飨”。再拜上酒。）

给出了祝的文例，只要“祭主某乙”“某年月日”“某州某县某乡某山之原”部分，填入具体的年月日、人名、地名即可实用。已是与买地券文具有类似性的文言行文。于是，终于进入诵读买地券仪式。

祭官跪在黄帝位前，读两券。（读完后）券背书写“合同”二字，置于原处、俛伏

（深深地行礼）而起，出至南门之外，朝北再拜，斟酒烧香。用铁作地券，其内容“（记于）某年月日。具官封姓名某年月日亡。龟筮卜占与相地皆为吉，宜于某州某县某乡某原造墓埋葬。谨用钱九万九千九百九十九贯文及五綵信币，购入墓地一段。（其土地）东西若干步，南北若干步。东至青龙，西至白虎，南至朱雀，北至玄武。内方勾陈分割（掌握）四域。丘丞墓伯守护界畔（境界），道路将军齐整阡陌（墓道），千秋万岁永远无殃咎。如若有犯此者，将军亭长抓捕交给河伯。今，（共饮共食）牲牢、酒食、种种珍味、美味香新共同缔结信契，财物与墓地交换。工匠造墓，埋葬之后，保证永远吉祥。知见人岁月主，保人今日直符。不允许故气邪精（不洁精魂、邪灵）贪犯（此地），若有原埋在此地者，永去万里之外。违背此契约，地下官吏自受其祸。主人（墓地购入者）及其相关者，生者、死者皆得安幸。急急如同五帝使者女青律令施行”。

（祭官入、就黄帝位前，跪读两券。背上书“合同”字。置于旧处，俛伏而起，出南门外，北向再拜，行酒上香。用铁为地券，文曰，“某年月日。具官封姓名，以某年月日殁故。龟筮叶从，相地袭吉，宜于某州某县某乡某原，安厝宅兆。谨用钱九万九千九百九十九贯文，兼五綵信币，买地一段。东西若干步，南北若干步。东至青龙，西至白虎，南至朱雀，北至玄武。内方勾陈，分擘四域。丘丞墓伯封部界畔，道路将军齐整阡陌，千秋万岁永无殃咎。若辄干犯呵禁者，将军亭长收付河伯。今以牲牢酒饭、百味香新，共为信契，财地交相分付。工匠修营安厝已后，永保休吉。知见人岁月主，保人今日直符。故气邪精，不得忓恡。先有居者，永避万里。若违此约，地府主吏自当其祸。主人内外存亡悉皆安吉。急急如五帝使者女青律令”。）

在明堂中心的黄帝位前，诵读两件买地券后，其背面书写“合同”二字，恐是指将两件买地券置放在一起，在券背骑缝书写“合同”二字。**中国-6**朱曼妻薛氏买地券介绍了仅刻“同”字半字，如同买卖当事者双方持有骑缝印的事例。宋代以后，也存在许多类似的事例（参照元氏买地券以及**专栏-4**多彩的买地券）。

《地理新书》原文叙述了在阡陌座、黄帝座的献酒、祝，执剑三斩（断殃害的仪式）后，仪式进入最后环节。

执事者取所割茅草及信币各一段、纸钱少许、肉一脚、酒一爵、果饼等，与铁券一件，埋入地心。焚烧剩余纸钱及信币少许。执事者引导孝子站于幽堂的天井前，

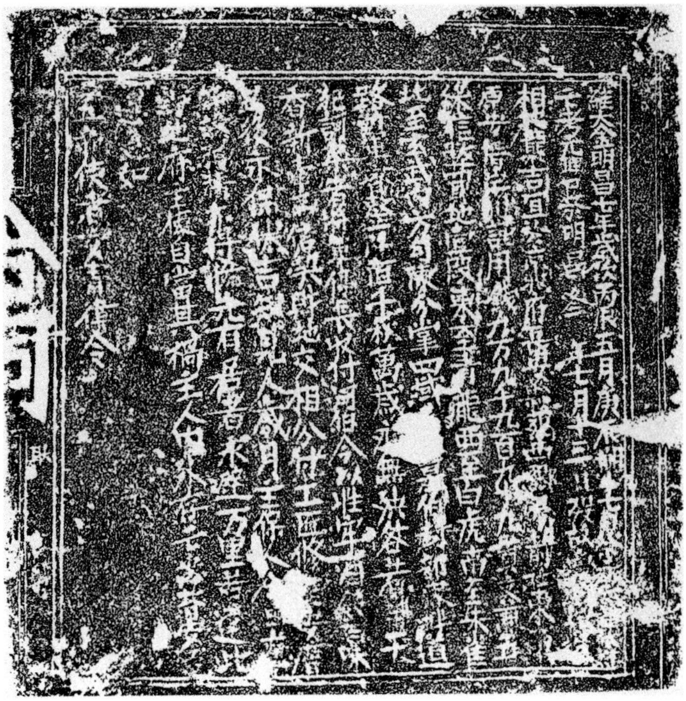

元氏买地券（金，1196年，陕西省出土，砖质）

递锹给孝子掘土。由于北首埋葬为吉，因此土块放于南面。若是贵人，斩草、掘土全部由执事者代行。祭祀的供物等，祭官与祝生等分散。糈米、乌谷撒四方，其他食物在西南上分发食之。祭祀之余物，主人不能带回，否则凶。（两券之）一埋葬之时，埋于墓中的柩前。

（执事者取所斩之茅，兼信币各一段、纸钱少许、肉一脚、酒一爵、果饼等，铁券一枚，埋地心。余纸钱、信币少许，焚之。执事者引孝子于幽堂天井前立，授锹于孝子，发其壤。葬欲北首，故南其壤。若贵人则斩草发土，并执事者代之。其祭物等，祭官与祝生等分散之。其糈米、乌谷，四方撒之。余食于西南上分散食之。其祭祀之余，主人勿以将归，凶。其一券，葬时埋于墓中柩前。）

供物类或埋在地下或焚烧，必须全部献给诸神，不能有余物带回，否则被视为凶事。“铁券一枚”也埋于地心（明堂），这是两件买地券中的一件，是卖主的那件。另一件则在最后，埋葬之时埋于墓中的柩前。卖地券与买地券同时出土的**中国-7**罗健夫妻买卖地券，其中卖地券与被认为是买地付款的一串铜钱一同被放置于墓室外的墓道上，而买地券则被置于墓室内，其出土状况可以说是反映了《地理新书》的本文内容的。

上述《地理新书》的斩草仪式，是有关买地券的为数不多的文献史料。当然，《地理新书》所记的仪式是直至宋代形成的习俗的一个侧面，其叙述的买地券形制也绝不是普遍性的存在，不能单纯地认为该形制广泛地存在于前代或诸地区。但是，如同**中国-10**蔡氏买地券所示，宋代以后，在广泛的范围内，长期存在与《地理新书》买地

朱近买地券（南宋，1139年，砖质）

券文例相近似的事例。此外，也存在内容略不同于《地理新书》的，但跨越地区、年代的类似事例。例如，**朝鲜半岛-3**世贤买地券的内容，很早就被指出其与陕西省宝鸡市出土的朱近买地券具有一致性[①]；**专栏-1**的李才买地券（北宋，962年，四川省出土）与**朝鲜半岛-2—4**基于共通的文例格式。从这些事例可以推测，宋代存在以《地理新书》为首的复数个买地券文例集，并跨地区、跨时代地被广泛传播、应用。

二、高丽买地券出现的背景

朝鲜半岛的买地券初例是**朝鲜半岛-1**武宁王买地券。王陵出土的两方志石，由于王、王妃的墓志内容都过于简洁，因此在发掘当初，一同被概括为买地券。但目前基本认为是“墓志与买地券的复合体”。然而，无论是作为买地券，还是如后述的墓志，都是孤例存在，其之所以出现，更多是基于希望与中国南朝保持密切关系的武宁王个人意向，在日后的百济或统一新罗的社会，买地券文化并没有被接受，其踪迹也从朝鲜半岛一度消失。

买地券再次在朝鲜半岛登场，是高丽时代的12世纪中叶。现在能够确认的不过3件，而且**朝鲜半岛-2**阐祥买地券（1141）、**朝鲜半岛-3**世贤买地券（1143）、**朝鲜半岛-4**兎山郡买地券（1204）的纪年都集中在60年左右的短时段内。在考察这一时期突然出现买地券制作、埋入的背景时，可以参考同样于高丽时代再次登场的墓志的存在。

① 李宇泰（稲田奈津子訳）「韓国の買地券」（『都市文化研究』14、2012年）。

朝鲜半岛现存的古代墓志极少，高句丽墓室壁面上的墨书墓志3件——安岳三号坟（冬寿）墓志（357）[①]、德兴里古坟（镇）墓志（408）[②]、牟头娄墓志（5世纪初）[③]，以及百济的武宁王陵志石所刻的武宁王与王妃的墓志（525、529），即使加上其他的疑似墓志也不过是10件左右[④]。这与现存16件古代墓志的日本相比也是少的，显示出墓志文化没有得到普遍的认同。另一方面，移居唐的百济、高句丽遗民留下的墓志，近年在洛阳、西安多有发现[⑤]，这无疑是沿循中国墓志文化的文脉而制成的，在此不列入讨论对象。

如此极其有限的墓志，至高丽时代却突然大量地出现，现存数远超300件。其中，最早的事例是蔡仁范墓志，韩国国立中央博物馆所藏，长方形石上阴刻文字，出土地不详。志文是末尾有韵文铭的中国风的洗练的文章，被葬者名为蔡仁范（934—998），“大宋江南泉州人”，即出身于中国的泉州（今福建省东南部），随从持礼使（外交使节团）于乾德八年（970）至高丽，受光宗（高丽第4代王，949—975在位）之命，任礼宾省郎中。蔡仁范精通经典与历史，文章亦优秀，为人谦虚笃实，直至穆宗（高丽第7代王，997—1009在位）时代受到了各代高丽王的重用。统和十六年（998）亡故，被追赠为礼部尚书，葬在五冠山。其后，太平四年（1024），蔡仁范的儿子们决定迁墓至风水好的地方，迁葬于法云山的东麓。墓志是改葬时所作[⑥]。

蔡仁范墓志，开始使用北宋的“乾德”年号，但关于受到契丹（辽）攻击的高丽求和，于994年开始向契丹朝贡之后的年代，使用了“统和”“太平”的契丹年号。从这点看，该墓志也是很有意思的资料。尤其值得注目的是，作为现存最早的高丽墓志，蔡仁范墓志是来自中国的移住者的墓志。而蔡仁范墓志之后的1045年刘志诚墓志（韩国国立中央博物馆所藏，石质）也刻有“太宋扬州人也”，明记是中国出身的高丽官僚[⑦]。

在中国，907年唐崩溃至960年北宋再次实现统一，其间迎来了五代十国的分裂时期。高丽王朝与统治中国华北的五代诸国通交，接受册封，宋统一后则接受宋的册封

---

① 岡崎敬「安岳第三号墳（冬寿墓）の研究—その壁画と墓誌銘を中心として—」（『史淵』93、1964年）。

② 武田幸男「德興里壁画古墳被葬者の出自と経歴」（『朝鮮学報』130、1989年）。

③ 武田幸男「牟頭婁一族と高句麗王権」（『高句麗史と東アジア—「広開土王碑」研究序説』岩波書店、2012年、初発表1981年）。

④ 濱田耕策「朝鮮における墓誌銘の誕生—墓中の墨書・石刻から墓誌銘へ—」（『唐代史研究』4、2001年）。

⑤ 植田喜兵成智『新羅・唐関係と百済・高句麗遺民—古代東アジア国際関係の変化と再編—』（山川出版社、2022年）。

⑥ （韓国）国立中央博物館編著『高麗墓誌銘』（시월、2006年），第18—19頁。

⑦ （韓国）国立中央博物館編著『高麗墓誌銘』，第20—21頁。

蔡仁范墓志（高丽，1024年，石质）

等，始终探求与中国建立密切的关系。又，高丽王朝提拔了许多中国出身的官人，充分用于国家体制的确立，如命令来自后周的双冀整顿科举制度等。从最初期的蔡仁范、刘志诚等中国出身官吏的高丽墓志也可以看出，他们所携进的包括墓志在内的中国丧葬文化被高丽的人们所接受，并且高丽墓志的残存状况也反映了墓志文化的影响从高级官人向下级官人，再向僧侣、女性波及，广泛传播。另一方面，使用墓志的阶层基本上限于王都的中央官人以及包括王族、僧侣的贵族阶层，地方乡吏是没有墓志的，因此墓志完全是中央文化，是统治阶层的贵族官吏文化①。

值得注意的是，蔡仁范的泉州、刘志诚的扬州出身，皆为中国南部的出身。朝鲜半岛与中国南部的密切交流，在**朝鲜半岛-1**武宁王买地券也有所反映。统一新罗时代末期至高丽时代，许多僧侣前往中国南部学习佛教，而统治当地的吴越及其后的北宋，也向朝鲜半岛、日本寻求因唐末期的排佛、战乱而散逸的经典等，通过佛教加深了二者间的密切文化交流。高丽在被卷入北面的契丹（辽）及金与南面的宋之间的对立的同时，驾驭复杂的外交，通过正式、非正式的途径，始终保持与中国南部的交易，将当地的文物大量地带入高丽国内②。与南宋的交易，主要通过以明州（今浙江省宁波）为据点的航路③。明州连接的中国南部，从买地券的出土数来看也可以称为一大据点。随着僧侣的佛教交流，通过交易的文物与人的移动，在高丽买地券及墓志的再出现与接受方面也发挥着很大的作用。

三、“高丽国”与东亚的世界认识

朝鲜半岛-2阐祥买地券引人注目之处是行首横写着“高丽国”三字。买地券刻记标题，始现于晚唐，宋代以后也多有发现标题为“地券”“地契”“（死者名）地券”等事例④。但是标题刻记国名、王朝名的事例，限于管见，在中国也没有出现，是非常特殊的事例，由此或许可以窥视出高丽人们的国家意识。日本的2件买地券自不必言，现存的16件墓志（7世纪后半叶至8世纪后半叶）也没有发现“日本国”的表记。

---

① 金龍善「高麗時代 墓誌銘 文化의 展開와 그 資料的特性」（『大東文化研究』55、2006年）。

② 河上麻由子「唐滅亡後の東アジアの文化再編」（吉村武彦・吉川真司・川尻秋生編『国風文化一貴族社会のなかの「唐」と「和」』岩波書店、2021年）。

③森平雅彦「第四章 高麗前期」（李成市・宮嶋博史・糟谷憲一編『世界歴史大系 朝鮮史 1 一先史～朝鮮王朝一』、山川出版社、2017年）。

④ 李明晓：《宋至清买地券的额题》，《新见魏晋至元买地券整理与研究》，人民出版社2020年版，第35—43页。

上川通夫氏曾指出，以1007年藤原道长埋入金峰山（奈良县吉野郡）的铜经筒铭所刻记的“南赡部洲大日本国左大臣正二位藤原朝臣道长”为滥觞，自11世纪后半叶起，记有“日本国”的经筒铭、佛像铭等金石文增多。其中，虽也有“日本国壹岐岛物部乡钵形岭”（1071年，长崎县壹岐郡出土石佛铭）的单独出现“日本国”的事例，但是较多的事例是刻记“（南）赡部洲（大）日本国”“（南）阎浮提（大）日本国”等，由此可知皆是以“南赡部洲（南阎浮提）”所映现的佛教世界认识的须弥山世界为前提的①。须弥山世界，以帝释天为首领的三十三天等居住的须弥山为中心，周围是山脉，其外被大海所环绕，位于最外缘的东西南北的四大陆之中，南方的赡部洲是人类世界。赡部洲的中心是天竺（印度），其东方有震旦（中国）、日本②。有学者指出，如此佛教的世界观的获得，对于日本而言，带来了将绝对存在的中国相对化的可能性，影响了7世纪的外交姿态的变化③。上川氏认为，在宋、辽推行佛教事业的11世纪左右，佛教的世界观重新被东亚诸国采用，通过与江南的通交往来，也植于日本④。

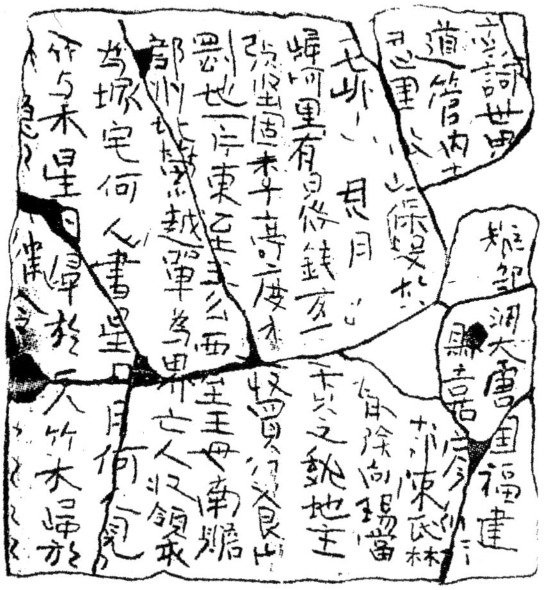
漳浦陈氏买地券（晚唐，福建省出土，砖质）

中国的买地券中，“南赡部洲”的事例至早是自唐代开始出现的。关注中国的“南赡部洲”表记的宋坤氏指出⑤，从南北朝时期或唐代的文人、僧侣的文集等可以看出萌芽，但是真正的流行是五代、宋以后的金石文资料，尤其是买地券中可见许多事例。目前可见的最初事例是漳浦陈氏买地券（福建省出土，砖质），其冒头为“□〔索〕诃世界南赡部洲大唐国

① 上川通夫「末法思想と中世の「日本国」」（『日本中世仏教と東アジア世界』塙書房、2012年、初発表2000年）、「中世仏教と「日本国」」（『日本中世仏教形成史論』校倉書房、2007年、初発表2001年）、「北宋・遼の成立と日本」（『岩波講座日本歴史第5巻 古代5』岩波書店、2015年）。

② 宮﨑健司「「仏法東帰」考ー大仏開眼への道程ー」（『大谷大學研究年報』74、2021年）。

③ 宮﨑健司「「仏法東帰」考ー大仏開眼への道程ー」。石上英一「古代東アジア地域と日本」（『日本の社会史第1巻 列島内外の交通と国家』岩波書店、1987年）。

④ 上川通夫「北宋・遼の成立と日本」。

⑤ 宋坤：《虚拟与真实——唐宋辽金时期佛教影响下的地理表述》，《河北学刊》2017年第2期。

福建道管内漳浦县嘉岭乡□□〔惠〕里□□保□□〔没故〕□□陈氏林”，年代不明，但被推测为晚唐时期的买地券①。

其后的事例包括，吴（五代）的李赟买地券（931年，安徽省出土，木质），刻记“南赡部州大吴国庐州都督府合肥县永宁乡□直都管殁故渭州陇西郡李武善君赟”；吴的汲府君买地券（934年，安徽省出土，木质），有“维南赡部州大吴国庐州合肥县永宁乡右厢武德坊殁故亡人汲府军”；南唐的范韬买地券（952年，福建省出土，砖质），有“南□〔赡〕部州大唐国顺阳郡范韬司空”等②。特别是10世纪中叶以后，数量增多，从**专栏-3**的陆代节买地券（北宋）、**朝鲜半岛-4**参考的马德元买地券（1117）也可见一斑。限于管见，直至14世纪前半叶，都有“南赡部洲”用例的存在③，但11—12世纪是流行的最盛期。虽是宋至金、元买地券多使用的定型化表现，但却未被明、清买地券继承。

另一方面，限于管见，朝鲜半岛的“南赡部洲”用例很早就见于写经跋文，例如，绀纸金泥大宝积经卷32（1006年，京都国立博物馆所藏）的“菩萨戒弟子南赡部洲高丽国应天启圣静德王太后　皇甫氏”，白纸墨书大般若波罗蜜多经卷442（1046年，东国大学校博物馆所藏）的“菩萨戒弟子南赡部洲高丽国金海府户长礼院使许珎寿”，绀纸金泥大般若波罗蜜多经卷175（1055年，Leeum三星美术馆所

金峰山埋纳铜经筒铭（1007）

局部放大图

① 王文径编：《漳浦历代碑刻》，漳浦县博物馆1994年编印，第271页。漳浦县博物馆：《漳浦唐五代墓》，《福建文博》2001年第1期。鲁西奇：《中国古代买地券研究》，厦门大学出版社2014年版，第208—210页。

② 鲁西奇：《中国古代买地券研究》，第218—226页。

③ 元代的马聚为父母买地券（1312年，河南省出土，砖质）刻有“维南瞻部州大元国”。李明晓：《新见魏晋至元买地券整理与研究》，第234页。

藏）的“菩萨戒弟子南赡部洲高丽国金吾卫大将军大相太子左监门率府率金融范”。金石文资料中，有罗州西城门内石灯（1093）的“南赡部洲高丽国罗州中兴里□[户]长罗在坚”，景禅寺金鼓（1201）的“奉佛弟　南赡部洲高丽国琮司空房侍卫亲侍张　裕”，癸未年铭钟（1223?）的“奉佛弟子南赡部洲高丽国竹州大惠院金钟”等。

具有特点的是藏入佛像胎内的遗物（腹藏物）中，可以确认多个事例。位于首尔特别市的开运寺的木造阿弥陀如来坐像的腹藏物中，有中干大师发愿文（1274）的“奉　佛弟子南赡部洲高丽国东深接大师中干”，天正惠兴发愿文（1322）的“遗　法弟子南赡部洲高丽国牙州鹫峰寺依止道人天正惠兴”，崔椿发愿文（1322）的“奉　佛弟子南赡部洲高丽国中部属进士井洞一里居住崔椿”。其他事例还有，瑞山市的浮石寺

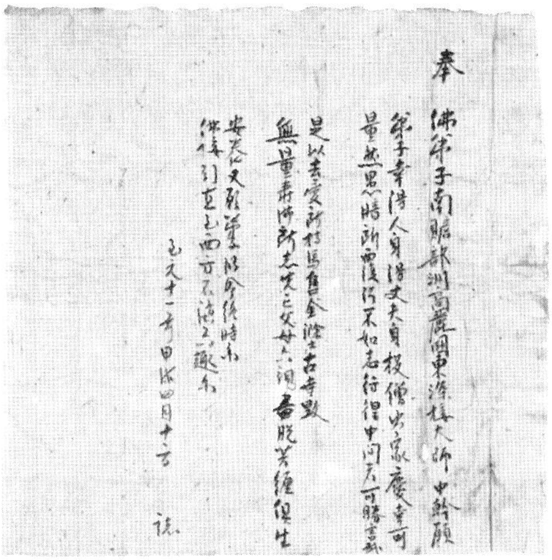

中干大师发愿文（1274）

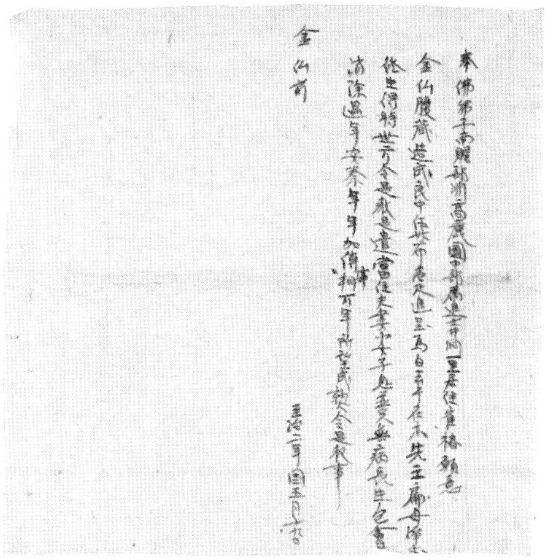

崔椿发愿文（1322）

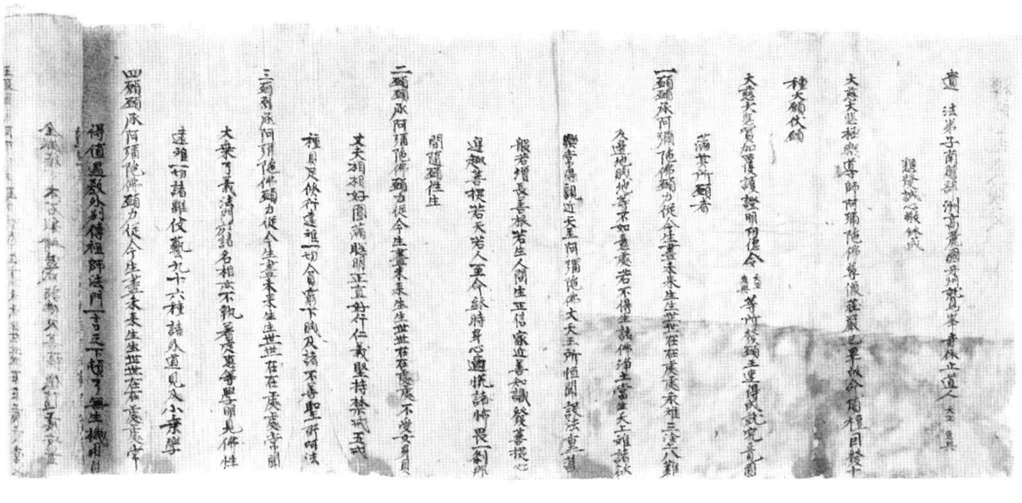

天正惠兴发愿文（1322）

开运寺木造阿弥陀如来坐像腹藏物

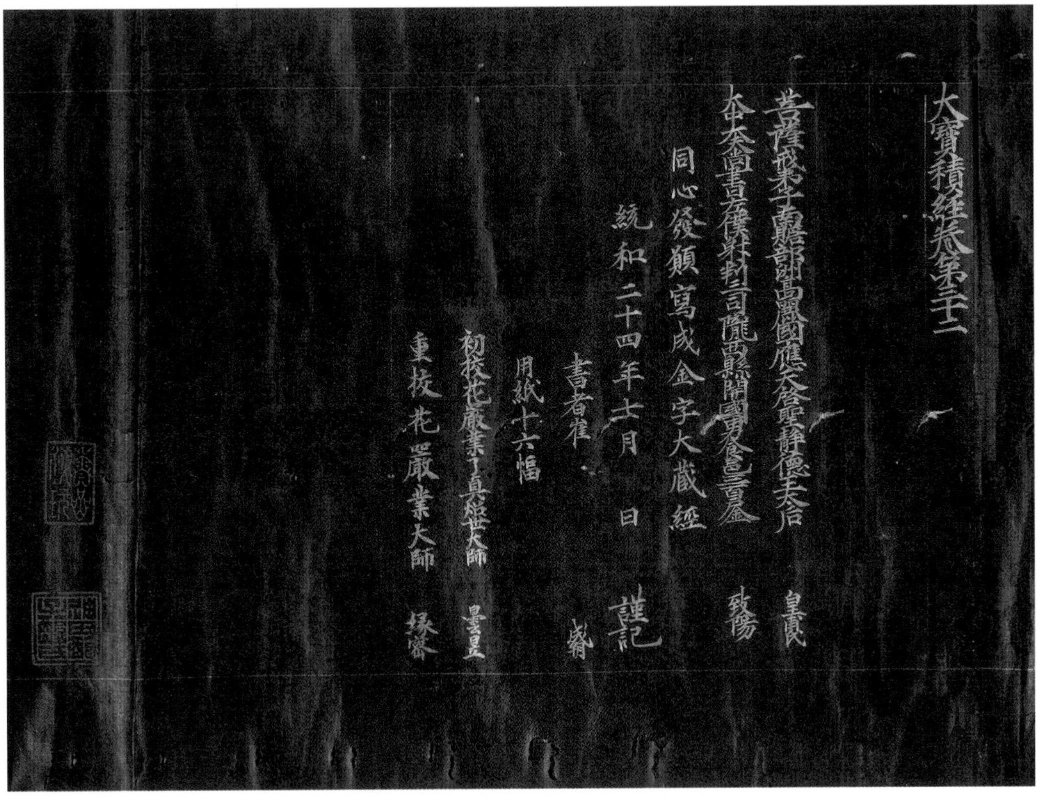

绀纸金泥大宝积经卷32（1006）

癸未年铭钟（右为局部放大图，1223年？）

的金铜菩萨坐像腹藏物中的金铜观音铸成记（1330）写有“南赡部洲高丽国瑞州地浮石寺堂主”；青阳郡的长谷寺的金铜药师如来坐像腹藏物中的朱书封书（1346），记有“南赡部洲大功德主洛浪郡夫人崔　氏”；光州广域市的紫云寺的木造阿弥陀佛坐像腹藏物中的重修记文（1388），记有“娑婆世界南赡部洲高丽国罗州止接比丘”；具体的年代不明，但也被认为是腹藏物的朱红金箔绫文罗（高丽，温阳民俗博物馆藏）上记有“佛弟子南赡部洲高丽国昌宁郡夫人张　氏”①。

因此可知，在朝鲜半岛，“南赡部洲”的表现始见于11世纪初，持续使用至14世纪，但需要注意的是其使用仅出现在佛教相关遗物上。高丽时代盛行的墓志中，不见“南赡部洲”表记，这与中国墓志具有共通的倾向，是不适于具有很强儒教色彩的墓志的用词。尽管今后仍有必要深入探索事例，但高丽与日本的“南赡部洲”的初见时期几乎一致受到关注，正如上川氏所指出，可以确认11世纪初，前述的佛教世界观在东亚诸地区扩散、植根。

如若**朝鲜半岛-2**阐祥买地券的“高丽国”是在“南赡部洲高丽国”的佛教世界认识背景下的产物，那么墓志没有采用的用词，为何能在买地券中采用就成为问题，这显示出二者虽然具有墓室内随葬品的共通性，但是所内涵的思想背景却存在天壤悬隔。3件高丽买地券中，2件（**朝鲜半岛-2、3**）是佛教僧侣的，另1件虽不详但同为僧侣的可能性较大。尽管有待今后事例的增加，但值得注意的是，3件买地券使用者与墓志作成者所属的阶层略有不同。在中国，墓志的使用者原本主要是王族、高级官僚，买地券主要是庶民，因此忠实地接受中国文化的高丽同样是中央的贵族、官僚阶层率先使用墓志，而且该阶层对庶民文化的买地券并没有显示出太大的兴趣。买地券是植根于异国民间习俗信仰的文化，这点也是接受的障碍。如此背景下，可以推测以通过佛教加深与中国南部地区交流的高丽僧、渡来僧为中心，将中国当地盛行的买地券文化与“南赡部洲”的世界观一同传入高丽。高丽买地券的3位人物，都是居住在王都周边的地位较高的僧侣，因此贵族阶层出身的可能性较大，但正是由于出家之身，才能够没有抗拒地接受以佛教等多样信仰为背景的买地券。

① 高丽时代金石文、文字资料数据库（国史编纂委员会，https：//db.history.go.kr/KOREA/item/gskoList.do）、文化遗产研究知识文化门户网站的韩国金石文检索（国立文化财研究院，https：//portal.nrich.go.kr/kor/ksmUsrList.do？menuIdx=584）。

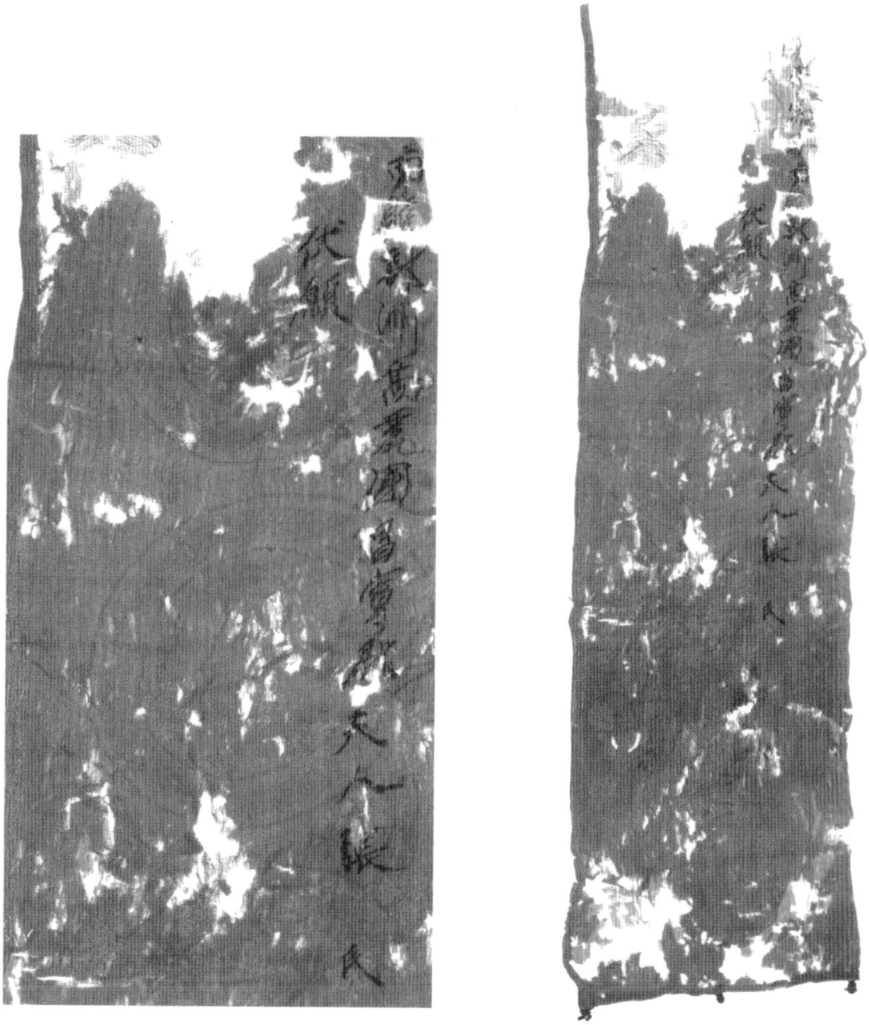

朱红金箔绫文罗（左为局部放大图）

四、墓地购入者与被葬者——日本的买地券

接下来讨论日本的买地券。**日本-1**矢田部益足买地券与**日本-2**宫之本遗址出土买地券的共通点是墓地的购入者非被葬者本人而是他人。**日本-1**的被葬者是白发部毗登富比卖，购入者是矢田部益足，二者的关系不详，推断是亲戚关系。**日本-2**，推测被葬者是父母，购入者为儿子好雄（氏姓不明）。如解说中所述，关于**日本-1**，岸俊男氏论及，中国的买地券事例大体上都是被葬者为买主，不见第三者为买主的事例，加之益足的乡长身份，他是作为见证人、保证人而被刻记名字的，买主是富比卖自身。而关于**日本-2**，岸氏没有将被葬者与买主的相异视为问题，认为儿子为父母购买墓地是

可能的。

限于管见，在中国，被葬者以外者成为买主的事例集中出现在11世纪以后，尤其是迁葬（改葬）父母或一族的墓时，子或子孙为祭主，购入新墓地的事例屡屡可见。不过，也有不少是对亡故个人的埋葬事例。例如，孔永宗等为亡父孔子和买地券（北宋，1107年，甘肃省出土，砖质），儿子们为父亲孔子和购入墓地，末尾记有“主券人，长男孔永宗、次男孔士德”①。明代以后，**中国-11**丘氏兄弟买地券也是兄弟二人为了亡父母购买墓地。另外，刘密为妻张氏二娘买地券（北宋，1103年，湖北省出土，砖质），虽是刘密为妻子张二娘购入墓地的文脉，但末尾所记的是“钱主张氏二娘”，将故人作为买主②。由此看出有可能存在多样的选择，或完全将故人记为买主，或将实际上制作买地券的遗属记为买主。

宋代以前也有他者为买主的事例，刘元简为亡考买地券（唐，847年，砖质）是刘元简为亡父购买墓地的内容，其中以“钱伍拾伍贯文”从“百姓乔元静”处购买了“永业墓地”等叙述，是反映现实世界的买卖契约的内容③。**中国-9**马氏夫人墓志（900）也是记录王弘达自己为亡妻购买的事实。反映现实性买卖，以被葬者以外者为买主的事例，或许可以追溯至更早的时代，可以参考**中国-1**建初元年买山地题记（76），兄弟6人共同购买一族墓地的事例。

依据以上事例，日本的二事例的买主与被葬者的相异并不是问题，实际购入墓地或者制作买地券的主体被记为买主也是完全有可能的。**日本-1**的买主矢田部益足，与被葬者白发部毗登富比卖的关系不详，或是亲戚关系的当地有力者主导了买地券的制作，或存在没有明记但是富比卖之子的可能性。

结语——朝鲜半岛、日本接受买地券的意义

最后，对于在中国广泛传播、持续的买地券文化，为何在朝鲜半岛、日本只是一时性地被接受且很快消失踪影的问题加以思考。关于这一点，有效的方法依然是与墓志比较。

如同前述，高丽时代的墓志，是中国文化再次传入时，被中央的贵族阶层或官僚

① 李明晓：《新见魏晋至元买地券整理与研究》，第151页。

② 鲁西奇：《中国古代买地券研究》，第268—269页。

③ 鲁西奇：《中国古代买地券研究》，第198页。

阶层所接受，急速地渗透传播。金龙善氏认为，其背景是高丽王朝推行将儒教的礼教秩序作为统治理念的国家政策。传颂、记录祖先德业的墓志，与儒教所重视的孝的精神一致，尽管不存在命令制作墓志的法令，但在重视儒教价值的社会氛围中，形成人们全体制作墓志态势[①]。日本古代的墓志导入也是相似情况。现存例只有7世纪后半叶至8世纪后半叶的16件中，10件是男性官人的墓志，包括升至正三位、御史大夫（大纳言）的石川年足这样的高级官人。此外，有1件是女官的墓志。16件中的14件是畿内地区的出土品。日本的墓志文化普及也是在推进律令制国家建设时期，接受海外先进性文化的时机成熟，在此背景下，贵族阶层接受了墓志文化。曾助力藤原仲麻吕主导的官号唐风化（官司、官职的名称改为中国风的政策）的石川年足，其墓志的残存具有象征性意义，与高丽同样可以说是“自上而下的接受”[②]。

另一方面，买地券在中国的使用者原本主要是庶民阶层，是没有包含在儒教的礼教秩序中的文化，因此对于高丽王朝、日本律令国家而言，也不是感到有接受必要性的存在。**朝鲜半岛-2—4**的高丽买地券皆被推定为佛教僧侣之物，与高丽墓志的作成者虽包含僧侣但以官人为中心的状况明显不同。至于**日本-1**矢田部益足买地券，是居住地方的庶民女性之物，由此显现出典型的庶民性质。在中国也见佛教僧侣的买地券事例等，买地券已与佛教信仰混融，可以认为高丽僧接受买地券是在与买地券文化尤为盛行的中国南部地区的深入交流中的结果。只有**朝鲜半岛-1**武宁王买地券是例外，是位于统治阶层顶点的王自身作成的买地券，这也是在当时与南朝交流的背景下作为依据武宁王个人意向的先进性尝试而制成的。在朝鲜半岛与日本，由于买地券文化的接受与国家的政策方针无关联，因此没有像墓志一样受到无形的强制力作用，而是停留在零散性接纳的程度。最重要的是买地券本身是以中国民间习俗信仰为基础的，道教、佛教等种种思想复杂地结合交织在一起的产物，可以想象对于不共有其思想的异文化社会，是难以融合的，逐渐被淘汰。

朝鲜半岛、日本只有极少数的买地券遗物，但可以窥见国家层面的外交、政策方针所看不到的民间层面的交流的深入，以及对文化接受的热情。

---

① 金龍善「高麗時代 墓誌銘 文化의 展開와 그 資料的特性」。

② 東野治之「日本古代の墓誌」（『日本古代金石文の研究』岩波書店、2004年、初発表1979年）、稲田奈津子「日本 古代 墓誌와 韓国，그리고 武寧王陵 誌石」（『百済学報』26、2018年）。

图版出典一览

页码	图版	出典
1、3	建初元年买山地题记	浙江省绍兴市越城区文广旅游局（文物局）提供
2	建初元年买山地题记拓本	绍兴图书馆馆藏、提供
4—6	建初元年买山地题记文保碑、建初元年买山地题记保护现状、摩崖石刻入口、通往摩崖石刻的路	王海燕摄（2022）
7、9、14	刘元台买地券	扬州博物馆馆藏、提供
8、11	刘元台买地券拓本	［胡海帆、汤燕，2008］引用
10	刘元台买地券出土地周边示意图	［魏旭，2019］引用
12	龙桃杖买地券拓本	［故宫博物院、南京市博物馆，2014］引用
13	龙桃杖买地券（左）	南京市博物总馆馆藏、提供
13	龙桃杖买地券（右）	［南京市博物馆，2009］引用
15—17、21、22	会稽亭侯买地券、会稽亭侯买地券仁井田陞手拓本	东京大学东洋文化研究所所藏、提供
24	浩宗买地券拓本	［胡海帆、汤燕，2008］引用
25	阳嘉四年陶罐	［西安市文物保护考古所，2002］引用
26	蔺谦买地券（摹本）	［黄义军等，2005］引用
27	李才买地券拓本	［成都文物考古研究所等，2012］引用
29	钟仲游妻买地券	东京都台东区立书道博物馆馆藏、提供
31—33、37、38	缪承买地券、拓本	江宁博物馆馆藏、提供
35	缪承买地券出土地周边示意图（左）及墓（M3）平、剖面图（右）	［南京市江宁区博物馆，2009］引用

页　码	图　版	出　典
36	萧整买地券	南陵县博物馆馆藏、提供
39—44	天册元年买地券、拓本	江宁博物馆馆藏、提供
45—47	朱曼妻薛氏买地券、拓本	温州博物馆馆藏、提供
48	当地传说的朱曼妻薛氏买地券出土地鲸头村小丘	王海燕摄（2023）
50	朱曼妻薛氏买地券	王海燕摄（2022）
51、52、54、56、58、65、66	罗健夫妻买卖地券、拓本	江宁博物馆馆藏、提供
60、61	淳化南朝罗氏墓地位置示意图、淳化南朝罗氏墓地墓葬平面分布图、罗健夫妻墓（M1）平、剖面图、罗健夫妻墓（M1）全景图	［东南大学艺术学院、南京市江宁区博物馆，2019］引用
67、69、72	罗道训卖地券	江宁博物馆馆藏、提供
68	罗道训卖地券拓本	［王志高、许长生，2019］引用
70	罗道训墓（M5）出土状况图	［东南大学艺术学院、南京市江宁区博物馆，2019］引用
73	上林湖周边诸乡镇与窑址分布图	［厉祖浩，2013］引用
76—78	胡珍妻朱氏四娘罂	中国国家博物馆馆藏、提供
79—82、88	马氏夫人墓志	慈溪市博物馆馆藏、提供
83	马氏夫人墓志出土地周边（上林湖地域）示意图	［谢纯龙，2002］引用
85—88	（任）琏墓志	浙江省博物馆馆藏、提供
89	李府君买地券出土地周边示意图	［苏州市考古研究所，2022］引用
90、91、96	李府君买地券、陆代节买地券	苏州市考古研究所所藏、提供
97、99、106	蔡氏买地券	福建省泉州海外交通史博物馆馆藏、提供
101	张无价买地券	［唐长孺，1996］引用
103	蔡氏买地券展示状况，郭三郎、聂十五娘买地券展示状况	王海燕摄（2022）
105	郭三郎、聂十五娘买地券	泉州市博物馆馆藏、提供
107—109、112	丘氏兄弟买地券	江宁博物馆馆藏、提供
113	马贵良买地券	［曹建强，2017］引用
114	郑山为先妣季氏买地券	［故宫博物院、南京市博物馆，2014］引用

页　码	图　版	出　典
114	许潮妻张氏生圹买地券	［胡海帆、汤燕，2008］引用
115	王玺、曹氏、蔡氏、田氏买地券	［四川省文物考古研究院等，2018］引用
116	张世显买地券	［黄荣春，2009］引用
117—119、124、125	武宁王陵志石（武宁王买地券、干支图、干支图示意图、武宁王墓志、武宁王妃墓志）	韩国国立公州博物馆馆藏、提供
121	发现时的内部实测图	［大韓民国文化財管理局，1974］引用
121、122	墓道入口的遗物、镇墓兽前的志石	韩国国立文化财研究院提供
122、126	武宁王陵内部、宋山里古坟群	公州市文化财課提供
123	黄氏墓券	［郭永利，2019］引用
126	武宁王陵入口	稻田摄（2011）
127、130、131、133、134	阐祥买地券	韩国国立中央博物馆馆藏、提供
128、129	阐祥买地券拓本	成均馆大学校博物馆馆藏、提供
132	金山寺慧德王师真应塔碑	韩国国立文化财研究院提供
133	玄化寺遗址（1911年摄?）	韩国国立中央博物馆提供
135、138、139、142	世贤买地券	韩国国立中央博物馆馆藏、提供
136、137	世贤买地券拓本	成均馆大学校博物馆馆藏、提供
140	松川寺遗址（位于全罗南道光阳市）	光阳市民新闻(http://www.gycitizen.com)提供
141	兴王寺遗址（1942年摄）	韩国国立中央博物馆提供
143、145、150、151	兎山郡买地券	东谷博物馆馆藏、提供
146、147	兎山郡买地券、东谷博物馆	榊摄（2022）
147、149	买地券实物考察、买地券展示状况	东谷博物馆（Kim Jung Hun氏）摄（2022、2023）、提供
153	马德元买地券	宝鸡青铜器博物院院藏、提供
155—157	A 寿谷散人葬山铭（1708）、B 先墓茔域后埋志（1709）、C埋志（1714）、D埋志（1717）、E龙尾后埋志（年代未详）	韩国国立中央博物馆馆藏、提供

页码	图版	出典
158	庆州金氏金柱臣家系图	李宇泰作
159、160	永思亭、金弘集墓、金柱臣墓、金柱臣神道碑	李宇泰摄（2022）
161、163、165、168、170	矢田部益足买地券	仓敷考古馆提供
162、164	矢田部益足买地券示意图	[間壁，1980] 引用
166	买地券出土地现状	榊摄（2022）
168	买地券实物考察	仓敷考古馆（伴祐子氏）摄（2022）、提供
168	墓志出土地（史迹下道氏墓）现状	稻田摄（2011）
169	下道圀胜圀依母夫人墓志（复制）	日本国立历史民俗博物馆馆藏（原品，神游山圀胜寺藏）、提供
171、173	宫之本遗址出土买地券红外照片（2022年摄）	太宰府市教育委员会藏、三上喜孝摄
172、173	宫之本遗址出土买地券（1979年摄）、红外照片（1980年摄）	太宰府市教育委员会藏、九州历史资料馆提供
174	买地券出土地现状	榊摄（2022）
175、177	买地券出土状况、发掘状况（1979年摄）	太宰府市教育委员会藏、九州历史资料馆提供
175、177	宫之本遗址1号墓遗构实测图、买地券遗物实测图	[太宰府町教育委员会，1980] 引用
176	宫之本遗址坟墓群周边地形图	[山本，1997] 引用
177	买地券铅板复原、文字摹本	[国立歴史民俗博物館，1997] 引用
178	残存的界行线与文字、弯曲状况	太宰府市教育委员会藏、榊摄影（2022）
178	买地券实物考察	稻田摄影（2022）
180	《河内名所图会》妙见寺	早稻田大学图书馆馆藏、提供
181	船王后墓志	三井纪念美术馆馆藏、提供
182	采女氏茔域碑原碑拓本	磐下徹氏藏、提供
183	采女氏茔域碑原碑拓本	静冈县立美术馆馆藏、提供
188	姚孝经买地券出土状况图、姚孝经买地券拓本	偃师商城博物馆《河南偃师东汉姚孝经墓》（《考古》1992年第3期）引用

页码	图版	出典
190	周世雅买地券	南阳市文物考古研究所《南阳东汉建宁四年周世雅墓发掘简报》(《中原文物》2020年第3期)引用
191	王当等买地券	洛阳博物馆《洛阳东汉光和二年王当墓发掘简报》(《文物》1980年第6期)引用
192	熹平四年买地券展示状况	王海燕摄(2023)
193	孟壹买地券	当涂县文物管理所《当涂县发现东吴晚期地券》(《文物》1987年第4期)引用
195	颜黄买地券	魏莹《南昌闹市区惊现东吴古墓群》(《南昌晚报》2018年2月8日8面)引用
196	徐副买地券	王育成《徐副地券中天师道史料考释》(《考古》1993年第6期)引用
199	陶智洪买地券	[熊传新,1981]引用
200	伍松超买地券	刘兴《武周延载伍松超地券》(《文物》1965年第8期)引用
202	唐故夫人王氏墓志铭并序	赵文成、赵君平编《秦晋豫新出墓志蒐佚续编》四(国家图书馆出版社,2015年)引用
203	清河郡张府君墓志铭并序	扬州博物馆编《扬州博物馆藏唐宋元墓志选辑》(广陵书社,2018年)引用
208	祭坛开天门地户人门鬼门主人祭官祝生及执事者位列之图、商姓壬穴	王洙《地理新书》(《续修四库全书》子部・术数类、第1054册、上海古籍出版社,1997年)引用
211、212	元氏买地券、朱近买地券	[胡海帆、汤燕,2008]引用
214	蔡仁范墓志	韩国国立中央博物馆馆藏、提供
216	漳浦陈氏买地券	漳浦县博物馆《漳浦唐五代墓》(《福建文博》2001年第1期)引用
217、219	金峰山埋纳铜经筒铭、绀纸金泥大宝积经卷32	京都国立博物館『古写経―聖なる文字の世界―』(京都国立博物館、2004年)引用
218	开运寺木造阿弥陀如来坐像腹藏物	仏教中央博物馆『涅槃、究極의幸福』(仏教中央博物館、2014年)引用
219	癸未年铭钟(1223年?)	韩国国立中央博物館『発願、懇切한 바람을 담다―仏教美術의後援者들』(国立中央博物館、2015年)引用
221	朱红金箔绫文罗	韩国国立中央博物館『大高麗 九一八・二〇一八 그 찬란한 挑戰』(国立中央博物館、2018年)引用

参考文献一览

【中文】（拼音序）

安徽省文物工作队：《安徽南陵县麻桥东吴墓》，《考古》1984年11期

北京图书馆金石组编：《北京图书馆藏中国历代石刻拓本汇编》第2册，中州古籍出版社1989年版

曹建强：《明崇祯十二年马贵良买地券石碑释读》，《古今农业》2017年第4期

陈进国：《考古材料所记录的福建“买地券”习俗》，《民俗研究》2006年第1期

陈梦家：《汉简年历表叙》，《考古年报》1965年第2期

陈义孝编，竺摩法师鉴定：《佛学常见辞汇》，（台湾）文津出版社1998年版

陈莹：《苏州博物馆藏两方吴越国墓志铭考释》，朱晓冬、凌亦鹏主编：《吴越国史迹遗存发现与研究学术研讨会论文集》，现代出版社2019年版

成都文物考古研究所、成都博物院、刘雨茂、荣远大编著：《成都出土历代墓铭券文图录综释》，文物出版社2012年版

程欣人：《武汉出土的两块东吴铅券释文》，《考古》1965年第10期

程义：《关中地区唐代墓葬研究》，文物出版社2012年版

程义、李郁宏：《跋宝鸡政和七年〈马翁墓志〉》，《四川文物》2008年第3期

东南大学艺术学院、南京市江宁区博物馆：《南京淳化咸墅南朝罗氏家族墓地发掘简报》，《文物》2019年第10期

方介堪：《晋朱曼妻薛买地宅券》，《文物》1965年第6期

符璋、刘绍宽：《民国平阳县志》卷55、金石志1，民国十五（1926）年刻本

高朋：《人神之契——宋代买地券研究》，中国社会科学出版社2011年版

高庆辉、王志高：《南京新见两方明代买地券考释》，《华夏考古》2020年第1期

故宫博物院、南京市博物馆编：《新中国出土墓志　江苏2　上册》，文物出版社

2014年版

郭永利：《甘肃省高台县出土“前凉（西元373年）黄氏墓券”释读》，《敦煌写本研究年报》13，2019年

郭正忠：《三至十四世纪中国的权衡度量》，中国社会科学出版社1993年版

韩森（Valerie Hansen）著，鲁西奇译：《传统中国日常生活中的协商：中古契约研究》（*Negotiating Daily Life in Traditional China: How Ordinary People Used Contracts, 600–1400*），江苏人民出版社2008年版，原著初出1995年

胡阿祥：《东晋南朝侨州郡县释例》，《许昌学院学报》2003年第3期

胡阿祥：《东晋南朝侨州郡县与侨流人口研究》，江苏人民出版社2019年版

胡海帆、汤燕编著：《中国古代砖刻铭文集》，文物出版社2008年版

黄景春：《地下神仙张坚固、李定度考述》，《世界宗教研究》2003年第1期 →［黄景春2003b］

黄景春：《买地券、镇墓文中的“死雅”》，《地方文化研究》2018年第4期 →［黄景春2018a］

黄景春：《早期道教神仙女青考》，《中国道教》2003年第2期 →［黄景春2003a］

黄景春：《中国宗教性随葬文书研究：以买地券、镇墓文、衣物疏为主》，上海人民出版社2018年版 →［黄景春2018b］

黄荣春：《福州市郊区文物志》，福建人民出版社2009年版

黄义军、徐劲松、何建萍：《湖北鄂州郭家细湾六朝墓》，《文物》2005年第10期

姜守诚：《汉代“直符”观念的神秘化》，《贵州社会科学》2022年第3期

蒋华：《扬州甘泉山出土东汉刘元台买地砖券》，《文物》1980年第6期

金祖明：《浙江余姚青瓷窑址调查报告》，《考古学报》1959年第3期

李明晓：《新见魏晋至元买地券整理与研究》，人民出版社2020年版

厉祖浩：《越窑瓷墓志》，上海古籍出版社2013年版

梁春胜：《楷书部件演变研究》，线装书局2012年版

林甘泉：《“养生”与“送死”：汉代家庭的生活消费》，《经济社会史评论》第2辑，2009年

刘屹：《敬天与崇道——中古经教道教形成的思想史背景》，中华书局2005年版

龙腾、李平：《蒲江发现后蜀李才和北宋魏训买地券》，《四川文物》1990年第2期

鲁西奇：《福建所出唐宋元时期买地券考释》，《闽台文化研究》2013年第2期

鲁西奇：《中国古代买地券研究》，厦门大学出版社2014年版

陆帅：《南京江宁出土刘宋罗氏家族买地券研究——南徐州侨民与晋宋之际的建康社会》，《东南文化》2018年第2期

罗振玉：《地券征存》，张本义主编影印本《罗雪堂合集》第24函，西泠印社出版社2005年版，初出1918年

罗宗真、王志高：《六朝文物》，南京出版社2004年版

洛阳博物馆：《洛阳东汉光和二年王当墓发掘简报》，《文物》1980年第6期

乜小红：《论我国古代契约的法理基础》，《中国社会经济史研究》2009年第2期

乜小红：《中国古代契约发展简史》，中华书局2017年版

南京博物院、南京市文物保管委员会：《南京栖霞山甘家巷六朝墓群》，《考古》1976年第5期

南京市博物馆：《江苏南京市北郊郭家山东吴纪年墓》，《考古》1998年第8期

南京市博物馆：《南京市东汉建安二十四年龙桃杖墓》，《考古》2009年第1期

南京市江宁区博物馆：《南京滨江开发区15号路六朝墓清理简报》，《东南文化》2009年第3期

四川省文物考古研究院、绵阳市博物馆、平武县文物保护管理所：《四川平武土司遗珍：明代王玺家族墓出土文物选粹》，文物出版社2018年版

苏州市考古研究所：《2021苏州考古工作年报》，2021年

苏州市考古研究所：《江苏苏州工业园区板桥村唐墓ⅠM10、M15发掘简报》，《东南文化》2022年第6期

唐长孺主编，中国文物研究所、新疆维吾尔自治区博物馆、武汉大学历史系编：《吐鲁番出土文书》第四册，文物出版社1996年版

王光永：《宝鸡市汉墓发现光和与永元年间朱书陶器》，《文物》1981年第3期

王洪涛：《泉州、南安发现宋代火葬墓》，《文物》1975年第3期

王士伦：《余姚窑瓷器探讨》，《文物参考资料》1958年第8期

王志高、许长生：《南京淳化新见南朝罗氏地券考释》，《文物》2019年第10期

韦正：《六朝墓葬的考古学研究》，北京大学出版社2011年版

魏旭：《试论扬州汉甘泉山官道、唐蜀岗西峰驿道及其对陵墓选址的影响》，《文博》2019年第4期

吴承志：《再书朱曼买地宅券后》，符璋、刘绍宽：《民国平阳县志》卷85、文征外编9、题跋所收，民国十五年（1926）刻本

吴荣曾：《镇墓文中所见到的东汉道巫关系》，《文物》1981年第3期

吴天颖：《汉代买地券考》，《考古学报》1982年第1期
吴县地名委员会编：《江苏省吴县地名录》，1982年
西安市文物保护考古所：《西安中华小区东汉墓发掘简报》，《文物》2002年第12期
谢纯龙主编、慈溪市博物馆编：《上林湖越窑》，科学出版社2002年版
熊传新：《湖南湘阴县隋大业六年墓》，《文物》1981年第4期
许长生主编，江宁博物馆、东晋历史文化博物馆编：《东山撷芳——江宁博物馆暨东晋历史文化博物馆馆藏精粹》，文物出版社2013年版
易西兵：《广州出土南朝龚韬买地券考》，《东南文化》2006年第4期
游自勇：《墓志所见唐代的茔域及其意义》，《唐研究》第23卷，北京大学出版社2017年版
张传玺：《中国历代契约粹编》上册，北京大学出版社2014年版
张德懋：《余姚发现唐大中四年瓷壶上有铭款四十三字》，《文物参考资料》1957年第6期
张学锋：《南京滨江开发区吴墓出土“建衡元年”买地券补释》，《东南文化》2010年第1期
张勋燎、白彬：《中国道教考古》第2卷，线装书局2006年版
章均立：《上林湖地区出土两件唐代瓷刻墓志》，《文物》1988年第12期
镇江博物馆：《镇江东吴西晋墓》，《考古》1984年第6期
郑炳林编注：《敦煌地理文书汇辑校注》，甘肃教育出版社1989年版
中国硅酸盐学会主编：《中国陶瓷史》，文物出版社1982年版
邹昌林：《中国古代至上神——天帝的起源》，《世界宗教研究》2004年第4期

【韩文】（拼音序）

崔柄憲“高麗中期玄化寺의 創建과 法相宗의 隆盛”佛教史學會編《高麗中・後期佛教史論》民族社，1986年（初発表1981年）
高陽市、韓國土地公社土地博物館《高陽市의 歷史와 文化遺跡》(土地博物館学術調査叢書 第3集)，1999年
國立公州博物館《武寧王陵 新報告書》Ⅰ・Ⅳ，2009，2018年
國立公州博物館《武寧王陵을 格物하다 —武寧王陵発掘四〇周年記念特別展》2011年

國立中央博物館《유리乾板으로 보는 北韓의 佛教美術》（國立中央博物館所蔵 유리乾板 2集），2014年
韓基汶“住持制度와 그 運用”《高麗寺院의 構造와 機能》民族社，1998年
金龍善“새 高麗墓誌銘七点”《史學研究》100，2010年
金龍善《訳注高麗墓誌銘集成（上）》改訂增版，翰林大學校出版部，2012年（初版2001年）
金龍善編著《（続）高麗墓誌銘集成》翰林大學校出版部，2016年
金龍善編著《高麗墓誌銘集成》第四版，翰林大學校出版部，2006年（初版1993年）
金胤知“高麗時代僧侶의 寺院轉補와 遙領”《史叢》103，2021年
李蘭暎編《韓國金石文追補》中央大學校出版部，1968年
李萬“高麗彌授의 唯識思想 —祖丘의 『慈悲道場懺法集解』를 中心으로—”《韓國佛教學》20，1995年
李鍾壽“前近代光陽白雲山佛教의 歷史”《南道文化研究》43，2021年
權五榮“喪葬制를 中心으로 한 武寧王陵과 南朝墓의 比較”《百濟文化》31，2002年
順天大學校博物館、全羅南道光陽郡《光陽郡의 文化遺蹟》1993年
許興植《高麗佛教史研究》一潮閣，1986年
許興植編著《韓國金石全文》中世上，亞細亞文化社，1984年

【日文】（拼音序）

岸俊男「「矢田部益足買地券」考釈」『遺跡・遺物と古代史学』吉川弘文館、1980年、初出1980年　→［岸 1980b］
岸俊男「大宰府出土の「買地券」」「大宰府出土の買地券」『遺跡・遺物と古代史学』吉川弘文館1980年、初出1979・1980年　→［岸 1980a］
池田温「中国歴代墓券略考」『東洋文化研究所紀要』第86冊、1981年
大韓民国文化財管理局編（永島暉臣慎訳）『武寧王陵』三和出版社、1974年
冨谷至「黄泉の国の土地売買—漢魏六朝買地券考」『大阪大学教養部研究集録（人文・社会科学）』第36輯、1987年
高倉洋彰「飛鳥・奈良時代-6　文字の世界」『図説 発掘が語る日本史 第六巻 九州・沖縄編』新人物往来社、1986年

国立歴史民俗博物館『古代の碑—石に刻まれたメッセージ—』1997年
間壁忠彦・間壁葭子「天平宝字七年矢田部益足之買地券文（白髪部毗登富比売墓地塼券）の検討」『倉敷考古館研究集報』15、1980年（間壁葭子「富比売墓地買地券の検討」『吉備古代史の基礎的研究』学生社、1992年、抄録）
間壁忠彦・間壁葭子『奈良時代・吉備中之圀の母夫人と富ひめ』吉備人出版、2019年
今西龍著・今西春秋編「新羅僧道詵に就きて」『高麗及李朝史研究』国書刊行会、1974年、初出1912年
近江昌司「采女氏塋域碑について」『日本歴史』431、1984年
近江昌司「妙見寺と采女氏塋域碑」『古代文化』49—9、1997年
井上信正「大宰府の葬地と都市」『国際公開シンポジウム　東アジアの古代都城と葬地・墓葬』（予稿集）東アジア比較都城史研究会、2018年
酒井芳司「出土文字資料の自然科学的調査」九州歴史資料館『大宰府を探るサイエンス』2017年
李宇泰（稲田奈津子訳）「韓国の買地券」『都市文化研究』14、2012年、初出2010年
奈良国立文化財研究所飛鳥資料館編『日本古代の墓誌』同朋社、1979年
磐下徹「采女氏塋域碑の拓本」『続日本紀研究』430、2022年
仁井田陞「漢魏六朝の土地売買文書」『中国法制史研究 土地法・取引法』東京大学出版会、1980年補訂版、初出1938年
三谷芳幸「采女氏塋域碑考」『東京大学日本史学研究室紀要』創刊号、1997年
山本信夫「宮ノ本遺跡買地券と墳墓の検討」国立歴史民俗博物館『古代の碑—石に刻まれたメッセージ—』1997年
山口英男編集『小川八幡神社大般若経調査概報2019—2021』（東京大学史料編纂所研究成果報告書2021-13）、2022年
太宰府町教育委員会『宮ノ本遺跡』（太宰府町の文化財　第3集）、1980年
藤田亮策「朝鮮金石瑣談（五）玄化寺住持闡祥墓誌」『朝鮮學論考』藤田先生記念事業会、1963年、初出1935年

谢 辞

本书是东京大学合作研究机构人文学科中心（Humanities Center）的LUI公募研究(A)的研究项目“从金石文资料看东亚的墓葬文化——以墓志、买地券为中心“（金石文資料からみた東アジアの墓葬文化—墓誌・買地券を中心に—），以及日本学术振兴会科学研究費基盤（C）（22K00837）研究项目“东亚墓葬文化的传播与展开——金石文资料的形态的分析为中心”（東アジア墓葬文化の伝播と展開—金石文資料の形態的分析を中心に—）（二项目的研究代表者都是稲田奈津子）的研究成果。此外，也得到了日本学术振兴会研究費基盤(B)（19H01301）研究项目“古代日本与朝鲜的金石文所见东亚文字文化的地域性展开”（古代日本と朝鮮の金石文にみる東アジア文字文化の地域的展開）（研究代表者：三上喜孝）的协助。同时有幸获得宁波大学浙东文化研究院的出版资助，得以出版中文版。

本书得到以下单位和个人的协助、赐教，在此一并表示深深的感谢（敬称略）。

单位（拼音序）

中国

宝鸡青铜器博物院

慈溪市博物馆

江宁博物馆

南京市博物总馆

南陵县博物馆

泉州海外交通史博物馆

泉州市博物馆

绍兴市越城区文广旅游局（文物局）

绍兴图书馆

苏州市考古研究所

温州博物馆

扬州博物馆

浙江省博物馆

中国国家博物馆

韩国

成均馆大学校博物馆	东谷博物馆
公州市文化财课	国立公州博物馆
国立文化财研究院	国立中央博物馆

日本

仓敷考古馆	东京大学东洋文化研究所
东京大学合作研究机构人文学科中心	东京大学史料编纂所
东京都台东区立书道博物馆	国立历史民俗博物馆
静冈县立美术馆	九州国立博物馆
九州历史资料馆	三井记念美术馆
太宰府市教育委员会	早稻田大学图书馆

个人

中国（拼音序）

陈志坚	杜远东	冯培红	龚缨晏	郭永利
胡嘉麟	厉祖浩	林　瀚	龙　腾	秦桦林
邵晨卉	王雪峰	吴志坚	徐立望	郑嘉励

韩国（韩语序）

김대환	김용선	김정훈	윤선태	이병호
임혜경				

日本（五十音序）

赤羽目匡由	石野智大	井上信正	磐下徹	植田喜兵成智
江川式部	岡寺良	小田裕樹	笠原真理子	小寺敦
酒井芳司	祝世潔	橋本繁	畑中彩子	伴祐子
伴瀬明美	平勢隆郎	保科季子	堀裕	松川博一
三上喜孝	三田辰彦			

收录资料一览

凡　例

· 一览列出本书收录的金石文资料、出土文字资料等，及其作成年代（或铭文纪年）与所在页码。

· 按照作成年代（纪年）由古至近顺序排列，年代不明确者排在大致的位置。

· 红字表示刊载释文全文，蓝字表示介绍一部分释文，黑字表示仅言及资料名。

【中国】

【朝鲜半岛】

【日本】